本书由中央财政支持地方高校发展专项资金提供资助

FENGXIAN TOUZI JINGDIAN ANLI JIEXI

风险投资经典案例解析

▶ 李开秀　靳景玉　毛跃一　编　著

重庆大学出版社

内容提要

风险投资通过资金支持创业企业突破融资瓶颈，通过参与管理、市场开拓、战略规划等增值服务助力创业企业跨跃成长陷阱。正是由于风险投资包括天使投资的大力支持，我国才出现了一批诸如阿里巴巴、大族激光等优秀科技企业。本书将通过对 Yahoo、阿里巴巴、博客网等风险投资领域的经典案例进行解析，让读者在思考分析案例的情景下，结合案例点评更好地理解相关理论。本书可作为高等院校创业教育的教材，也可作为风险投资从业人员或创业人员的参考用书。

图书在版编目（CIP）数据

风险投资经典案例解析 / 李开秀，靳景玉，毛跃一编著. -- 重庆：
重庆大学出版社，2020. 4（2022. 7 重印）
ISBN 978-7-5689-2046-9

Ⅰ. ①风… Ⅱ. ①李…②靳…③毛… Ⅲ. ①风险投资—案例 Ⅳ.
①F830. 59

中国版本图书馆 CIP 数据核字（2020）第 021602 号

风险投资经典案例解析
李开秀 靳景玉 毛跃一 编 著
策划编辑:尚东亮
责任编辑:陈 力 邹 忌 版式设计:尚东亮
责任校对:王 倩 责任印制:张 策

*

重庆大学出版社出版发行
出版人:饶帮华
社址:重庆市沙坪坝区大学城西路 21 号
邮编:401331
电话:(023) 88617190 88617185(中小学)
传真:(023) 88617186 88617166
网址:http://www.cqup.com.cn
邮箱:fxk@ cqup.com.cn(营销中心)
全国新华书店经销
重庆巍承印务有限公司印刷

*

开本:787mm×1092mm 1/16 印张:13.25 字数:300千
2020 年 4 月第 1 版 2022 年 7 月第 2 次印刷
ISBN 978-7-5689-2046-9 定价:39.00 元

前言
PREFACE

自李克强总理在 2014 年 9 月夏季达沃斯论坛上提出要在 960 万平方千米土地上掀起"大众创业"的新浪潮以来,创业环境不断改善,创业支持力度不断加强,创业热情迅速高涨,新设企业近几年以每天一万多家的速度快速增长。2018 年 11 月 19 日公布的《2017—2018 年全球创业观察报告》(GEM) 显示,近一年来,中国创业质量在提高,终止创业的比例在下降,创业的金融支持力度由于天使投资和风险投资的大力支持得到较大提升,早期的薄弱状况得到较大程度的改善。

尽管如此,我国创业企业的成功率仍然很低,据统计,2017 年成功率不到 2%。《2017—2018 年全球创业观察报告》(GEM) 显示,在过去这一年里,终止创业的企业中有 31.2% 的企业是融资原因所致,资金问题是创业失败的第二大原因;而对创业失败的恐惧占比迅速上升到 41.5%。因此,帮助创业企业如何更好地了解创业融资、提升融资能力,对保持我国创业继续蓬勃发展至关重要。

风险投资通过资金供给支持创业企业突破融资瓶颈,通过参与管理、市场开拓、战略规划等增值服务助力创业企业跨跃成长陷阱。正是由于风险投资包括天使投资的大力支持,我国才出现了一批诸如阿里巴巴、大族激光等优秀科技企业。因此,本书通过对风险投资经典案例的解析,让读者在深入分析案例的情景下,更好地理解相关理论,为促进我国创业企业与风险投资的螺旋式增长添砖加瓦。

本书共 9 章,按照什么是风险投资、风险投资机构、风险投资家,到风险投资如何投资、对所投资企业如何管理、如何退出投资,到最后创业企业如何获得风险投资的逻辑顺序编写案例,设计案例讨论问题,进而对案例进行点评,并提出针对案例实践活动的理论指导。

本书的提纲和结构确定后,段婷婷、王敏、王璇、唐莉媛、王翼飞、邹媛媛、毛妍迪、苏小婧、李静、何欣洁等参与了案例和资料的收集、整理及初稿的编写工作,由编著者对全书进行了审阅与修改,最终由编著者共同审阅完成。

本书编写过程中参考了大量国内外文献以及互联网上的资料,在此一并表示感谢。在编写过程中,我们力求将案例的实践性与理论指导尽可能地统一,注重案例讨论的思辨与启发,追求案例点评的精准,但由于我们的水平和能力有限,书中的疏漏和不足之处在所难免,敬请各位专家和读者不吝赐教,以使本书以后能更趋完善。

编著者
2019 年 4 月

目 录
CONTENTS

第一章 风险投资

一、案例综述

案例 1-1 Yahoo 创业

雅虎(Yahoo)的创业故事在当今网络界和风险投资业界广为流传。Yahoo 是由美籍华人杨致远和美国青年戴维·费罗(David Filo)于 1994 年所创立的搜索引擎公司。当时，Internet 网上的万维网(WWW)技术开始流行，杨、戴二人也迷上了 Internet，常通宵达旦地在网上漫游。作为业余爱好，他们分别收集自己喜爱的网点，然后互相交换。随着收集量增加，为了便于管理，他们运用自己掌握的软件技术开发了一个数据库系统，将这些收集到的信息分类整理成"杨致远和戴维的 WWW 网指南"，放在万维网上让"网友"们共享，并起了一个有趣的名字"Yahoo"。犹如一块路牌，Yahoo 为越来越多的在网上冲浪漫游的人指引方向、提供便捷的服务，这也成了 Yahoo 的核心所在。之后，Yahoo 迅速发展，每天的访问人数达到了 100 万人次。

随着 Yahoo 的强势发展，风险投资家们凭借其敏锐的洞察力和对市场的把握，发现Yahoo 存在巨大商机，各路风险投资家带着诱人的资金合同纷纷前往，包括英国的路透社、微软、CI、Netscape、Sequoia 等赫赫有名的投资机构。面对大量的风险投资家，杨致远和戴维经过反复思考和判断，他们从众多风险投资家中选择了 Sequoia。1995 年 1 月，Sequoia 对Yahoo 估价是 400 万美元，像许多计算机公司一样，Yahoo 公司在 400 万美元的风险资本的推动下，开始了艰难的创业建设。

杨致远和戴维在接受 Sequoia 的风险资本之后，开始着手公司的扩张。首先，在管理方面，他们明智地选择了廷·库格。库格也是毕业于斯坦福大学工程学，库格曾回忆道："利用我们的头脑，把肉放到骨中去。"在 Yahoo 的管理方面，库格的首要任务是加强管理和取得收益，并进行了一系列的革新。面对许多能力巨大的竞争对手，如 Infoseek 已停止向用户收费，开始升级网络爬虫，Yahoo 也开始发生变化，如广告的加入，与路透社联合的新闻服务、生活服务。此时的 Yahoo 依然处于快速上升阶段，需要大量资本的投入，于是 Yahoo 开始寻觅第二次融资机会。

1995 年 8 月，Yahoo 开始了第二次寻资行动，当时管理层要价 4 000 万美元，7 个月时间,Yahoo 身价翻了 10 倍,参与这次投资活动的有路透社和日本 Softbank 集团。筹资活动非常顺利,杨致远回忆道:"基本没有人眨眨眼。"4 000 万美元的风险资本给 Yahoo 带来了新的发展机会,公司规模不断扩大,并增加了新的服务项目。公司的二次融资后,随之而来的是 Yahoo 的迅速成长,1996 年,Yahoo 用 Softbank 签订的广告使 Yahoo 得到 207.5 万美元的收入。1997 年,实现净收入 7 045 万美元,1998 年实现净收入 2.03 亿美元,Yahoo 不同语种网站已扩展到 15 个国家。

Nasdaq 为 Yahoo 带来了极度的辉煌。虽然 Yahoo 的发展已令整个世界刮目相看,但 Yahoo 的花费与开销也在不断攀升。为了应对不断增长的花费,Yahoo 开始制订上市融资计划。1996 年 3 月 7 日,Yahoo 登记上市;4 月 12 日,Yahoo 股票开始对公众发行。在 Nasdaq 市场上,Yahoo 以每股 13 美元的价格发行了 260 万股,一共筹资 3 380 万美元。在对 Yahoo 公司极度看好的状况下,其首日开盘价格达到每股 24.50 美元,最高价格曾达到每股 43 美元,收盘价格为每股 33 美元,Yahoo 的市值达到 8.5 亿美元,是一年前 Sequioa 估价的 200 倍。Yahoo 成为 Nasdaq 市场 Internet 板块中的重要部分。在上市筹集资金的支持下,Yahoo 公司业绩明显上升,1998 年 Yahoo 公司开始盈利,每股盈利 45 美分,1999 年 Yahoo 股价达到 179 美元。2001 年,随着美国 Nasdaq 指数的下跌,Yahoo 也面临着市值不断下降的危险。

从 Yahoo 的精神来看,Yahoo 的执着一直是 Yahoo 生存的动力。Yahoo 通过成功上市,使杨致远等创业者和 Sequoia 等风险投资机构获益匪浅,也使 Yahoo 公司摆脱了资本短缺的困境。从资本市场上融得大量的传统性资本,这在风险投资领域是不同凡响的成功。就像《商业周刊》评论的那样:"Yahoo 就像在沙滩上搭起的阁楼,然而一夜之间四周就建起了摩天大厦。"Yahoo 成为风险投资领域中的佼佼者,也成为令人迷惑的、神奇的战斗堡垒。Yahoo 正如其名一样,发展与扩展正虎虎生威。

回顾雅虎的发展历程,杨致远认为对未来发展很难预测,不过他相信 Internet 仍然会飞速发展,他说:"我喜欢我现在的工作,最令我激动的是能将传统世界融入新媒体,戴维和我还有 Netscape 等是第一批这么做的人,不过我们做得更多,Yahoo 是一个消费品牌,我们是否成功完全取决于消费者。经营 Yahoo 的感觉好像被人从直升机上扔下,是第一个在山上滑雪的人,不知道哪儿有树,哪儿是悬崖,也好像在月球上登陆,总之有种非常令人激动的感觉,而且很安全。因为我不会失去任何东西,我是白手起家,即使我又两手空空,我也不在乎。因为我度过了美妙的时光,我有一支极好的队伍,至今没有任何人离开 Yahoo。"

杨致远一直超负荷工作,虽然不再每天只睡 4 个小时,但每天工作从早上 7 点到晚上 10 点,每周有两到三天在空中飞行。杨致远将他的成功归结于生逢其时,另外就是处在市场的前沿,找到合适的合作伙伴,"我从来没有想到戴维和我的业余爱好会成为生意,如果没有奉献精神就没有现在的 Yahoo,我能给其他人的建议就是'不要放弃梦想(Don't follow your dreams)'"。

[注:案例材料根据《Yahoo 公司创业传奇》(陈瑞全,1999)、《风险投资实务与案例》(王俊峰,2000)、"奇迹的诞生——Yahoo 公司的崛起"等材料整理编写。]

案例 1-2　PAG 杠杆收购好孩子鼓舞国内中小企业

2006 年 1 月,国际私募股权基金 PAG 斥资 1.225 亿美元,从第一上海、软银和美国国际集团手中接手了好孩子集团 67.4% 的股权,成为好孩子集团的控股股东。与此同时,PUD(好孩子管理层所拥有的公司)也以每股 2.66 美元的价格接手 82.78 万股,持股比例增至 32.6%。

好孩子集团创立于 1989 年,是中国最大的童车生产商。2005 年,好孩子集团销售额达到 25 亿元,其中国际与国内市场的比例为 7∶3,纯利润超过 1 亿元。当好孩子集团进入 PAG 视野的时候,花旗和好孩子方面的谈判已经相当深入了,PAG 连夜赶往德国和好孩子方面商定了收购事宜。与国际知名的老牌投资公司相比,名不见经传的 PAG 这次出手极其犀利,此次收购前后耗时不到 4 个月,从 2005 年 10 月开始接触,2006 年 1 月底就完成了支付对价与股权交割的全部动作。

PAG 本次收购是一起典型的杠杆收购,即由 PAG 以好孩子集团的资产作为抵押,向外资银行筹借收购所需部分资金,实现"蛇吞象"的一幕。其具体运作过程分为收购对象选择、收购谈判、资金运作、收购后整合 4 个阶段。在收购对象选择上,好孩子之所以被 PAG 相中,主要得益于好孩子的长期负债少,市场占有率高,流动资金充足稳定,企业的实际价值超过账面价值。PAG 的管理合伙人克里斯·格拉德尔说:"在过去 5 年内,该公司的年增长率为 20%～30%,其管理层也是中国最好的管理团队之一。"在收购资金的运作方面,PAG 经过精心测算和设计,通过资产证券化及间接融资等手段,设计了一个颇为漂亮的杠杆。在确定收购意向后,PAG 先通过好孩子管理层组成的集团筹集收购价 10% 的资金,然后以好孩子公司的资产为抵押,向银行借入过渡性贷款,相当于整个收购价 50% 的资金,并向 PAG 的股东们推出约为收购价 40% 的债券。

PAG 进入好孩子后,对好孩子的法人治理结构进行了改造。好孩子集团的董事会从原来的 9 人缩为 5 人,其中,PAG 方面 3 人,好孩子管理层 2 人,董事长仍由好孩子的创始人宋郑还担任,PAG 没有更换好孩子的 CFO,也没有派出参与管理层的执行董事。

易凯资本有限公司是好孩子集团的财务顾问,作为公司 CEO 的王冉,自然是这次收购的重要参与者。此次交易中,王冉主要做了两件事:协助好孩子管理层做好财务预测和为管理层股东争取更多的利益。在易凯资本的帮助下,好孩子管理层控制的 PUD 以 2.66 美元一股购得好孩子的股份,这比 PAG 的 4.49 美元一股便宜将近 40%。对于收购方 PAG,王冉曾有过简单的评价:"非常低调,反应迅速,善于避开枝节,因此仅跟好孩子集团短暂谈判两个月就达成协议。"

通过此次资本运作,第一上海、软银和美国国际集团获利退出,好孩子集团的股东减少为两个。经过这一系列整合措施,好孩子的发展速度进一步提高,稳固了市场的主导地位。

公司 CEO 王冉认为,这次杠杆收购对国企改革将有直接的启示作用。现在许多国企都在引入投资人,如果盘子大,就可能会动用杠杆收购手段。通过这种方式,国有资产保值增值,实现全部或部分退出,管理层也将获得一定的股份,同时大牌投资人顺利进入,可以说是一石三鸟。

PAG 收购好孩子集团,是外资私人股权投资基金杠杆收购国内企业的第一例,亦是好孩子集团过去 16 年进行的第四次"洋务运动",前三次"洋务运动"分别是引进外资股东、进军美国和欧洲市场、用西方商业思维替换中式商业思维。每一次"洋务运动",都使好孩子获得再次"发育"的良机,这一次也不例外。股东的减少,意味着内部沟通的效率会大大提高。此外,好孩子集团被私人股权投资基金盯上,最大的意义恐怕在于一方面国内其他行业中的"隐形冠军"备受鼓舞,另一方面也引起国外基金对国内中小企业的关注。

[注:案例材料根据《PAG 收购好孩子——杠杆收购的典型案例》(国际融资,2009)、《杠杆收购在 PAG 收购好孩子中的应用》(王满,2011)、《杠杆收购企业融资结构模型研究》(单体永,丁伟,2008)、《我国公司并购中杠杆收购问题研究》(胡昌连,2014)等材料整理编写。]

案例 1-3 风险投资在 ITAT 的投资失败

ITAT 是一家迅速蹿红的大型服装连锁企业,它没有自己的工厂、统一的品牌、各级的代理商,也没有库存。但这样一家"皮包公司"却能让众多商场业主和厂家乐于与它合作,可以不付场租却能揽下地盘,不付货款却能让数千家服装生产商卖力供货。它以"贴近大众"为经营理念,与服装生产商、商业地产商组成"铁三角"联盟,从而创造了"零货款、零场租、零库存"的奇迹。所谓的铁三角模式,就是服装"生产商—ITAT 集团—商业地产商"三者以销售分成的模式组成一个利益共同体,比例为 60:25:15,生产商承担生产领域风险,主要是库存;ITAT 集团负责销售营运的管理,主要承担推广费和人员工资等;商业地产商承担机会成本。这种创新业务模式使得 ITAT 迅速发展。2004 年 ITAT 在深圳开出第一家"国际品牌会员店",两年后店面总数已经达到 220 家。此时的 ITAT 旗下还存在百货会员店与时尚店两类经营业态。2007 年,ITAT 各类门店总数达到了 666 家。

ITAT 的迅速扩张引起了蓝山中国创始人唐越的兴趣。2006 年 11 月,蓝山资本斥资 5 000 万美元投资 ITAT 服装连锁企业;在 5 个月之后,即 2007 年 3 月,蓝山资本联合摩根士丹利和 Citadel 向 ITAT 第二轮注资 7 000 万美元(三方出资额度分别为 3 000 万、3 000 万、1 000 万美元)。至此 ITAT 已经募集了 1.2 亿美元,其中蓝山资本注资 8 000 万美元。资金在手的 ITAT 做出了 2007 年内 1 000 家,2009 年底 2 000 家,另外 180 家大型百货会员店的宏伟计划。从 ITAT 的实际发展来看,其扩张速度更快。

2008 年年初,ITAT 接受香港联交所上市聆讯。由于业务模式受到质疑,ITAT 的上市申请被驳回。"铁三角"原是伪模式,目的就是忽悠投资者,这是因为行业不存在明显竞争力、货品和品牌不符合消费者需求,而商业地产商也可能成为模式中最不稳定的因素,因此难以贡献其价值。

在这次投资合作中,双方的如意算盘是:ITAT 的铁三角模式创始人欧通国以似是而非的业务模式招揽基金管理者,想用投资基金的钱搞扩张,然后以 2 000 家的规模和创新连锁模式上市;而蓝山中国方面的目的则是利用 ITAT 上市,然后立即套现退出或者等禁售期过后获得更高的收益。欧通国最初就是希望通过卖出模式而非卖产品赚钱,而这种模式是不健康存活、经不起推销的伪模式，欧通国和投资方的计划都是建立在伪三角的基础之上。没有建立起良好盈利模式的各种有价证券都是沙滩楼阁。ITAT算是一个十足的投机分子，只想上市后将风险转让给公众投资者，再加上公司的管理粗放，店效不高等原因，短短5年时间，这家公司的发展经历过山车般，从初出茅庐到明星公司，再到骗子公司，最后到四面楚歌的境地。

[注：案例材料根据《跌落神坛的ITAT曾有着怎样的过去》（戴璐，2007）、《当风投投向服装业》（徐海云，2009）、《ITAT之殇》（张红霞，2009）、《AHP层次分析法在ITAT创业投资项目风险评估中的应用研究》（戚黎蔚，2008）等材料整理编写。]

案例1-4 软银投资阿里巴巴狂赚71倍

阿里巴巴的总裁马云这样看待企业家和投资家的关系："投资者可以炒我们，我们当然也可以换投资者，这个世界上投资者多得很。我希望给中国所有的创业者一个声音——投资者是跟着优秀的企业家走的，企业家不能跟着投资者走。"

1.创业伊始，第一笔风险投资救急

1999年年初，马云决定回到杭州创办一家能为全世界中小企业服务的电子商务站点。回到杭州后，马云和最初的创业团队开始谋划一次轰轰烈烈的创业。大家集资了50万元，在马云位于杭州湖畔花园的100多平方米的家里，阿里巴巴诞生了。

这个创业团队里除了马云之外，还有他的妻子、他当老师时的同事、学生以及被他吸引来的精英。比如阿里巴巴首席财务官蔡崇信，当初抛下一家投资公司的中国区副总裁的头衔和75万美元的年薪，来领马云几百元的薪水。

他们都记得，马云当时对他们所有人说："我们要办的是一家电子商务公司，我们的目标有3个：第一，我们要建立一家生存102年的公司；第二，我们要建立一家为中国中小企业服务的电子商务公司；第三，我们要建成世界上最大的电子商务公司，要进入全球网站排名前十位。"狂言狂语在某种意义上来说，只是当时阿里巴巴的生存技巧而已。

阿里巴巴成立初期，公司小得不能再小，18个创业者往往是身兼数职。好在网站的建立让阿里巴巴开始逐渐被很多人知道。来自美国的《商业周刊》还有英文版的《南华早报》最早主动报道了阿里巴巴，并且令这个名不见经传的小网站开始在海外有了一定的名气。

有了一定名气的阿里巴巴很快也面临资金的瓶颈：公司账上没钱了。当时马云开始去见一些投资者，但是他并不是有钱就要，而是精挑细选。即使囊中羞涩，他还是拒绝了38家投资商。马云后来表示，他希望阿里巴巴的第一笔风险投资除了带来钱以外，还能带来更多的非资金要素，例如进一步的风险投资和其他的海外资源。

就在这个时候，现在担任阿里巴巴CFO的蔡崇信的一个在投行高盛的旧关系为阿里巴巴解了燃眉之急。以高盛为主的一批投资银行向阿里巴巴投资了500万美元。这一笔"天使基金"让马云喘了口气。

2.第二轮投资，挺过互联网寒冬

更让马云意料不到的是，更大的投资者也注意到了他和阿里巴巴。1999年秋，日本软银总裁孙正义约见了马云。孙正义当时是亚洲首富,在与马云的见面中,孙正义直截了当地问马云想要多少钱,而马云的回答却是他不需要钱。孙正义反问道:"不缺钱,你来找我干什么?"马云的回答却是:"又不是我要找你,是人家叫我来见你的。"

这个经典的回答并没有触怒孙正义。第一次见面之后,马云和蔡崇信很快就在东京又见到了孙正义。孙正义表示将给阿里巴巴投资 3 000 万美元,占 30% 的股份。但是马云认为,钱还是太多了,经过 6 分钟的思考,马云最终确定了 2 000 万美元的软银投资,阿里巴巴管理团队仍绝对控股。

从 2000 年 4 月起,纳斯达克指数开始暴跌,长达两年的熊市寒冬开始了,很多互联网公司陷入困境,甚至关门大吉。但是阿里巴巴却安然无恙,很重要的一个原因是阿里巴巴获得了 2 500 万美元的融资。

那个时候,全社会对互联网产生了一种不信任,阿里巴巴尽管不缺钱,业务开展却十分艰难。马云提出关门把产品做好,等到春天再出去。冬天很快就过去了,互联网的春天在 2003 年开始慢慢到来。

3.第三轮与第四轮融资,完成上市目标

2004 年 2 月 17 日,马云在北京宣布,阿里巴巴再获 8 200 万美元的巨额战略投资。这笔投资是当时国内互联网金额最大的一笔私募投资。

2005 年 8 月,雅虎拥有阿里巴巴 40% 的股权成为第一大股东,付出的代价则是 10 亿美元和雅虎中国。其中 10 亿美元包括 3.6 亿美元购买的软银转让的淘宝股份,3.9 亿美元购买的前三轮投资者转让的 6 000 万股阿里股票,2.5 亿美元现金。软银通过售卖淘宝股票套现 3.6 亿美元,并用 1.8 亿美元购买了前三轮投资者转让的剩余股票。

之后,阿里巴巴创办淘宝网、支付宝,收购雅虎中国,创办阿里软件。阿里巴巴秉承着创新宗旨,逐步拓宽业务范围,市场影响力逐渐增强,一直到阿里巴巴上市。

2007 年 11 月 6 日,全球最大的 B2B 公司阿里巴巴在香港联交所正式挂牌上市,正式登上全球资本市场舞台。随着这驾 B2B 航母登陆香港资本市场,此前一直受外界争论的"B2B 能不能成为一种商务模式"也有了结果。11 月 6 日 10 时,港交所开盘,阿里巴巴以每股 30 港币,较发行价 13.5 港元涨 122% 的高价拉开上市序幕。小幅震荡企稳后,一路单边上冲,最后以 39.5 港元收盘,较发行价涨了 192.59%,成为香港上市公司上市首日涨幅最高的"新股王",创下香港 7 年以来科技网络股神话。当日,阿里巴巴交易笔数达到 14.4 万多宗。输入交易系统的买卖盘为 24.7 万宗,两项数据都打破了工商银行 2006 年 10 月创造的纪录。按收盘价估算,阿里巴巴市值约 280 亿美元,超过百度、腾讯,成为中国市值最大的互联网公司。

在此次全球发售过程中,阿里巴巴共发行了 8.59 亿股,占已发行 50.5 亿总股数的 17%。按每股 13.5 港元计算,共计融资 116 亿港元(约 15 亿美元)。加上当天 1.13 亿股超额配股权获全部行使,融资额将达 131 亿港元(约 16.95 亿美元),接近谷歌纪录(2003 年 8 月,谷歌上市融资 19 亿美元)。

阿里巴巴的上市,成为全球互联网业第二大规模融资。在此次路演过程中,许多投资者表示错过了谷歌，不想再错过阿里巴巴。

4.风险投资大赚一把

作为阿里巴巴集团的两个大股东，雅虎和软银在阿里巴巴上市当天账面上获得了巨额的回报。阿里巴巴招股说明书显示，软银持有阿里巴巴集团29.3%股份，而在行使完超额配售权之后，阿里巴巴集团还拥有阿里巴巴公司72.8%的控股权。由此推算，软银间接持有阿里巴巴21.33%的股份。到收盘时，阿里巴巴股价达到39.5港元。市值飙升至1 980亿港元（约260亿美元），软银间接持有的阿里巴巴股权价值达到55.45亿美元。若再加上2005年雅虎入股时曾套现1.8亿美元，软银当初投资阿里巴巴集团的8 000万美元如今回报率已高达71倍。

［注：案例材料根据《狂赚71倍：软银投资阿里巴巴》（邢会强，2009）、《风险投资机构的投资策略选择与公司控制权的研究——基于阿里巴巴的案例分析》（卢静，2017）、《阿里的资本运作之路》（陈斐，2014）、《投资的学问有多深——软银集团投资阿里巴巴为什么获得7100%的投资回报率》（勤思，2014）等材料整理编写。］

二、案例讨论

1.什么是风险投资？风险投资主要从事哪些活动？
2.联系案例的成败和当今市场环境，探讨风险投资主要关注投资机会的哪些特质。
3.补充ITAT发展的资料，分析风险投资机构投资ITAT失败的原因。
4.探讨如何为风险投资建立一个完整、系统、有效的风险预警机制。
5.从上述4个案例中，你获得了哪些启示？

三、案例点评

（一）Yahoo 创业案例分析

1.Yahoo 成功的原因

（1）美国宽松的上市制度是风险投资苗壮成长的土壤

Yahoo从创业到上市不足一年。1996年Yahoo上市时还亏损，大家也都知道它亏损，但仍看好它的潜力，投资者仍然追捧Yahoo。Yahoo上市后，第二年即1997年仍然是亏损，但Yahoo的成长却是惊人的。1998年，Yahoo净收入增长到了2.2亿美元，并实现了首次年度盈利。这个首次盈利尽管只有279万美元，但对互联网公司来说，却是一个转折性的符号和象征。后来，Yahoo 的发展也证明，Yahoo 的上市是正确的，投资者是正确的。尽管此后出现了非理性的疯狂和互联网泡沫，但美国证监会坚持形式审查，让市场自主决定的原则仍然是正确的。正因为美国证监会这样的原则和如此宽松的上市制度环境，造就了美国是全球互联网的领头羊，美国纳斯达克是互联网公司的圣地，是风险投资茁壮成长的土壤。美国的制度竞争力的高明之处就在于这种"无为而治"。

（2）二板市场为风险投资起到推动力的作用

与主板市场相比，二板市场具有前瞻性、高风险、监管要求严格、明显的高技术产业导向等特点。国际上成熟的证券市场与新兴市场大都设有这类股票市场，国际上最有名的二板市场是美国纳斯达克市场，中国大陆的二板市场主要有深圳的中小板、创业板，以及在上海证券交易所设立的科创板。二板市场的定位是：为具有高成长性的中小企业和高科技企业融资服务，是一条中小企业的直接融资渠道，是针对中小企业的资本市场。与主板市场相比，在二板市场上市的企业标准和上市条件相对较低，中小企业更容易上市募集发展所需资金。Yahoo 通过第一轮风险投资，解决了公司运营难题，但这并不是风险资本家所追求的目标。通过风险投资，实现资金增值，再以合适的方式退出，从而真正实现高收益，这才是每个风险资本家进行风险投资最根本的原因。美国的二板市场较为成熟，这使类似于 Yahoo 这样的互联网企业有机会实现上市，也为风险资本家提供了更为市场化、简易化的资金退出机制。

（3）执着是 Yahoo 成功的保障

风险企业家对风险投资家的执着使公司获得了成长的机会，风险企业家对事业的执着使 Yahoo 公司获得了腾飞的机会，创业团队对其专业技术的执着使 Yahoo 公司获得了不断前进的动力。

（4）合理的组织和构架增加了 Yahoo 成功的可能

Yahoo 的层次结构是一个完全用手工构建的工具，所包含的 10 万个分类是用人工确定的，这是 Yahoo 的创造性所在，在此中包含了人类的智慧与勤奋。杨致远曾回忆道："戴维和我只有一张床，他先睡 4 个小时，我工作；然后他起床工作，我睡觉。"他们努力地工作，像是在进行一场搏斗。Yahoo 的商业模型可以概括为"在网上免费提供服务"，唯一的资金来源是网上广告收入，但只是出售广告空间。他们非常担心在服务项目中增加广告会使他们的客户离开，但后来发现，Yahoo 的魅力让人无法抗拒，杨致远担心的这一问题并没有影响公司的后续发展。随着时间的推移，Yahoo 的客户越来越多，前景越来越明朗，Yahoo 的发展极快。

2.Yahoo 案例的启示

（1）风险企业家的个人魅力为其创业增加了成功的可能性

有人说，一个企业一个做法，一个老板一个性格。当前国内很多成功企业的文化制度建立都深深地打上了公司创始人的烙印。他们的人格魅力也在自觉不自觉地对企业的发展起着有形或无形的作用。可以说，一个企业家如果缺乏人格魅力，那么他的企业也会缺乏激情与活力,在任何时候企业家的人格魅力都是必不可少的。尤其是在企业发展初期,企业领导者的人格魅力和影响力尤为重要,他们具备敏锐的洞察力和强烈的感召力,从而更好地确立企业的发展方向,凝聚团队力量,使团队快速前进。Yahoo 的创始人杨致远和戴维正是具备了敏锐的洞察力、敢于创新的勇气、不畏艰苦的努力等优良风险企业家的个人魅力,引领着 Yahoo 一次次化解危机,在跌宕起伏的资本市场崭露头角。

(2)风险投资资本是企业的生命之源

风险投资(Venture Capital,VC),在我国也被翻译成"创业投资",是当今世界上广泛流行的一种新型投资方式。风险投资机构以一定的方式吸收机构和个人的资金,以股权投资的方式,将资金投向于那些不具备上市资格的新兴的、迅速发展的、具有巨大竞争潜力的企业,帮助所投资的企业尽快成熟,取得上市资格。一旦公司股票上市后,风险投资基金就可以通过证券市场转让股权而收回资金,继续投向其他风险企业。很多新兴企业,尤其是高科技企业如 Yahoo 等,在发展初期由于缺乏资金,很难实现产品的商业化,同时,其高风险的特征使很多金融机构如银行不予以贷款,这个时候引入风险投资无疑解了创业企业的燃眉之急。当然,风险投资不仅为创业企业带来了资金,同时也带了丰富的管理经验、人才以及市场销售经验等,可以说创业企业采用这种融资方式对其未来的发展壮大具有十分重要的意义。

(3)风险投资家的慧眼为风险企业的发展添上了双翼,风险资本的注入为风险企业融进了活力

风险投资家是向其他企业家投资的企业家,他们通过投资来获得利润。他们善于在市场中寻找有潜力的风险企业,可以说是风险企业在市场上大放异彩的伯乐。在上述的 Yahoo 案例中,各路风险投资家凭借其市场洞察力和对企业潜在价值超前估值,看到了 Yahoo 未来发展的巨大空间,如英国的路透社、微软、CI、Netscape、Sequoia 等赫赫有名的投资机构便纷纷将橄榄枝抛向 Yahoo。正是风险投资家的资金汇入使得 Yahoo 快速发展,吸引众多客户,成为全球瞩目的大公司。

(4)风险投资发展中政府的角色很重要

政府应鼓励扶持但不过多干涉,在风险投资领域,政府的作用不可低估。政府可以采取各种措施鼓励扶持风险投资业的发展,并在一定程度上为风险投资业创造一个稳定、良好的发展环境,从而最大限度地减少这种投资的风险。政府不是应尽量少地直接参与风险投资的运作与管理,而是应该一方面充分利用其高风险、高收益的特征,通过调节潜在投资者的风险收益比来引导投资;另一方面致力于改善企业内部经营能力和外部生存环境,降低其所面临的诸多风险因素。

(二)PAG 杠杆收购好孩子鼓舞国内中小企业案例分析

1.具有典型的杠杆性

该案例中,PAG 只以 1 200 万美元的自有资金,撬动 1.225 亿美元的并购交易,相当于 10 倍杠杆,其余的均以负债的方式筹集。PAG 所筹集的资金是以好孩子的资产为抵押的,是一个标准的杠杆收购,与国内"先交货后付款"的变相模式有明显区别。

2.灵活运用了收购方式

该案例将杠杆收购中的机构收购和管理层收购相结合,其中,好孩子管理层既是买家,又是卖家:好孩子管理层控股公司(PUD)在以每股 2.66 美元的价格向第一上海等原股东购买了约 3%的股权后,又通过换股方式卖给了 G-Baby。在支付方式上又将现金支付与股权支付相结合,成功完成了对好孩子善意的杠杆收购。

3.选取的收购目标较为成功

首先,好孩子集团是中国最大的童车制造商,有着良好的销售渠道和强大的市场份额,在占有美国学步车和童车 1/3 的市场后,好孩子在国内同样占有超过 70%的市场份额。其次,区别于其他单纯的供应商,好孩子拥有良好的销售渠道,企业长期负债少,市场占有率高,流动资金充足稳定。最后,作为消费品行业,好孩子具有持续的业绩增长能力,因此可以给以市场溢价,企业的实际价值超过账面价值。好孩子的各项特征,非常适合收购者采用杠杆收购的方式。

4.管理层积极配合

首先,在 PAG 收购之前,好孩子已经完成了离岸控股架构,由注册于开曼的吉奥比公司全资拥有,这就为随后的收购做了很好的准备工作。其次,PAG 收购过程的第一步就是在 BIV 全资设立了一家离岸公司 G-Baby。新设立的公司在资产方面的质量比较好,对收购十分有利,并且选取的地点 BIV(英属维尔京群岛)实行低税率,岛屿国际有限公司在外地经营所得利润无须交利得税,所受的税务管制非常少。

更值得一提的是,好孩子集团管理层控制的 PUD 公司的注册地点也是 BIV,为之后 G-Baby 对 PUD 的换股收购提供了便利。从这一细节可以发现,这宗杠杆收购案经过 PAG 和好孩子集团管理层的精心策划,是一起善意收购。

5.实现了新旧股东与管理层三方共赢的目的

收购完成后,吉奥比公司原股东第一上海获得 4.49 亿港币的现金,交易所获的收益达 8 170 万港币,软银的卖出价格也是买入时的两倍;管理层公司 PUD(也是原股东之一)增加了 3%的股份和一笔现金,持股比例增加到 32.5%;PAG 持有 67.5%的股份,拥有绝对控股权,并有望在好孩子实现海外上市后获得丰厚收益。

6.收购过程极具效率

当好孩子集团进入 PAG 视野的时候,花旗和好孩子方面的谈判已经相当深入了,但迟迟没有做出决策。而与国际知名的老牌投资公司相比,名不见经传的 PAG 这次出手极其犀利,此次收购前后耗时不到 4 个月,2005 年 10 月 PAG 接触好孩子,12 月 13 日就签署了股权转让协议。这可能是因为其他一些知名的投资公司受到的监管比较多,在法律等方面的细节也考虑很多,所以决策时比较犹豫。而 PAG 行动非常迅速,善于避开枝节,因此仅跟好孩子集团短暂谈判两个月就达成协议。

这是中国第一例真正意义上的外资金融机构借助外资银行贷款完成的"杠杆收购"案例,以上分析的这起案例中的 6 点突出之处具有借鉴意义。

(三)风投在 ITAT 的投资失败案例分析

蓝山资本投资 ITAT 服装连锁企业,是近几年国内最失败的风险投资案例,同时也是国内最失败的连锁企业私募投资案例。

曾任 IDGVC 深圳首代的刘中青对 ITAT 非常推崇,甚至以天使投资人身份进入 ITAT。2006 年 11 月,由前艺龙网创始人——唐越设立的蓝山中国资本向 ITAT 投资 5 000 万美元投资,首期 2 500 万美元。其实在此之前,接触 ITAT 的投资方络绎不绝,赛富、联想、达晨创投、东方富海等都看过 ITAT 这个项目,蓝山资本和 ITAT 一时成为私募投资市场中的明星。随后,更多的投资方抛来绣球,2007 年 3 月,ITAT 完成第二轮融资,除蓝山中国资本外,投资方还有摩根士丹利和 Citadel Investment Group Ltd.,三方分别出资 3 000 万、3 000 万和 1 000 万美元,后来,美林(亚太)有限公司也进入 ITAT。ITAT 成立仅 4 年,其估值就膨胀至千亿元以上,着实令人咋舌。

与投资人追捧不同,顾客并不买 ITAT 的账。ITAT 的众多由拼音构成的所谓"国外品牌"很难让顾客认同,比如英国品牌 Telundun、意大利品牌 Piliya、法国品牌 Aomaha、美国品牌 Huilingdu 等,服装供货商积压库存的质量顾客根本看不上眼,而偏远地段的闲置物业更是鲜有人光顾。但是,为了应付投资人和投行的调查,ITAT 让员工扮成顾客,制造"虚假繁荣"的景象,同时通过内部财务管理软件,大幅虚增销售额。2007 年 ITAT 预计销售额可达 42 亿元,但据知情人透露,真实销售额连 10 亿元都不到。

另外一个不买 ITAT 账的是香港联交所。四家全球最知名的投行——高盛、美林、德意志银行和摩根士丹利担任起 ITAT 在香港上市的承销商,但 2008 年 3 月,ITAT 在香港联交所的上市聆讯并未通过,联交所对 ITAT 的担忧在于其业务模式的可持续性。随后,香港联交所收到一封关于 ITAT 的匿名信,举报其存在虚增销售数据等不当会计行为。高盛、美林随后宣布终止与 ITAT 的合作。由此引发了 ITAT 大规模的地震:裁员、关店、拖欠工资、拖欠货款等一系列问题被挖出,此时,上市对于 ITAT 及其投资人来说,基本是奢望。2009 年 8 月,山东如意集团放弃与 ITAT 的并购洽谈,ITAT 最后一根救命稻草也没有了。

ITAT 的案例是一个典型的"击鼓传花"的游戏,也是一个"皇帝的新装"的翻版故事。从创始人、投资人、投行,大家都清楚 ITAT 商业模式中的问题和运营中出现的问题,但是大家都心照不宣地指望拉更多的人来拯救自己,不断凭空哄抬公司的估值,一起吹起这个巨大的泡沫,直到香港联交所说了一句很简单也很真实的话:"他没穿衣服耶!"事情一下子就非常简单了。否则,不知道 ITAT 和他的投资人会套走多少股民的血汗钱。

(四)软银投资阿里巴巴狂赚71倍的案例分析

软银不是阿里巴巴的第一个风险投资商,但却是坚持到最后的那个。1999年10月,马云私募到手第一笔天使投资500万美元,是由高盛公司牵头,联合美国、亚洲、欧洲一流的基金公司,如汇亚、银瑞达、新加坡科技发展基金等投资机构所提供的。在阿里巴巴的第二轮融资中,软银才开始出现。从此,这个大玩家不断支持马云,才使得阿里巴巴能够扩大到今天的规模。软银不仅给阿里巴巴投入了资金,在后来的发展中还给了阿里巴巴足够的支持。这一路上也有许多坎坷,尤其是2001年到2003年的互联网低谷时期。但是,投资人伴随阿里整个团队一路挺过来,这是十分难得的。

有些风险投资商显然错过了最好的收获期。从阿里巴巴集团的第三轮融资开始,早期的一些风险投资商已经开始陆续套现。1999年阿里巴巴创办之初的天使投资高盛集团因战略调整,退出了中国风险投资市场,其所持股份被新加坡的寰慧投资(GGV)接手。事实上,寰慧投资(GGV)的创始人Thomas早在1999年就以个人身份投资了阿里巴巴。2005年,雅虎入股阿里巴巴,风险投资商开始大规模退出。当时,雅虎以10亿美元现金、雅虎中国的所有业务、雅虎品牌及技术在中国的使用权,换取了阿里巴巴集团40%股份及35%的投票权。包括富达等在内的风险投资商又陆续套现。到阿里巴巴上市之前,只有软银一家风险投资还一直在阿里巴巴的股份中牢牢占据主要地位,其他风险投资已经全部退出。"软银和雅虎都有足够的资本玩下去。"阿里巴巴内部人称,这是马云最终留下它们的主要原因。

(五)总结

这是一个创业的时代,每天都有许许多多新兴的、迅速发展的、具有巨大潜力的企业翻滚在大潮中;搜寻潜在投资机会并让机会发光发热,获得高资本收益是当今社会最刺激、最富有挑战性的工作之一。就如Yahoo的例子,成功始于杨致远、戴维等人的创意,正是这种创意给自己带来极大的成功,也给社会带来巨大财富。风险投资的魅力则在于企业股票上市后的倍增效益。通过上市变现,使这个神话般的创造财富的创业过程画上了一个完整的句号。风险投资又是一个充满不确定性的过程,由于对高成长机遇的追逐和资本市场上利差的挖掘,它在实施和运行中要受众多因素干扰和影响,各种经济和社会不确定性条件的演化和走向使得风险投资活动的主体往往难以按照预订规划在市场上达到目的,甚至会给资本带来毁灭性的损失。投资者可能是幸运的哥伦布,发现利益的"新大陆",也可能是探险的倒霉蛋,毁于大风大浪和暗礁。从上述案例可以看出:

(1)风险资本与创业企业互利共赢

风险投资家的慧眼为风险企业的发展添上了双翼,风险资本的注入为风险企业融进了活力。案例中风投的目标都是具有前景的企业,一个是在互联网技术上创新的雅虎,一个是市场占有率高、长期负债少的好孩子,另一个是打破传统服饰企业模式的ITAT,还有一个是具有极大成长空间的阿里巴巴。它们都有可能在资本的助推下拓展出更大的市场规模,从而成为大公司。

（2）不同原因导致风险投资不同结果

案例中的企业的结局由不同原因所导致，风险企业家的个人魅力和技术团队的执着为雅虎的创业增加了成功的可能性；合理的组织和构架实现了新旧股东与管理层三方都赢的目的；风险投资者的急火攻心和经营核心的模糊不清造成了 ITAT"自毁长城"的局面。这 3 种原因都是值得每个企业家和风投家深思的。

四、实践参考

（一）风险投资的概念

现代意义的风险投资起源于美国，是指对新兴的、迅速发展的、蕴藏着巨大竞争潜力的企业，特别是科技型创业企业提供股权资本，并为其提供经营管理和咨询服务，以期在被投资企业发展成熟后，通过股权转让获取中长期资本增值收益的投资行为。

风险投资自 20 世纪 60 年代在美国大规模发展以来，已成为成熟金融市场不可或缺的一部分。"1 美元的创业投资所产生的专利数量是传统公司 1 美元 R&D 投资所产生专利数的 3~4 倍"（Kortum & Lerner，2000）。2017 年美国全行业风险投资金额增长 16.3%，达到 842 亿美元，而投向生物科技行业的风投资金达到 176 亿美元，相比 2016 年增长约 48%，其发展水平远远高于行业整体水平。风险投资在推动科技创新、经济增长与财富创造等方面的重大作用获得了实业界与学术界的一致认可。风险投资培育出一批世界级的公司，如联邦快递、英特尔、微软、亚马逊、苹果、阿里巴巴、Google、百度等知名企业都是风险投资成功的典型案例。近年来，美国风险投资的主要目标企业从初创的小微企业逐渐转向了一些"独角兽"初创公司，如 WeWork、Lyft、Airbnb 等"独角兽"公司。

中国风险投资虽然起步较晚，但近年来也在迅猛发展。据清科研究中心调研报告显示，2017 年中外创业投资机构共募集成立了 895 只新基金，其中 848 只基金的可用于投资中国大陆的新增资本量为 3 476.69 亿元人民币。在我国风险投资市场，2017 年共有 4 822 个投资项目，与 2016 年相比增长 30.9%，披露的投资额达 2 025.88 亿元人民币，同比增长 54.3%，我国的风险投资市场规模仅次于美国的 842 亿美元。

（二）风险投资的特征

与传统投资相比，风险投资具有许多独有的特质。

1.高风险性

高风险性是风险投资区别于一般传统性投资的首要特征。在风险投资项目中，一般成功率在 10%左右，能达到 20%的成功率已经是做得非常好的风险投资机构了。风险投资的高风险性主要是由风险投资对象的性质所决定的。这是因为：①风险投资是没有担保的投资。投向创业企业的风险投资资金直接进入企业的生产经营过程,企业无固定资产或资金为所融资金提供抵押或担保,而风险投资机构只有在所投企业发展壮大才能成功退出,且才能收回初期投资,因而所投资金血本无归的项目也大量存在。②风险投资的对象规模较小。一般对刚刚起步或还没有起步的高新技术企业,风险投资家更看重的是投资对象潜在的技术能力和市场潜力,而这类创业企业规模较小,未来的成长具有很大的不确定性,即风险性。这种风险可能来源于技术风险、市场风险、管理风险或多种风险的组合,表现出"一着不慎,全盘皆输"的高风险性。③由于投资对象常常是高新技术中的"种子技术"或创新思想,处于设计起步阶段,不够成熟,尚未经历市场检验,能否转化为现实生产力,尚有很多不确定的因素,风险较大。

2.高收益性

风险投资是一种着眼于未来的战略投资,预期企业的高增长、高增值是风险投资的内在动因。风险投资家愿意为潜在的巨额利润承担投资项目高风险。风险投资作为一种经济机制之所以能够经受住长时间的考验,并没有因为高风险而衰败没落,反而愈显蓬勃发展之势,关键就在于其高利润所带来的补偿甚至超额激励。

虽然风险投资的成功率不足30%,但一旦成功,可以以高市盈率套现,获得几十倍甚至上百倍的高额投资回报,如软银投资阿里巴巴获得71倍的高收益。成功项目的高收益足以弥补因其余项目投资失败所导致的损失,还能有丰厚的综合投资回报率。美国是世界上风险投资业较为成熟的国家,2007年风险资本的平均回报率为17.3%,远高于同期银行存款的利率水平。例如,美国风险投资家瓦尔丁1976年向苹果计算机公司投入20万美元的风险资本,到了1980年,仅仅4年时间,就获得了1.34亿美元的超额利润,这个超额利润是他投入的20万风险资本的670倍。正因为有这种巨额利润的诱惑,风险投资家才甘愿承担巨大的风险。

3.低流动性

风险资本往往在创业企业创立之初时就开始投入,直至公司股票上市之后退出,因而投资期较长,通常为3~7年,而且在此期间通常还要不断地对有成功希望的项目进行增资。一份关于美国157家在风险资本支持下的企业的调查资料表明:创业企业平均用30个月实现收支平衡,用75个月的时间恢复原始股本价值。正因为如此,人们将风险资本称为"有耐心和勇敢"的资金。另外,风险投资是一种权益投资,在风险资本最后退出时,若出门不畅,撤资将非常困难,这也使得风险投资的流动性较低。

4.主要面向高新技术领域

风险投资是以高风险为代价来追求高收益的。传统的产业因其技术、工艺的成熟性和产品、市场的相对稳定性,风险相对较小,收益也就相对稳定和平均。而高新技术产业由于风险大、产品附加值高,因而其收益也高,正迎合了风险投资的特点,也就成为风险投资的追逐目标。

以中国为例,中国的风险资本有近90%投向IT产业、生物医药、电子信息、通信产业、网络产业、新材料,以及传统的中医中药产业,而投向传统产业的技术改造仅约12%。以美国为例,1995 年,美国电子和信息领域吸收的风险资本占当年全部风险资本的 47%,1996 年和 1997 年,这一比重分别上升到 50% 和 60.3%。与生命科学相关的产业所吸引的风险资本也持续上扬,1996 年,生物工程与新药产业吸收风险资本占风险资本总额的 21.4%,1997 年上升为 23.8%,而随着人类基因组计划(HGP)、克隆技术等在近年来取得的迅速进展,预期生物工程与新药产业吸收风险资本的比例还会迅猛增长。而与之形成对照的是,传统产业吸收的风险投资只占很少的份额。

进入 21 世纪以后,美国的创业投资产业步入了平稳发展期。在美国创业投资界,互联网产业在 2016 年达到顶峰,投资额达到了当年全美投资额的 47.2%,随后开始下落,2017 年下降为 36.5%。根据硅谷全球数据公司 Pitchbook 和美国风险投资协会(NVCA)联合发布的《2017 年创业投资行业观察报告》显示,美国的风险投资家开始将目光转向互联网以外的高科技产业,生物医药、人工智能等行业成为风险机构新的支持重点。在生物科技行业,基因检测、生物医药和生物质能等产业获得更多的资金支持,2017 年美国流向生物科技行业的投资额达到 176 亿美元,相比 2016 年增长约 48%,而 2017 年美国全行业创业投资金额才增长 16.3%。

近 5 年来,美国人工智能行业的融资活动一直保持着上涨趋势,而 2017 年是人工智能开始爆发的一年,每个季度人工智能行业的融资额都达到 10 亿美元以上。人工智能行业 2017 年融资额比 2016 年上涨了 28%,第一次达到 50 亿美元关口,投资项目同比上涨 6%,达到 444 项。引起广泛关注的几笔大型交易,如日本软银集团对应用 AI 技术提供保险产品的 P2P 保险平台 Lemonade 提供 C 轮融资,投资 1.2 亿美元;Uptake 科技公司获得了 1.17 亿美元的 D 轮融资(Uptake 是一家应用大数据分析技术为工业企业提供成本优化服务的高科技企业)。在美国人工智能行业,风险投资支持项目最多的地区是加利福尼亚州,即硅谷所在地,2017 年当地成功获得风险投资的项目有 42 项,获得 5.24 亿美元资金支持,遥遥领先居于第二名的纽约,而纽约地区成功获得风险投资项目 13 项共 2 亿美元资金支持。

5.较高的专业性

由于风险投资主要投向高新技术产业,如生物技术、人工智能等,因其行业的专业性非常强,要求风险资本管理者具有很高的专业水准,在项目选择上要高度专业化和程序化,精心组织、安排和挑选,开展团队合作,以尽可能地锁定投资风险。通常,一家创业企业要得到风险投资的支持,必须首先向风险投资公司提交业务计划书、本公司基本情况和发展规划,以此进行初步接触。如果风险投资公司对业务计划感兴趣,双方将继续协商,一旦达成协议,创业企业将向风险投资公司出售部分股权,同时获得发展资金。

6.较高的参与性

由于高新技术成果的持有者大多是科学家和工程技术人员,一般来说,他们缺乏经营管理、市场开拓的能力,如果让科研技术人员将研究成果商业化,往往会不尽如人意,而风险投资家则能帮助他们开拓市场,实现产业化。风险投资公司一旦将资金投入创业企业,就与创业企业结成了一荣俱荣、一损俱损的关系,风险投资家将直接参与企业的经营管理,提供咨询,参与重大问题的决策。从产品的开发到商业化生产,从组织机构的设置到人员的安排,从产品的上市到市场的开拓、企业形象的策划,一直到企业的最后上市等都离不开风险投资机构的积极参与。

7.是一种股权投资

风险投资是一种长期的流动性低的权益资本,它的投资方式具体包括购买可转换优先股和普通股等形式。在风险投资的投资实践中,前者远比后者使用得广泛。二者的差别在于,在收益变现时前者被优先支付。从投资者的利益上看,可转换优先股有两个重要优点:其一,它可以大大减少风险投资公司的投资风险;其二,它可以刺激创业企业的经营管理。因为创业企业的经理人员们一般都持有普通股,如果企业只是刚好盈利,在支付风险投资者以后,企业就所剩无几,经理人员手中的股票价值也相对降低。

8.在投资对象上市后,最终将退出

风险投资公司在将资金投入创业企业后,追逐和期待的是所投资的企业发挥潜力和股票增值后,将股权转让,实现投资收益。风险投资的目的并不是对被投资企业控股,而是使风险投资取得成功后尽快实现回报,再从事新的投资。因此,一个有利于资金顺畅流动的市场环境,特别是风险投资的退出机制是保证风险投资成功的必要条件。风险投资的退出渠道主要有公开上市、企业并购和破产清算 3 种,其中,公开上市是风险投资价值实现的最佳途径。据统计,目前,北美风险投资的 80% 采用证券化方式投入和回收,欧洲为 65%,亚洲地区为 40%。根据清科研究中心的调研报告,IPO 是中国创业投资机构退出的主要渠道。2017 年中国创业投资全年共披露 1 042 笔退出项目。按退出渠道来分,共有 495 个项目通过 IPO 退出,占比 47.5%,较 2016 年增长 72.5%,而并购和股权转让分别占比 16.41% 和 27.74%。

创业企业主要是成长中的高科技企业,它们大都很难满足主板市场的条件。因而,创业企业的股票上市主要在二板市场。二板市场是在正式股票市场之外,主要面向高科技中小企业和新兴公司的股票市场,其上市企业的标准适当低于主板市场的条件。目前,许多国家开辟了二板市场。其中以美国纳斯达克证券市场(Nasdaq)最为典型,发展最为迅速,Nasdaq因此成了各国二板股票市场的代表。此外还有欧洲新市场(Euro)(NM)、日本的 JASDAQ 系统。香港联交所"创业板"市场也于 1999 年第四季度正式启动。

9.投资比例较低、一般不控股

这个特征主要体现在两方面:①风险投资一般以股权方式参与该企业或项目,但不是以取得控制权为目的,通常投资额占该企业总投资的 15%~20%。②单个项目的投资比例一般较低,不会高于风险投资资金的 10%。

10.是一种投资和融资结合的投资

从风险投资运营的角度考察,风险投资是融资与投资相结合的一个过程,风险投资所承担的风险与不确定性,不仅体现在投资上,也体现在融资上。从某种意义上说,风险投资过程中最重要,也最困难的方面不在投资,而在融资。因此,风险投资是投资与融资相结合的投资方式,是买方金融的一种形式。

从金融机构获利业务模式来看,可分为卖方金融与买方金融两种类型。卖方金融,是指

从事此类业务的金融机构都是通过出售自己的服务来获取利润。例如,企业的股票上市往往是通过投资银行进行的。通过提供这些服务,投资银行会向企业索取一定的费用。这种费用可以是证券买入价和卖出价之间的差额,也可以是一笔佣金。另外,商业银行则是通过为企业提供存贷款业务赚取存贷款之间的利差。

买方金融则与此不同。买方金融的典型特征是首先要筹集一笔资金,而且这笔资金是以权益资本的形式存在,然后再以所筹资金购买刚刚经营或已经经营的企业的资产。买方金融的利润主要来自资产买卖的价差。在融资时,风险投资机构购买的是资本,出售的则是自己的信誉、诱人的投资计划、对未来收益的预期。在投资时,风险投资机构购买的是企业的股份,出售的是资本金。退出时,风险投资机构出售企业的股份,买回资本金,外加丰厚的利润(当然大多数情况是亏损),以及光辉的业绩和成功的口碑。在资本金撤回以后,风险投资机构会进行下一轮的融资和投资。

风险投资属于买方金融的一种形式,它具有买方金融的特点,即整个金融过程是由融资和投资两个方面构成的,而融资又占举足轻重的地位。融资比投资还重要、还艰巨。融到资金往往就是成功的一半,有能力融到资金是风险投资机构业绩的体现。融资规模越大,就越显示出风险投资家的出类拔萃、高人一等。

11.是一种积极的投资,而不是消极的投资

风险投资是通过创业企业的成长实现资本增值的。它通过投资的整体效率来衡量投资的效益。从这种意义上说,风险投资是一种积极的投资活动,而不是一种消极的赌博。这是风险投资与股票、期货投机的最大区别。风险投资这种投资机制的运作从表面上看,似乎有些铤而走险的味道,而实际上却是一种探索与开拓精神的体现,尽管这种探索与开拓也是以追求利润为目的的,但仍然不妨碍它在客观上存在着对国民经济发展的促进作用。

(三)风险投资与其他投资方式的区别

1.与银行融资方式的区别

(1)投资对象不同

风险投资的对象主要是处于开拓阶段风险较高的企业,特别是蕴藏着失败风险的高新技术及其产品的研究开发领域,以促使高新技术成果尽快商品化。而银行融资则主要把资金投向技术成熟程度较高的企业,所投企业一般已经拥有较稳定的市场占有率和利润水平。这从另一角度说明两者在投资时机的选择上也是不相同的。

(2)投资依据与投资考核重点不同

风险投资支持的主要是新点子式的高科技及与之相结合的良好的管理基础和丰富的生产经验,因此风险投资在选择投资对象时,重点考核的是被投资企业的管理队伍,被投资对象所提供的商业计划书是否完善、是否具有管理水平和创业精神,以及企业家的素质和高科技的未来市场,并以此作为自己的投资依据。而银行在风险和收益的平衡中,更注重安全性,其传统的现金流量的评估方法以企业是否具有偿还能力作为项目选择标准,投资考核的重点是财务分析与物质保证方面。银行融资讲求安全性,回避风险,而风险投资却偏爱高风

险项目,志在管理、驾驭风险。

(3) 投资方式与支付方式不同

风险投资主要采用购买股份的形式,属于权益投资,投入的是一种权益资本,投资不需要抵押,不需要担保,且投资没有固定的偿还期,一般只有在被投资对象取得事业上完全成功后,才能通过股权出让获取收益。而银行融资主要采用贷款形式,贷款需要担保、抵押,投入的是借贷资金,有一定的偿还期,并以利息收入为主。

(4) 与所投资企业的关系不同

风险投资不仅投入资金,而且还直接参与被投资对象的发展战略制定、人才招聘等经营管理工作,与被投资者之间形成一种同呼吸、共命运的紧密关系。而银行在有抵押和担保的情况下,一般不直接过问投资企业的经营活动。

2.与传统股权投资的区别

(1) 收益方式不同

风险投资虽然周期长,但它要求变现,即在被投资者获得成功后,风险投资资金需要通过一定的退出机制,收回投资并实现资本增值,它所获得的收益是资本利得。而传统股权投资,也是一种长期投资,但在一般情况下不得退股,它所追求的投资收益主要体现为红利。

(2) 权益不同

风险投资可直接参与投资企业的一切经营管理活动,其权限不会因投资额的高低有所限制。普通股权投资可通过投票表决权决定所投资公司的重大事项和选举董事会,通过投票表决权对公司进行管理与监督,而表决权的大小受投资份额大小的限制,优先股权投资一般因无投票表决权失去了管理和监督公司的权利。

(3) 两者的投资目的不同

风险投资的目的不是对被投资企业股份的占有和控制,而是使风险投资取得成功后尽快实现回报,再从事新的投资。而传统的股权投资其目的是取得投资对象的控股权。

3.与天使投资的区别

天使投资是指依赖于自己的资金,并以投资为职业的,针对项目的盈利前景或针对项目执行人的能力、人品、经验、责任心、奉献热情等素质,以期获取高额投资回报的投资行为。对比风险投资,天使投资往往是分散的、个体的、小规模和非正式的。

(1) 天使投资的投资额度偏小

天使投资是权益资本投资的一种形式。它的投资规模往往比较小。以美国天使投资为例,2006 年,美国天使投资总规模为 256 亿元,和当年美国的风险投资总规模几乎一致。由于每笔投资额度较小,同样的资本金,天使投资可以支持更多的企业,对于种子期的企业来说,天使投资不是"锦上添花",而是真正的"雪中送炭。"

(2) 天使投资的投资期限偏早

进入 21 世纪以来,风险投资越来越有向晚期投入的趋势。风险投资的趋晚期使得创业企业的早期融资更加困难,企业种子期、创始期的资金供给不能应付资本需求,出现了明显的资金缺口,加深了企业早期投融资之间的矛盾。而天使投资正是弥补这一缺口的重要资金来源。正是这一性质,各国政府以及各地方都从某种程度上出台了各项优惠政策。而我国也应当鼓励和支持天使投资发展,不断培育天使投资人队伍,形成多层次的天使投资群体;在中小企业发展专项资金中增设天使资本引导基金,对符合条件的天使投资进行风险代偿;借鉴美国州政府予天使投资税收优惠的做法,允许天使投资机构和个人向符合条件早期项目的投资抵免其应纳税所得额;加强对天使投资机构和个人的备案登记及动态管理,加强服务跟踪;营造宽容失败的社会环境,引导由普遍关注成功者和成功投资向鼓励宽容失败的创业精神转变。

（3）天使投资的投资风险偏高

一般来说,投资期限越早,投资风险越高。在企业创立的早期,尤其是在种子期,企业的技术还没有达到中试阶段,其产品还没有得到市场的承认,其经营模式还没有在市场试验,这些都是早期阶段的企业所要面临的问题,因此天使投资者所承担的高风险可想而知。

（四）风险投资的类型

1.创业企业的生命周期

创业企业如同生物体一样,有其生命周期,一般而言,企业的生命周期可分为 5 个阶段,即研究发展阶段、开创阶段、早期发展阶段、加速成长阶段、成熟阶段。风险投资活动依其所投资企业的生命周期提供不同支持。

（1）研究发展阶段

发明家有了新创意,就投入自己的资本,或从家庭、朋友处得到一些资助,组建起自己的公司,动手将设想变为产品。这种募集资本的方式一般能够募得足够的资金,以维持研究发展至生产制造阶段的资金需求。这一阶段一般历时 1~5 年,它的典型特点是合伙组织相当松散,且公司所获利润极少,甚至无收入,财务上属于净亏损阶段。如果发展资金不足,可寻找天使投资人进行投资。

（2）开创阶段

一旦发明者完成产品开发,准备投向市场,就要求注入大笔资金,以设立、装置一小型生产设备,供应极小的市场需求（或许是本地市场）,所需资本为 100 万~300 万元。发明者或许会请求银行给予贷款,但往往因无抵押品等因素难以如愿,即使能得到,也只会是短期贷款,且金额不高。同时所得的短期贷款越多,其债务负担越重,资产负债比也会变得越高,这样要获得下一笔银行贷款将更困难。此时企业急需长期资本,获得长期资本的另一条路是出售公司股权,然而由于新企业毫无业绩可言,成立时间短,不足以发行股票上市或进行合并。唯一可行的路径是由企业创始人拟一份企业计划说明书,送呈风险投资专家过目,投资专家根据严格的标准审核,决定是否对企业进行股权投资。这一阶段历时 1~3 年,风险投资专家取得股权之后或成为投资公司的经理人,或成为董事会成员之一。就收益而言,累积净所得已呈正收益,但随着生产规模的扩大及巨额固定资本的支出,净所得收益有逐渐下降的趋势。

(3)早期发展阶段

在这一阶段的开始,公司销售额已达年均 1 000 万~7 000 万元。若市场接受公司产品,则公司可再次扩充,然而这要求注入更多新资本,为 1 000 万~2 000 万元。此时,由于公司的营业状况仍不足以达到发行股票的地步,风险投资公司或集团仍为主要的资金提供者,此即第二阶段的融资。增加第二阶段的资本后,在技术与管理方面,公司将需要更多专业人才、更正式的组织结构,发展可行的新产品生产线及扩大生产规模。此外,在发展开发阶段,随着销售额的增加,公司须尽快提高总收入,在 3~4 年内,使利润超过损益平衡点。这一阶段是公司发展的重要分界点,业务进展至此,公司决策人员必须开始考虑下一阶段是否由公司发行上市股票以获取业务进一步发展所需的资本。

(4)加速成长阶段

进入该阶段,创业企业下一步发展扩张,引入新的生产线,成立正式的公司组织,这一阶段将决定公司是否能继续成长为大、中型公司。这时董事会要计划由公开市场筹集巨额的新资金,为 4 000 万~8 000 万元,公司公开上市后可借股权投资方式获得长期资本,并改善资产负债比率,加强新贷款能力,增加资本流动并扩张资本。但只有公司的经营记录达到预期水平,否则很难获得如此庞大的新资本融资。这时风险投资专家面临一大抉择,即是否继续投资,若风险投资公司并无现金或流动债券对该创业公司融资,则必须通过股票的公开上市或合并来赚取超额的资本利得,再投资于其他具有希望的新投资计划。通常为维持风险投资公司自身正常财务状况,风险投资专家会有几个成功的个案,以补偿失败个案或边缘个案所造成的损失。在过去记录中,美国风险投资资金综合投资报酬率每年都在 25% 以上。在这一阶段,公司累积净所得的损失有明显减轻趋势,而销售金额也有快速成长迹象。

(5)成熟阶段

创业企业进入发展壮大的成熟发展期,形成了一套确实可行的管理办法和盈利模式,因本身能创造利润,在一定程度上是不缺资金的,其再次融资的目的更多的是为了长期战略合作或产业资源整合,因此成熟期企业在寻找融资的时候应该多注重投资团队的实力,除了资金注入,投资人的资源是成熟期企业要把握住的重要资源。其融资渠道有私募投资、信托融资、发行股票上市等,所需资金一般在几千万到几亿元。风险投资可通过股权转让或上市等方式实现投资的退出。

2.风险投资的类型

根据创业企业处于生命周期不同发展阶段,将风险投资分为以下 4 种类型:

(1)种子投资(Seed Capital)

种子投资是指投资于技术的中试阶段的投资。一项科技成果的转化,需要经历实验室、中试、产业化 3 个阶段。中试阶段技术处于开发阶段,技术风险较大,但一旦试验成功,其价值很大。那些规模小或处于发展早期的企业在这个阶段最困难的是融资。种子资金一般靠自筹,而更多的是把目光投向提供种子资本的风险投资基金。由于这类企业可能在很长一段时期内(一年以上)都难以提供具有商业前景的产品,其投资风险极大。在产品明确成型和得到市场认可前的若干年里,还需要定期注入资金以支持其研究和开发。这类投资的回报可能很高,但绝大多数商业风险投资公司都避而远之。

但近几年来,许多风险投资公司已经开始向种子阶段进行投资,以获取垄断利润。目前这类投资占风险投资的 1/3,而在几年前只占 1/10。种子投资的优点是具有垄断机会,增值潜力大,但是它的技术尚未成熟,风险很大,这符合高风险高收益的原则。一般来说,种子投资所需要的资金量与后期相比不是很大,它面临的是技术的商业化和产业化的诸多问题,对投资项目的评估需要相当的专业化知识,并且由于产品市场前景的不确定性,导致这类投资的风险太大,风险投资家对风险企业进一步进行投资的资本承诺困难较大。

（2）**导入投资**（Start-up Funds）

导入投资（或创业投资）,是指投资于技术产业化初创期。这时期公司拥有了确定的产品并具有了较明确的市场前景,其技术经过中试后,已经开始进入市场试销与产业化阶段。这是一个十分耗资的过程,是风险企业发展的“瓶颈”阶段,也是风险资本发挥作用的关键阶段。大多数的风险投资都是进行创业投资的。这个阶段的主要特点是技术风险相对较小,市场风险和经营风险等增大。但同样可以获得较高的利润率。由于技术风险和市场风险的存在,风险企业要想激发风险投资家的投资热情,其技术应达到一定成熟水平,产品必须具有一定竞争性。风险企业应拿出有说服力、吸引力的“商业计划书”,并且有相当规模。从交易成本角度考虑,投资较大公司比投资较小公司更具有投资的规模效应,且小的公司抗风险能力较弱,即使经过几年显著增长也未必能达到股票市场上市的标准,实现成功退出。这意味着投资家不得不为此承担一笔长期的、不流动的资产。这一阶段通常距离项目的盈亏平衡尚需要 2~3 年的时间。

（3）**发展投资**（Development Capital）

发展投资是指投资于企业的发展阶段,用于企业扩张期的发展资本。这种形式的投资在欧洲已成为风险投资业的主要部分。在这个时期,风险企业的产品已经进入市场,其潜力已经显现,企业成功已为时不远。由于高新技术的不确定性,企业的销售收入、现金流量极不稳定,资金需求量大,即使企业能获得银行贷款,而大量的贷款又增加了企业的负债率。发展投资正是帮助风险企业度过黎明前黑暗的关键,其作用在于帮助风险企业突破杠杆比率和再投资利润的限制,巩固企业在行业中的地位,为它们进一步在公开资本市场获得权益融资打下基础。

（4）**风险并购投资**（Venture and Capital）

风险并购投资主要是针对进入成熟期的企业,一般适用于较为成熟的、规模较大和具有巨大市场潜力的企业。由于风险企业的股票上市及股票升值需要一定的时间,或者风险企业难以达到首次公开上市的标准,许多风险投资机构通过追加投资促使企业达到上市条件或通过并购,实现整个投资的高收益回报。虽然并购的收益不及首次公开上市（IPO）,但IPO 成本很高且所花费时间长,因此,风险投资很多采用并购方式快速退出,以便进入下一轮投资。特别是近年来与国际新一轮兼并高潮相对应,采用并购进行投资的风险资本正在逐年增加。如2017年美国风险投资以并购方式退出的项目达565项,占比73.5%,而IPO占比仅为7.5%。

尽管在这一阶段的风险投资的回报并不高,但对风险投资而言却具有很大的诱惑力。其主要原因在于所投资的风险企业已进入成熟期,这个阶段的风险投资相对风险较小,尽管收益率相对创业阶段的收益率小,但这阶段企业具有盈利能力,巨大的盈利机会摆在面前,只要迅速投资,发展速度就很快,也可以获得较高的收益。美国20世纪80年代以后,由于风险投资业的竞争加剧,收益率降低,许多风险投资公司开始把重心前移或后移,参与企业的后期发展阶段的投资,甚至频繁参与企业之间的并购活动,以及企业上市前的准备等。

(五)风险投资运作过程

风险投资的运作离不开风险投资市场,它由3个主体构成:初始投资者、风险投资机构、风险企业(高新技术企业)。风险投资公司是连接资金来源与资金运用的金融中介机构,资金从初始投资者流入风险投资机构,形成风险资本,然后再通过风险投资流入风险企业。因此,风险投资的运作包括融资、投资、管理、退出4个阶段,如图1-1所示。

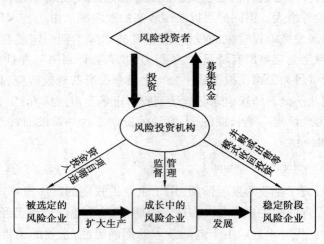

图1-1 风险投资的运作过程

1.风险资本的融资

风险投资首先要解决风险资本的筹集问题,风险资本的资金来源,主要包括政府、企业、金融机构、非金融机构、个人投资以及外资等。以风险投资业发展最为发达的美国为例,在1946年美国研究与发展公司成立之前,风险资金主要由富有家庭和个人承担;1946年至1958年这十多年,美国研究与发展公司担负了提供风险资金的主要任务;随后政府所支持的小企业投资公司又成了风险投资的主要力量;20世纪70年代以后,法人机构成了风险投资的主要资金来源。由于各国的发展历程、金融环境、政策法规的不同,各国风险资本的来源也呈现不同的特征。近年来,随着多层次资本市场逐渐发展,风险资本筹集规模和来源正迅速发生变化,中国风险资本市场呈现出其特殊性,概括来说,境外资本是中国风险投资的重要来源;非金融企业成为中国风险资本的主要来源。

2.风险投资的投资

每个风险投资决策之前,都必须经历一个严格的审查过程选择项目,一般要经过项目的筛选、尽职调查、项目评估等阶段,最终以投资协议方式决定如何投资及投资多少。其中,尽职调查是风险投资家做出决策之前必不可少的一项功课。尽职调查又称为谨慎性调查,是指投资人在与目标企业达成初步合作意向后,经协商一致,投资人对目标企业一切与本次投资有关的事项进行现场调查、资料分析的一系列活动,包含财政尽职调查及法律尽职调查等。就风险投资家来说,通过项目的筛选,在协商一致的前提下,将对拟投资企业开展尽职调查,以全面了解创业企业基本情况及发展前景,为作出投资决策提供依据。

3.风险投资的管理

风险投资家介入被投公司的管理,是风险投资的特征之一。一般来说,风险资本以股权投资的形式进入被投公司,风险投资家对被投公司的影响,就从参加会议、派员进入董事会甚至直接介入管理等形式体现出来。风险投资家对被投资公司的管理介入方式和程度的不同,虽是由其自身的特征和策略不同决定的,但研究发现,因投资、持有股份数量、投资行业、被投公司的运行状况等因素不同造成管理介入方式和程度的差异。另外,风险投资机构的经营理念、风险投资家的个人风格、被投公司所处的管理文化等,都会影响投资后管理方式与参与程度。

4.风险投资的退出

风险投资行业,最终是以项目退出的成败论英雄的。一般地,风险投资家会选择被投企业首发上市,或者促成其被某家大公司收购,从而结束该项目的投资并且实现其投资收益。就投资机构而言,一个可以预测的项目回收周期,无论对于他们进行风险投资资本的后续投资,还是对于他们自己的投资组合进行风险控制,都是十分必要的,因为风险投资基金必须为其出资人赚取可观的现金回报。风险投资的退出一般包括公开上市退出模式、并购市场退出模式、清算或破产。公开上市退出的模式是风险企业通过发展壮大,满足上市的条件,风险投资家通过股权转让的形式实现退出,从中获取资本的增值;并购退出市场模式是风险企业自身对风险资本股的收购,主要是管理层收购和企业外部收购;在公司经营不好且难以扭转时,解散或破产并进行清算是其最好的止损方法。

第二章　风险投资机构

一、案例综述

案例 2-1　软银中国

1.软银中国介绍

软银中国（全称"软银中国资本"）成立于 2000 年,是一家领先的风险投资和私募股权基金管理公司,致力于在大中华地区投资优秀的高成长、高科技企业。

提到软银中国就不得不提日本软银。日本软银集团于 1981 年由孙正义在日本创立,并于 1994 年在日本上市。日本软银成立初期主要专注于 IT 产业投资及 IT 产业经营,目前已经逐步发展转型为包含宽带、固网、移动的全业务电信运营商。2006 年 4 月,日本软银以约 150 亿美元的价格成功收购 VodafoneKK 公司 97.7% 的股权,成为日本第三大全业务电信运营商。2013 年 7 月 11 日宣布以大约 216 亿美元出价完成对美国第三大电信公司斯普林特的并购,创下日企海外单宗并购金额的新纪录,进入美国电信市场。截至 2013 年 10 月 3 日,市值计约合 924 亿美元,列日本第二。

日本软银成立初期,软银主要扮演了风险投资商的角色。其中:①1995 年孙正义对初创时期的 Yahoo 投资 200 万美元,一年后对当时仅有 5 名员工的 Yahoo 追加投资 1 亿美元,获得 33% 的股份。两个月后 Yahoo 上市,仅卖掉所持 5% 的股份,软银便赚了 4.5 亿美元。②1995 年,当 UT 斯达康的营业额只有 1 000 万美元时,孙正义便不断投资给它,累计投资额达 1.6 亿美元,获得股份近 50%。2000 年 UT 斯达康在纳斯达克上市,日本软银所持股份的市值最高超过 9 亿美元。上述这些,都是其最成功的案例。

进入 21 世纪,孙正义也开始关注中国市场。在 2000 年年底的中央电视台《对话》节目中,孙正义表示,今后几年内他将在中国投资 200 家互联网企业,总投资额将达到或超过 10 亿美元。他称:"我认为在 21 世纪,中国会占我们成功率的 30% 至 40%。"日本软银在中国的风险投资机构有 3 家,包括 1999 年 7 月成立的软银中华基金管理有限公司（即软银中华）,2000 年成立的软银中国创业投资有限公司（即软银中国）,以及 2001 年成立的软银亚洲基础设施基金（即软银亚洲）。

软银中国创业投资有限公司（Softbank China Venture Capital,SBCVC）是软银和 UT 斯达

康合作成立,最初双方各出资约 1 亿美元,也有一种说法是软银出 90%,UT 斯达康出 10%,但在 UT 斯达康出售股份后,双方的合资关系随即终止,日本软银集团拥有 SBCVC 的全部股权。所以,软银中国在成立初期,其资金全部来源于软银,相当于软银在中国的直接投资机构,第一任首席代表是周志雄。软银中国在刚成立时,由于首期基金规模非常有限,只专注投资 TMT 领域。2006 年后才开始投资其他行业。目前主要投资三大板块:一是互联网信息技术,二是医疗健康产业领域,三是清洁技术、新材料、其他投资领域(如消费)等。软银中国最初在中国投资的公司包括阿里巴巴、城市通、嘉德在线、51marry、好孩子、易宝、新利多、jia2000、contest2win。“我们认为,未来,TMT、健康医疗、环保新材料等行业是 VC 最好的投资机会”,软银中国主管合伙人宋安澜表示,这些领域将有机会诞生百亿元级别规模的企业。

目前,在国内依然活跃的与软银有关的基金就是软银中国。软银中国现在也不同于当初软银的直属机构,与日本软银的关系也不那么紧密了。

对于软银中国的变化,从该基金的主管合伙人宋安澜的叙述中也得到印证:“从一开始类似于软银旗下的一个风险投资部,一期基金绝大部分来源于孙正义,到二期基金来源逐渐国际化,再到三期基金彻底实现多元化,投资方向从 TMT 拓展到清洁技术、医疗健康、消费零售和高端制造等多领域,投资阶段也从单纯的早期投资逐渐辐射到早期、中期、后期各阶段。”如 2017 年 12 月 1 日,由软银中国资本领投,辰德资本、德联资本参投,对图玛深维(12Sigma)正式对外宣布完成 2 亿元人民币 B 轮投资。本轮融资是 2017 年医疗影像 AI 领域最大的一笔融资。2018 年 8 月,软银中国作为领投方,对国内最大的城际公路出行综合服务运营平台——北京盛威时代科技有限公司(简称“Bus365”)完成其数亿人民币规模的 B 轮融资方案的投资。2018 年 9 月,软银中国与商汤科技 Sensetime、东方明珠旗下新媒体产业基金、PAC、前海梧桐并购基金、朗盛资本、葛卫东等十余家投资机构对领先的视觉技术企业影谱科技 Moviebook 完成 D 轮 13.6 亿元融资计划的投资。

2.软银中国投资总览

(1)**基金Ⅰ:规模为 1 亿美元,投资期为 2000—2006 年**

投资:7 800 万美元,投资了 20 多家公司。

业绩:基金市值达到 6.02 亿美元,截至 2006 年 2 月回报率 7.7 倍;到 2007 年 11 月,基金市值超过 25 亿美元,回报 25 倍多。成功投资 3 家市值 10 亿美元级别的公司,即阿里巴巴、淘宝、分众传媒。

(2)**基金Ⅱ及人民币基金:规模为 2 亿美元+2.5 亿人民币,投资期为 2006 年一至今**

投资方向:具有高潜力的技术和服务性公司,初创期、成长期和扩张期。

潜力项目:GDS 万国数据、Precise 普丽盛、PPLive/PPTV 聚力传媒、Edan 理邦、Cywee 速位互动等。

(3)**基金Ⅲ:规模 3.5 亿美元+人民币,投资期 2008 年一至今**

投资方向:投资于高潜力的技术和服务性公司,初创期、成长期/扩张期、上市前高潜力的项目,如神雾、迪安、国政通、海润、大连机床、重庆隆鑫、荣港、天津海泰等。

（4）基金Ⅳ：规模为 4 亿美元+人民币

团队：5 位主要合伙人，超过 18 位投资专家，7 位投资管理/咨询专家。

覆盖区域：大中国区，公司总部位于上海，在北京、天津、深圳、重庆、成都、苏州、杭州、宁波、西安、台北等均有办事机构。

3.募集资金

2008 年 5 月，软银中国与苏州引导基金合作成立苏州软银（软银博辰基金），基金规模是 2.5 亿人民币，其中，苏州创业园引导基金投资 1 亿元。

2008 年 12 月，软银中国与重庆政府引导基金合作成立重庆软银，预计资金规模人民币 10 亿元，其中，软银中国出资 80%，重庆引导基金出资 2 亿元。

2008 年年底，软银中国拟募集第一只人民币基金，规模 15 亿~20 亿元，其中浦东新区政府作为主要发起人，与此同时，浦东新区政府还与软银中国合作募集了一只 3.5 亿元的外币基金，其将给予上述两只基金总计不少于 5 亿人民币的支持。

2012 年 6 月，软银中国拟与佛山政府合作成立一只 6 亿元的投资基金。

（注：案例材料根据软银中国资本网站资料、百度百科"软银中国"、百度百科"软银集团"等材料整理编写。）

案例 2-2　IDG

1.IDG 集团、IDG 技术创业投资基金简介

IDG 集团创建于 1964 年，总部设在美国波士顿。目前，在全世界 85 个国家和地区设有子公司和分公司，拥有 13 640 名高级研究专家和人员，采用电子邮件、数据库、电传及联机服务等现代化信息处理和传递手段，建立了快速而全面的世界性信息网络。

IDG 所属的 IDG 技术创业投资基金（原太平洋技术创业投资公司）于 1989 年 11 月在北京进行了第一个试验项目的风险投资。在此基础上，1993 年开始大规模进入中国市场，先后在北京、上海、广东、天津、深圳等地设立了自己的风险投资管理公司。IDG 于 1998 年 10 月 27 日与中国科学技术部签署了在今后 7 年内向中国的中小型高新技术产业投资 10 亿美元的合作备忘录。到 2004 年 6 月，IDG 技术创业基金目前已在中国投资了 2 亿多美元，扶植了 120 余家中小型高新技术企业，一共创造了 13 500 余个就业机会，给中国市场经济带来了无穷的潜力。

IDG 技术创业投资基金（IDGVC Partners）成立于 1992 年，在北京、上海、广州、波士顿、硅谷等地均设有办事处。作为最早进入中国市场的美国风险投资公司之一，IDGVC Partners 已成为中国风险投资行业的领先者，不仅向中国高科技领域的创业者们提供风险投资，并且在投资后提供一系列增值服务和强有力的支持。IDGVC 的投资集中于国际互联网、信息服务、软件、通信、网络技术以及生物工程等高科技领域。迄今为止，IDGVC 已向中国蓬勃发展的创业公司投资数亿美元。IDGVC 在中国投资了 100 多家优秀的创业公司，包括携程、百度、搜狐、腾讯、金蝶等公司，已有 30 多家所投公司公开上市或并购。IDGVC Partners 的强大优势之一在于不仅对投资组合中的每一家公司，提供资金、经验、商务关系等强有力的支持，

而且与中国的创业者之间建立了广泛的联络渠道,同时与他们保持亲密的合作关系,通过企业治理优化、市场合作及并购等协助创业公司成为世界一流企业。

2.资金来源

IDG 投资中国大陆的资金量仅为 2 千亿美元,且全部来源于美国总部的传统业务收入。这也是 IDG 与其他大型风险基金的不同所在——后者大多采取私人合伙制,资金主要靠私募得来。

3.IDG 技术创业投资基金的管理团队

IDG 技术创业投资基金管理团队也就是风险投资人,得益于 IDG 资本的全球服务网络及长期丰富的本土投资经验,由专业人士组成的 IDG 资本管理团队,通过深度市场调查和细致分析做出投资判断。团队成员共有 30 人,如 Alexandre Quirici,IDG 资本在欧洲的投资合伙人,在股权投资、财务及运营等方面有超过 16 年的经验;董叶顺 2011 年加入 IDG 资本,致力于新能源等领域的投资并有着汽车、电子产业近二十多年的管理经验及 7 年的投资行业经历;何志成在银行、金融、直接投资的领域有长达十五年的丰富经验;熊晓鸽曾是高诚资产管理公司中国项目组的核心成员,负责管理伦敦上市的个人投资基金和中国投资公司,1993 年熊晓鸽协助麦戈文在北京、上海和广东创立了 IDG 风险投资基金,并同时负责 IDG 在亚洲 15 个国家或地区的业务等。

从 IDGVC Partners 管理团队的组成来看,这 30 位风险投资人都是各行各业的佼佼者。IDG 投资管理团队合作稳定、专业全面,且具有互补的国内外教育及行业背景,以及丰富的企业管理、投资运作和资本市场经验。这些资深合伙人的合作时间超过 10 年,相互之间分工明确,有懂技术层面的,有深知企业管理的,有了解金融财务的,有对市场发展有预测管理风险能力的。如果项目管理团队要实现对风险投资项目的成功运作,需要跟踪创业企业成长的全过程,这就必然涉及企业管理的诸多方面,因此 IDGVC Partners 项目管理团队成员的技术和专业通常跨越不同的专业或管理学科,实行多学科搭配,进行优化组合,使团队本身在知识与技术、管理与运作经验上具有互补性。

4.关于 IDG 资本(原名 IDGVC)

IDG 资本专注于与中国市场有关的 VC/PE 投资项目,在香港、北京、上海、广州、深圳等地均设有办事处。IDG 资本重点关注消费品、连锁服务、互联网及无线应用、新媒体、教育、医疗健康、新能源、先进制造等领域的拥有一流品牌的领先企业,覆盖初创期、成长期、成熟期、Pre-IPO 各个阶段,投资规模从上百万美元到上千万美元不等。

自 1992 年开始,作为最早进入中国市场的国际投资机构之一,IDG 资本已投资包括百度、搜狐、腾讯、搜房、携程、汉庭、如家、金蝶、物美、九安、康辉等 600 多家优秀企业,并已有超过 150 家企业在美国、中国香港、中国 A 股证券市场上市,或通过 M&A 成功退出。IDG 资本深刻理解中国本土市场特点,始终追求长期价值投资,与企业家保持长期亲密的合作关系。除为企业发展提供成长资金外,还在吸纳优秀人才、建立现代企业制度、寻找战略合作伙伴、重组并购等方面为企业提供专业支持、经验和资源。

IDG 资本获得了国际数据集团(IDG)和 ACCEL Partners 的鼎力支持,拥有广泛的海外市场资源及强大的网络支持。IDG资本与企业家、行业领袖、各级政府部门间所建立的良好关系,致力于长期参与中国卓越企业的合作发展。

（注:案例材料根据百度百科"IDG""IDG技术创业投资基金"等材料整理编写。）

案例2-3 红杉资本

1.公司介绍

红杉资本于1972年在美国硅谷成立。在成立之后的30多年之中,红杉资本作为第一家机构投资人,先后投资了如Apple、Google、Cisco、Oracle、Yahoo、Linkedin等众多创新型的领导潮流的公司。红杉资本中国基金是2005年9月由沈南鹏与红杉资本共同创办。红杉中国的合伙人及投资团队兼备国际经济发展视野和本土创业企业经验,从成立以来,红杉中国管理着约20亿美元的海外基金和40亿元人民币的国内基金,主要投资在科技、消费服务业、医疗健康、新能源和清洁技术等众多具有代表意义的高成长中国公司。

红杉中国已投资的公司包括新浪网、阿里巴巴集团、万学教育、京东商城、文思创新、唯品会、豆瓣网、诺亚财富、高德软件、乐蜂网、奇虎360、乾照光电、焦点科技、大众点评网、中国利农集团、乡村基餐饮、斯凯网络、博纳影视、开封药业、秦川机床、快乐购、蒙草抗旱、匹克运动等。作为"创业者背后的创业者",红杉中国帮助众多中国创业者实现创业梦想,如在2016年1月,由红杉资本中国基金、嘉实投资和中国太平领投,对京东集团宣布旗下子公司京东金融投资66.5亿元人民币。

2.投资传奇

红杉资本(Sequoia Capital)是风险投资领域真正的传奇。作为一家运营多年的风险投资机构,它战胜了科技跃迁和经济波动,从而获得与这一生命长度相呼应的优秀项目:在大型机时代,它发掘了PC先锋苹果电脑;当PC大肆发展,它培养起网络设备公司3Com、思科;而当电脑被广泛连接,互联网时代来临,它又投资雅虎和Google,等等。因其秘而不宣自己的投资业绩,外界便常引用这样一种说法:它投资超过500家公司,其中130多家成功上市,另有100多个项目借助兼并收购成功退出。因其投资而上市的公司总市值超过纳斯达克市场总价值的20%。

曾有杂志披露红杉资本业绩情况:以8年为周期,红杉资本于1992年设立的6号基金的年化内部回报率(Annualized IRR)为110%,1995年设立的7号基金的内部回报率为174.5%,即使因设立较晚而未完全收回回报的8号基金,在1998年到2003年初的内部回报率也达到了96%。这是一系列足令风投行业的任何人侧目的数字,因为风险投资行业内部回报率的平均水平在15%~40%。其成功案例很多,如红杉资本投资的Google在2004年上市后,其1 250万美元投资变为50亿美元以上的回报;在YouTube上的1 150万美元投资也随着Google的收购,变成了4.95亿美元。红杉不可避免地成为业内备受瞩目的对象,而其明星项目的投资者,如投资于苹果、甲骨文、思科的唐·瓦伦坦(Don Valentine)和发现雅虎、Paypal、Google的迈克尔·莫瑞茨(Michael Moritz),则成为风险投资行业的超级明星,几乎所有评论者将唐·瓦伦坦、迈克尔·莫瑞茨与早年投资于英特尔的亚瑟·洛克、KPCB公司的约翰·杜尔并称为风险投资行业的"四大天王"。

一定程度而言,红杉资本的故事可以被简化为顺应技术进步下的连锁反应:投资苹果电脑后,会发现它需要存储设备和软件,于是红杉资本投资 5 英寸软盘业务 Tandon 公司和甲骨文,接下来便是小范围内的电脑连接起来的以太网设备公司 3Com。当以太网技术成熟,更广阔地域范围的电脑连接就势在必行,于是红杉资本找到了思科。而在互联网的基础设施成熟后,对雅虎、Paypal 的投资就顺理成章。甚至,投资 Google 的最初想法是"至少它对雅虎的搜索引擎有所助益"。

红杉资本由于在投资博弈上尝到了消费品行业的甜头,所以后来对消费品服务行业也青睐有加。除了投资万达影院外,红杉资本还布局瑞卡租车等公司,对消费品和现代服务业方面一直比较重视。在 2012 年上半年,红杉资本出手金额较大的投资项目为力美广告和小米科技。虽然市场上募集资金比较难,但红杉资本此前投资的项目处于消费领域,增速十分惊人,并没有受到当前经济影响。

3.红杉资本的独特之处

首先,红杉资本并不顺应舆论营造的流行趋势。它很少附庸大公司以大量资金打造的趋势,比如有线电视公司鼓噪的"交互电视",也尽可能远离资本市场上的火热概念,如近年的纳米科技和 P2P 软件。

这种高度独立性有些时候甚至显得过于冷酷。投资过甲骨文的瓦伦坦曾公开否定拉里·埃利森提出的"软件业被整合为几个大公司的天下",却对小型软件公司的开放和创新表示赞许。曾因看到硬件外包潮流而投资于伟创力的莫瑞茨则无情指出,因为利润低、需要大量的市场推广预算,且需要与零售巨头的自有品牌及亚洲的仿制品肉搏,这几年的热门投资概念之一的消费电子产品是"大粪与泥潭"。

其次,红杉资本相信"思维模式迁转"(paradigm shift)下的小公司的机会。在传统行业,"大卫战胜哥利亚"的故事并不多见,但在高科技领域,这却是主旋律。看看半导体行业,早在 20 世纪 60 年代初,德州仪器已经规模巨大,但技术创新仍让仙童半导体迅速崛起,随后英特尔又超越了仙童。

虽然行业的变迁发生得相当快速,但让某个个体坚持在潮流变换中持续更新,尤其是拒绝成功带来的束缚,则极为不易。一个细节是,1967 年瓦伦坦离开仙童前往国家半导体公司时,仙童的核心成员罗伯特·诺伊斯曾表示不解:"现在去办一家半导体公司太晚了。你为什么不留在这里,已经做得够好了,还能做得更好。"对此,瓦伦坦的回答是:"命运就是继续前进。"到了 1969 年,诺伊斯前去创办英特尔时,瓦伦坦特意致电对方:"鲍伯,两年前你跟我说太晚了,为什么你现在又去办一家半导体公司?"

红杉资本内部,瓦伦坦和他的合伙人努力保持永不停止的自我更新。每当红杉资本在一家开时代之先的公司中取得巨大的成功,它都像电脑重启一般告别过去,重新寻找那些小的、未得到广泛认可的创新概念。

对于此,不妨参考 Google 之后,迈克尔·莫瑞茨的投资组合:博客公司 Sugar Publishing、天气预报网站 Weatherbug、一次性相机销售公司 Pure Digital、服务于 50 岁以上人群的网站

Eons、借记卡发行公司 Greendot、在线游戏租赁服务公司 Gamefly、网络通信簿 Plaxo、电子商务公司 Red Envelope 和 Zappos、旅游网站 Kayak、手机游戏公司 Digital Chocolate、用纳米技术制造下一代锂电池的 A123、培训软件公司 Saba 和印度的商务流程外包服务商 24/7 Customer。所有这些公司都与流行的资本概念毫不沾边,而且,你几乎找不到它与 Google、雅虎这些成功案例的相似之处。对此,莫瑞茨表示,只要它能够提供第一流的服务,就能获得巨大的用户群。而他没有多谈的是:所有这些公司,都拥有着广阔的提供增值服务的空间。比如天气预报网站 Weatherbug,它费心搭建了一个北美洲最完整的天气预报信息网络,如果这些信息能够让大量用户养成在这里了解天气的习惯,它就能提供与天气情况对应的每天的饮食、衣着、旅游等增值服务——这些内容,都可能成为广告销售源头。

这种刻意求新的努力,一定程度上来自此前的教训。莫瑞茨可能是最爱与他人分享失败经验的投资者,他经常提起,在 1997 年至 1999 年,自己在 Webvan 投入 5 350 万美元,这家公司试图改变物流运送体系,并用大量资金在全国大量铺设网点。这让其在技术领域声名鹊起,但粗放的管理模式让其在网络泡沫破灭后轰然破产。这次失败加固了莫瑞茨自身的投资信念:只瞄准那些有丰厚利润率的企业,避开资金聚集的产业,绝不小看改变用户行为的困难,在确定路径正确之前不去轻易尝试。最大的教训就是华尔街准备投资成千上百万美元的领域,不是真正的目标所在。

而与华尔街的火热概念类似的是以前的成功经验。"没有下一个 Google,就像没有下一个思科、下一个雅虎、下一个苹果、下一个英特尔、下一个微软一样",莫瑞茨称,"公司各有不同,伟大的公司则有他自己独一无二的生意之道,有其自己的印记和标识。"

而在变化万千的市场中找到"伟大的公司"的方法,依然是回答最基本的问题:谁在意这个产品?人会不会在一个足够长的时间——比如对于风险投资公司,8 年是一个周期——保持对这种产品的关注?几乎所有日后被证明伟大的投资,都能给这两个问题以惊喜答案。

4.红杉资本中国基金

2005 年 9 月,携程网和如家酒店的共同创始人、携程网原总裁兼 CFO 沈南鹏与德丰杰全球基金原董事张帆,以及 Sequoia Capital(红杉资本)一起始创了红杉资本中国基金。Sequoia Capital 的品牌和人脉在红杉资本中国基金的募集过程中发挥了相当关键的作用。除了 Sequoia Capital 之外,Sequoia Capital 的 LP(有限合伙人)以及历史上投资过 Sequoia Capital 的机构有很多都成了红杉资本中国基金的有限合伙人,包括斯坦福大学基金、普林斯顿大学基金、哥伦比亚大学基金、杜克大学基金等美国超一流的大学基金以及洛克菲勒、卡耐基、福特基金会等美国家族基金。

在中国市场,红杉资本既是美团的投资方,也是大众点评的投资方。2010 年红杉资本 A 轮投资 2 000 万美元,是美团第一轮到第四轮的投资者。2003 年成立的大众点评,2006 年获得红杉资本 100 万美元投资,随后的 C 轮、D 轮红杉资本都有跟投。2015 年 10 月 8 日大众点评网与美团网联合发布声明,宣布达成战略合作,双方已共同成立一家新公司,新公司实施 Co-CEO 制度。美团 CEO 王兴和大众点评 CEO 张涛同时担任联席 CEO 和联席董事长,重大决策在联席 CEO 和董事会层面完成。

红杉资本中国基金成立以后，接连一系列投资项目也令业内侧目。首先，其投资组合显得颇为奇怪：既有主流的 Web2.0 网站，如 MySpace、YouTube 和 Facebook 这种美国 Web 2.0 成功范例的中国版本，也有一系列难于被归类、在美国红杉的投资组合中绝迹的项目，如蔬菜、保险、动画、彩票公司，甚至还有一些领域偏僻的小公司，如 BitTorrent 下载网站 Bitcomet 和移动搜索公司 Gototel。

其次，一些关于其投资额的报道让红杉中国显得出手颇为慷慨，动辄以千万美元规模进行投资，这与美国红杉谨慎的投资倾向似乎颇为不符。对此，红杉中国的团队可以轻易辩驳：从 2005 年 9 月至 2006 年 8 月的一年间，红杉中国投资的十余个项目总额不过 5 000 多万美元，甚至没有单一投资超过 1 000 万美元。

较为难以解释的是第一个问题：它似乎没有红杉美国投资组合的连贯感与线路感，而这恰恰是红杉资本之所以是红杉资本的原因：即使有美国如此成功的范本，当它进入一个新市场，仍去挖掘与以往完全不同的机会。

"20 世纪 70 年代看红杉资本，你也看不出来它的路径，但你 30 年后，反过来看，一切就很清晰。"张帆称。沈南鹏的总结是，他所做的不过是寻找在中国 GDP 增长下，个人消费提升所带来的新需求。因为美国的消费品市场早在几十年前就已成熟，红杉资本只能专注于科技发展，但在中国，除了技术变化，消费市场的发展本身也是巨大的机会。这导致作为投资者的张帆、沈南鹏去考察那些概念上并不时尚，但在具体领域内有所创新的破冰者（breakthrough）。

在创立携程之前，沈南鹏对此已经颇有留意。携程、如家的成功则坚定了其理念：在中国好的项目并非一定要像 Google、Skype 般扮演"破坏者"（disrupter）角色，只要能创造性地对一个传统行业提供增值、改进，且其模式可以被广泛复制到一个比较大规模的市场，就可创造巨大价值。

沈南鹏多年积累下的人际资源，就成了红杉资本在此领域率先发现机会的突破口。如保险中介公司众合保险的创始人郑磊，早在 1999 年就与尚在德意志银行工作的沈南鹏相识。当时郑磊在创立一家服务于证券市场的信息终端公司，因为对风险投资态度谨慎而未能及时融资，最终因资金问题创业失败。随后，他仔细地观察了携程、国美的模式后，决定用同样的模式进军保险行业：像携程、国美一样，如果单一市场经营，它的经营效果会非常糟糕，但如果能将一个成熟的商业模式扩大到全国范围，获得相对于保险公司较好的谈判能力，则能够获得规模效益。而当建立起遍及全国的销售渠道后，众合就能够从车险业务延伸至财险和寿险。而且，相比于携程所提供的机票、酒店预订，保险业务的成本更低，因而郑磊成立了从事保险中介业务的众合保险公司。两人多年的友谊让郑磊放弃了原本从三家投资商处融资的计划，选择由红杉资本单一投资。在郑磊的设想中，公司在融资后第一年的利润即可达到 300 万美元，到 3 年后则能够获得 3 000 万美元的利润，到时便可上市。

在 2000 年年底超大农业上市以后，沈南鹏一直关注农业产业，特别是在 2004 年中国绿色食品上市后，他相信，这个行业已经成为资本市场的一个板块，如果有新的改良型公司出现，上市并不成问题。顺此思路，他找到了前超大农业高管、在农业领域有十余年从业经验的马承榕。马承榕虽然经常下田地里工作,并未研究过所谓的携程模式,但他的利农集团有着同样的扩张思路,即在高附加值却难于种植的蔬菜领域,找到一套可以被普遍复制的生产管理模式,然后借助沃尔玛的渠道广泛销售出去。

构建这一模式并不容易:蔬菜的种植效果因地而异,而各地消费蔬菜的习惯也不相同。而且,管理种植蔬菜的农民,和管理写字楼中的白领需要截然不同的智慧。但马承榕极有规划地将其"工业化生产"的准备工作分为3个层面:其一,通过大量试验,确保其蔬菜品种的领先。利农每年试验超过3 000个品种的蔬菜,从中找出产量高、抗病性好、外观好以及能够辐射一个较大市场消费习惯的产品,成功率约为千分之一。其二,雇用专业人员对每个城市的消费习惯进行研究,以了解每个月里哪些品种的蔬菜能够获得比较好的销量和销售价格。其三,成为沃尔玛的供应商,从福建市场开始塑造品牌。

红杉资本在网络领域的投资,曾经扶助百度、空中网成长,总结红杉中国对网络业的投资,应该可以归结为两种考量:其一,寻找那些顺应市场潮流的需求;其二,与那些具备较为丰富经验和灵活性的团队合作。两个标准相结合,就为其投资的公司获得了比较大的变化空间——像莫瑞茨在美国所做的各种投资一样,只要产品本身具有较长期的市场价值,究竟用何种盈利方式并不是急需考虑的事情。

[注:案例材料根据百度文库"红杉资本"、《红杉资本背后的故事!》(搜狐财经)、百度百科"红杉资本"等材料整理编写。]

案例2-4 经纬中国

1.公司介绍

经纬中国是经纬创投在中国设立的风险投资公司。经纬创投创立于1977年,总部位于美国波士顿,当时名为Hellman Ferri投资公司,这是在美国东海岸设立的专注于初创型高科技公司投资的最早一批风险投资公司之一。1982年Paul Ferri将公司更名为经纬创投,并在西海岸开设了硅谷办公室。经纬创投是美国历史最悠久的风险投资基金之一,专注于对早期创业型企业的投资,在美国与红杉资本、KPCB齐名。自成立以来,经纬创投扶植了大量的成功企业,其中包括苹果电脑、联邦快递、SanDisk等。2018年4月,投资线上药店移动应用Myra。

经纬中国成立于2008年年初,原美国中经合集团董事总经理、中国区首席代表张颖和原易趣网创始人、现诺凡麦医药董事长、美国经纬创投合伙人邵亦波成为该基金的联席管理合伙人。经纬中国是结合经纬创投在美国30年积累的理念、战略以及中国本土经验而创立,旨在帮助中国企业家更好地服务中国市场,并带给中国企业充沛的战略资源和先进的企业理念,扶持中国企业家在中国快速发展的经济环境中成就伟大事业。

经纬中国专注于对处于早期或扩张期阶段公司的投资,单笔投资额将从100万美元至2 500万美元不等,希望扶持创业公司成长为中国乃至全球市场的领先者。投资领域主要包括:科技、媒体、通信(TMT)、企业服务、健康医疗、新文化等。经纬中国的核心价值在于对创业者的尊重、谨慎的投资态度和放远长期的投资理念。在未来,经纬中国基金将专注于中国市场,在互联网、无线服务、新媒体、生命科学、环保科技,以及消费者产品与服务等领域寻找投资机会。结合邵亦波在互联网领域、张颖在新媒体和高科技领域的丰富投资经验,经纬中国以互联网、无线服务和新媒体方面的投资见长。

2.成长历程及公司文化

从2008到2018年,是经纬中国成立以来的十年。这家风险投资机构尽管有着还算悠久的品牌历史,但在中国境内的独立发展,其实已经相对完整地错过了互联网的萌芽和起步阶段。

风险投资行业素来注重基于发展不对称的时间差,经过成熟市场验证的产品模式,必然会在新兴市场重演整个流程,提早布局、抢先卡位,可以说是从业的基本功。

事实上,经纬中国的创始合伙人徐传陞,他在和张颖认识以前掌管着一只新加坡基金,并秉承着中国也会产生与Google相似的搜索引擎的判断,在中关村里找到了李彦宏和他的百度。那也是一个"广撒网、多敛鱼"的投资时代,早期的基金几乎是在粗暴地从美国互联网的产品名单里寻找对应标的,接着挨个投完一、二、三名,只待坐享其成。

这种套路造就的成功案例虽然数目惊人,但是颠覆经验主义的样本同样不在少数,中国互联网并没有完全地成为美国互联网的镜像,而是在汲取资源和高速增长的过程里,有了自己的商业逻辑和数字生态。

到经纬中国的创建,风险投资行业的洗牌已经发生过数次,包括迷信海归的观念破产、草根创业的不断崛起、本土特色的壁垒在内,都是时代前行的一块巨型背景板。

张颖说,经纬中国是踩在移动化开启的窗口上成立的。在那之前,经纬中国的投资方向是离散的,"投过保险公司,电影公司也投,觉得做得也挺好",然后才是笃信移动互联网的市场规模,把全部力量全都赌了上去。

移动互联网的投资挑战在于,它的信息差,效应更加薄弱,甚至缺少对标,故而风险与回报呈等比上升,决策分量日臻加重。经纬中国是抓住过大鱼的,或者说,在它十年以来投资的近五百家创业公司里,优质公司的占比在整个行业里都位居前列。

根据一份创投数据库的统计显示,经纬中国在2010到2015年的退出回报接近30倍,那也正是中国移动互联网风起云涌的时期,几个明星项目,如友盟、猎豹移动、陌陌等,把经纬中国在风险投资行业的地位抬升到了第一梯队的级别。

到了最近三年,经纬中国的投资名单依然星光熠熠,包括小鹏汽车、车和家、车好多集团、VIPKID在内的名字,无不令人侧目。

张颖把这种表现称为"价值观收益",在他看来,经纬中国坚持帮助而非干预投资对象、善待而非折腾创始人的原则,改变了水流的方向。所以张颖为经纬中国的投后工作打分高达89分,相较他对投资工作打出的69分,足足高上一个段位,这也说明了经纬中国在与创业公司建立信赖方面的信心。

为了参加经纬中国在沙漠里举办的十周年活动,VIPKID的创始人米雯娟通宵未眠地赶着飞机出席参加,猎豹移动的创始人傅盛干脆住在了停车场的房车里。这些行为都在一定程度上支持着经纬中国,张颖也再次发表了自我认同:"全中国没有一家VC的投后管理比我们强。"

哪怕是熟知张颖的人，也时常会被他的"耿直"吓到，尤其是在讲究资历、分寸和关系的投资行业，不够客气的表态，往往容易树敌。张颖倒是不介意这种作风带来的影响，他甚至说道："有对手会让我做得更好，所谓'道不同不相为谋'，不必争取站在价值观对立面的人，而是吸引那些愿意做伴的同路人。"所以张颖依然保持着摩托越野的彪悍作风，他甚至组织了"经纬出行"的活动，定期地邀请并带领创业者造访那些人迹罕至的蛮荒之地，用磨砺肉体的方式一起交流和思考商业上的经营问题。他因为敬佩双腿截肢仍然前后5次挑战登顶珠峰的中国登山家夏伯渝，就把后者请到几百名员工及创业者的面前，讲述"执着于梦想并为之倾尽全力"的真实经历。显然，作为一家投资机构，这种尝试远远称不上是分内之事。

张颖把经纬中国的核心竞争力描述为"酷"，就像是能够把"CHUANG大会"这样的商业会议和音乐节绑在一起举办。如果说张颖是在前面不吝展示热诚与野心的那个人，那么和他一起创办经纬中国的徐传陞，则是力求为这种激扬提供本质动力的另一个人。他给经纬的"酷"增加了几分力量——既要不乱于心，也要不畏于行，我们不但要酷，还要有酷的底气（业绩）。

就连张颖在否认投入经纬中国十年以来是否失去什么的问题时："对我来说，这份工作就是生命，人生所有的东西都因为这份工作而降维了。"徐传陞还是忍不住补充了一句，表示如果真要说遗憾的话，那就是工作繁忙起来，会牺牲陪伴家人的时间。徐传陞惯于保持冷静，这或许被看作一种泼冷水的习惯，对内对外皆是如此。

在2018年春天参加第十二届中国投资年会的时候，徐传陞说："所有人都在狂欢的时候，有些人必须保持冷静。"很多创业者会因为受到BAT的青睐而欣喜若狂，但是作为财务投资者，他又反常规地泼冷水地说道："并不是说拿战略的钱不好，只不过在某些时候我觉得很多的创始人在这样的阶段下是非常被动的，所以创始人在拿这个钱的时候，要想清楚你的目的是什么。"

这或许与徐传陞亲身体验过2000年那一轮互联网泡沫有关，他说自己从业近二十年，在去年才特别深刻地感受到资本的澎湃，"澎湃到其他基金在我们公司楼下堵项目了"。

《华尔街日报》将这样的局面定义为"超量资本追逐有限初创"，认为风险投资机构在中国不仅面临着同行之间的竞争，还要面临阿里、腾讯这种巨头科技公司的较量，以及来自政府官方扶持的基金的挤压，这让估值计算和回报周期都有些失控。

经纬中国过去十年投资项目的平均回报周期大概是38个月，他们用更短的时间为有限合伙人实现了回报，这个数字领先于行业平均水平。但是随着投资规模的水涨船高，作为早期投资机构仍然需要负担较高的退出压力。

不过，张颖和徐传陞都有尊重创业者的共识，他们警惕行业过热的苗头，认为这会形成面向自身业务水平的挑战，但创业者追求成功这件事情，没有任何理由值得责备，他们认为投资错了就错了，不要去折腾或是恶劣地对待别人，要学会把精力聚焦在正确的项目上。

其实是很朴素的道理，却是物以稀为贵。就像巴菲特和芒格加起来才构成了伯克希尔·哈撒韦的全貌，张颖和徐传陞——巧合的是，两人的英文名都是"David"的组合，也是经纬中国得以走到今天的根本原因。

既要率性而为,也有内敛厚重,十年前的野蛮生长,十年后依然特立独行,资本市场或许不相信价值观,但是创造价值这件事情的意义,是亘古不变的。

3.资金来源

经纬中国的资金来源主要系其自身投资,目前该公司管理着4只美元基金,6只人民币基金,加起来总值超过210亿人民币规模。2010年8月,经纬中国设立了自己的第一只人民币基金,规模仅只有2.3亿元人民币,之后又设立了5只人民币基金。

最早的两只人民币基金募集的时候,主要资金来自合伙人以及一些之前投资的成功企业家,他们赚了很多钱之后,反过来投资经纬中国的基金。募集之后,第一只人民币基金投资了大约130家公司,到目前为止破产的公司只有10家,已经有近10倍多的投资回报了,预计如果再给一点时间,回报可以达到30~40倍。第二只基金现在也是有将近6倍的回报,portfolio中主要以企业服务和文娱相关的项目为主。从第三只人民币基金开始,经纬中国才正式跟国内的母基金、国资等机构LP打交道。

经纬中国创业者张颖认为:如果在基金的有限合伙人与创业者之间要选择的话,我会毫不犹豫选择创业者,"他们才是我真正的衣食父母。我们把投资做好,有非常卓越的投资回报,所有的母基金、国资的钱自然会对我们感兴趣,这一点,我自己想得比较清楚。我们专门有一个小组负责对接潜在的人民币LP,帮我们的人民币基金募资"。

4.投资方向

经纬中国关注投资领域主要包括移动社交、交易平台、O2O、电子商务、智能硬件、互联网教育、垂直社区、文化、医疗、互联网金融等。截至目前,经纬在国内已经投资超过190家公司,明星企业包括陌陌、找钢网、快的、饿了么、口袋购物、点名时间、猿题库、宝宝树、果麦文化传播、爱康国宾、91金融等。

(注:案例材料根据百度百科"经纬中国"与"经纬创投"、经纬中国网站信息等材料整理编写。)

二、案例讨论

1.查阅资料,了解国内外还有哪些著名的风险投资机构,分析世界前十大风险投资公司的特点,讨论其投资理论与投资风格。

2.结合案例,分析风险投资机构的投资运作模式。

3.结合当前国内外的经济科技发展趋势,探讨当前及未来一段时间内风险投资的热点投资方向。

4.思考讨论:几乎所有的风险投资公司都置身于科技洪流之中,感受到科技宏观趋势变化并不困难,为什么是红杉资本频频抓住每次技术沿革中最优秀的公司?请谈谈你对红杉资本投资传奇的看法。

  5.结合案例与当前风险投资机构发展现状,谈谈你对案例2-4中"超量资本追逐有限初创"的理解。

  6.结合以上案例,对风险投资机构来说,你认为其获得成功最重要的是什么?

三、案例点评

  1.风险投资在实际运作中是一个融资与投资相结合的过程,而融资又占据了举足轻重的地位。融到资金往往就是成功的一半,有能力融到资金是风险投资家业绩能力的体现。从案例可以看出,优秀的投资机构能蓬勃发展离不开优秀的风险投资家。如案例中IDG、软银中国、红杉资本、经纬中国的精英团队就为创造风险投资传奇搭建了一步步天梯。

  2.案例中的4家风险投资机构的资金来源各不相同,IDG投资中国的资金基本取之于其美国总部的传统业务收入;软银中国初期主要是靠软银资本的注入,红杉中国资本是凭借红杉的品牌和人脉募集到了各种基金,经纬中国则通过基金募集之后进行投资。IDG资金来源方式比较少见,因为大多数风险基金的资金是通过私募的方式获得。

  3.从世界各国情况来看,风险投资资金的来源渠道是多样化的。由于国情不同,各国风险资本的结构差别也很大。美国是风险投资业最发达的国家,也是风险资金规模最大的国家,截至2016年年底,美国共有898家风险投资管理公司(全球占比36.5%),管理着1 562只活跃的风险投资基金,机构总数2 460家,包括红杉资本、IDG等著名的风险投资机构,掌握着3 335亿美元的风险投资资产。2016年募集资金的基金共253只,募集416亿美元资金,相比2015年增长了18%,其中第一次募集资金的基金22只,募集资金22亿美元,这是2008年以来新增最多的一年;加利福尼亚地区(硅谷所在区)的风险投资基金所募集的资金额占全美的比重由2015年的57%上升到66%[①]。除风险投资机构外,还有对冲基金、共同基金、主权财富基金、公司风投部门等也进行风险投资,提供风险投资资金。

  就欧洲风险投资资金来源而言,在公司的种子期和导入期,个人投资是风险投资资金的主要来源。在其他时期,银行则是主要供给者。我国风险投资机构资金主要来自政府、国有独资企业、股份制企业、非股份制企业、外资企业、金融机构等。

  4.风险投资机构作为从事投资的专业机构,其自身需要进行再融资。Gompers与Lerner(1996)指出,在美国,80%以上的风险投资机构采用的是有限存续期制度,这要求风险投资机构在规定投资期内清算该基金的投资业绩情况,并分配相应收益,然后再融资开始新一轮的基金融资与投资。有限存续期这种制度加强了对风投机构的约束,从而减少了道德风险问题。我国风险投资机构的基金投资与管理也同样受到投资时间长短的限制与约束。因此,在此背景下,风险投资机构能否募集到充足的资金至关重要,这也是风险投资机构能否

---

① 资料来源:National Venture Capital Association (2017 NVCA Yearbook),2017-03.

持续运转的重要保证。

风险投资机构能否融到资取决于声誉,声誉的来源有着多种渠道,如风险投资机构的历史投资表现、风险投资机构所管基金规模,以及风险投资团队成员的专业背景与投资经验,但无疑风险投资机构的投资业绩表现对其融资影响巨大。从上述案例也可看出,各家风险投资机构亮丽的投资业绩来源于独特的投资理论、互补的投资团队、精准的市场预判、科学的投资方法等,非凡业绩也成就其成为著名的风险投资机构,从而进一步提升融资能力。

四、实践参考

(一)风险投资机构的概述

风险投资的核心是创新融资与组织更新。它不仅是一种投资,同时也是一种融资,并且投资和融资的工具都是以权益的形式存在的。风险投资机构作为一种金融中介,首先从投资人那里筹集一笔以权益形式存在的资金,然后又以掌握部分股权的形式,对一些具有巨大成长性的创业企业进行投资。当所投企业经过营运、管理等发展壮大获得成功后,风险投资机构再安排股份出让,从创业企业中退出。因此,风险投资机构可以说是一种利用风险资本生产新企业的企业。

风险投资在我国起步较晚,1985年成立了以发展高新技术产业为宗旨的中国高新技术创业投资公司,但1998年中创公司严重亏损、资不抵债导致被迫关闭。经过30多年的发展,我国风险投资机构获得了很大发展。根据《中国创业风险投资发展报告》(2017)统计显示,截至2016年年底,中国创业投资各类机构数已达2 045家,与2015年相比增加了270家,增长率为15.2%。其中,风险投资企业(基金)1 421家,较2015年增加110家;风险投资管理企业624家(占全球的30.5%),较2015年增加160家,增幅34.5%(见表2-1)。同期美国共有898家风险投资管理公司(全球占比36.5%),其中风险投资基金1 562家,共有风险投资机构2 460家;欧洲风险投资机构约500家。相比而言,我国的风险投资机构这几年发展还是比较快速的。

表2-1 中国创业风险投资机构总量、增量(2006—2016年)

项目 \ 年份	2006	2007	2008	2009	2010	2011	2012	2013	2014	2015	2016
现存的VC机构/家	345	383	464	576	867	1 096	1 183	1 408	1 551	1 775	2 045
VC基金/家	312	331	410	495	720	860	942	1 095	1 167	1 311	1421
VC管理机构/家	33	52	54	81	147	236	241	313	384	464	624
VC机构增长/%	8.2	11	21.1	24.1	50.5	26.4	7.9	19	10.2	14.4	15.2

资料来源:《中国创业风险投资发展报告》(2017)。

《中国创业风险投资发展报告》(2017)显示,2016 年全国创业投资管理资本总量达到8 277.1亿元,占 GDP 总量的 1.11%,比上年增长率上升了 0.15%;较 2015 年增加 1 623.8 亿元,增幅为 24.4%;2016 年新募集资金 1 016.1 亿元。基金平均管理资本规模为 4.05 亿元,较 2015 年略有下降,但母基金规模进一步上升,最大的母基金管理着 19 只子基金。相比而言,同期美国创业投资管理资本总额为 3 335 亿美元,占 GDP 总量的 1.93%。可见,中国风险投资机构在数据量与美国相当,结构相似,管理资产规模上在日益上升,表明这几年我国在风险投资行业发展十分迅猛,都呈两位数的增长,对未来经济的重要支持作用将会日益显现。

但从投资方面而言,2016 年中国创业投资机构披露当年投资企业 2 744 家,相比于 2015 年下滑了 19.8%;投资金额 505.5 亿元,却比 2015 年增加了 8.6%,占全国 GDP 总量的0.068%。项目平均投资额为 1 842 万元,相比 2015 年增加 69.1%。截至 2016 年年底,全国累积投资的项目数达到 19 296 项,其中投资高新技术企业 8 490 项,占比为 44.0%;投资累积金额为 3 765.2 亿元,其中高新投资企业的投资额度达到 1 566.8 亿元,占总投资额的 41.6%。[1]

相比而言,美国在 2016 年投资企业 7 750 家,投资金额 691 亿美元[2]。在 2017 年美国投资额 840 亿美元[3],与 2016 年相比增加了 16%。欧洲则在 2015 年共有 2 836 家企业获得了创业投资资助,投资金额为 38 亿欧元。整个欧洲创业投资占 GDP 的比重为 0.025%,其中排名第一的丹麦创业投资占 GDP 比重达到 0.109%[4]。可见,中国风险投资还有进一步上升空间。

中国创业风险管理资本总额(2006—2016 年)见表 2-2。

表 2-2　中国创业风险管理资本总额(2006—2016 年)

项目＼年份	2006	2007	2008	2009	2010	2011	2012	2013	2014	2015	2016
管理资本总额/亿元	663.8	1 112.9	1 455.7	1 605.1	2 406.6	3 198	3 312.9	3 573.9	5 232.4	6 653.3	8 277.1
较上年增长/%	5.1	67.7	30.8	10.3	49.9	32.9	3.6	7.9	31.7	27.2	24.4
基金平均资本规模/亿元	2.13	3.36	3.55	3.24	3.34	3.72	3.52	3.26	4.48	4.66	4.05
管理资本占 GDP 比重/%	0.3	0.42	0.46	0.46	0.59	0.66	0.62	0.61	0.82	0.96	1.11

资料来源:《中国创业风险投资发展报告》(2017)。

(二)风险投资机构的作用

风险投资体系主要由 4 类主体构成:投资者、风险投资机构、中介服务机构和风险企业。风险投资体系中最核心的机构是风险投资机构,即风险投资公司或风险投资基金,它们是连接资金来源与资金运用的金融中介,是风险投资最直接的参与者和实际操作者,同时也最直接地承受风险、分享收益。风险投资机构与其他金融机构的区别在于其特有的运行机制。

---

① 胡志坚,张晓原,张志宏,等.中国创业风险投资发展报告(2017)[M].北京:中国经济出版社,2017.
② 资料来源:National Venture Capital Association(2017 NVCA Yearbook),2017-03.
③ 资料来源:National Venture Capital Association. "Record Unicorn Financings Drove 2017 Total Venture Capital Investments to $ 84 Billion,the Largest Amount Since Dot-Com Era".
④ 胡志坚,张晓原,张志宏,等.中国创业风险投资发展报告(2016)[M].北京:中国经济出版社,2016.

因此,归纳起来,风险投资机构的作用主要体现在 3 个方面:

1.联结风险资本与风险项目

在风险投资市场上,一方面是具有巨大增长潜力的投资机会,另一方面是寻求高回报、不怕高风险的投资资本。风险投资机构的职责是发现二者的需求,并使机会与资本联系起来。金融的特点在于促进资金的融通,只要有资金的供给和需求,就会有金融中介的位置。只要资金在金融中介疏通的渠道内流动,且在流动中资金得到正当的利用,它就会增值。资金的畅通流动是其增值的基本条件。

在风险投资这种特殊的金融方式下,资金从投资者流入风险投资机构,通过风险投资机构流入风险企业。这时,风险投资机构创造了决定其成败的两个结合:风险资本与增长机会(通常是高科技企业)相结合,风险投资家和风险企业家相结合。资本和机会的结合是外部结合,而风险投资家与风险企业家的结合是内部结合,是风险投资成败的关键。风险投资要达到预期收益,这两个结合缺一不可。

2.监督与管理风投项目

风险投资机构为了实现投资目标,风险投资机构通过精挑细选,将风险资本与具有巨大潜力的投机机会联结起来外,还需要对所投项目进行监督,一旦出现潜在的投资风险,风险投资公司可以迅速采取补救措施,一是可以提前预防,二是如若发生则减少损失。

同时,风险投资公司根据需要可能会参与所投资的创业项目或企业的管理与决策事务,这主要是因为风险投资公司具有专业技术与财务方面丰富经验,可为所投项目的发展战略、重大经营决策等提供咨询或重要建设性意见。通过这类增值服务,以促进创业项目或企业的快速发展,从而实现投资预期目标。

3.促进高新科技的产业化与集群化

高新技术产业具有特殊性,周期长导致高风险,社会促进效益导致高收益,这却吻合了风险资本的投资偏好。风险投资机构在促进高新科技企业发展方面的作用主要表现在 3 个方面:①通过资金支持与风险分担促进科技创新;②利用聚集的技术、企业管理等方面人才,帮助所投资企业制订发展规划、推广产品、建立营销网络、招聘高级管理人才,运用各种社会关系开展后续融资安排,这些增值服务有力地推动了企业良性发展,促进高科技成果顺利产业化;③风险投资机构的聚集又吸引了大批创业者,新形成的中小科技企业可以为大企业提供一部分产品的生产和研发,从而形成了大企业主导、许多中小企业作为补充的多层次产业集群,而集群内各企业相互竞争与合作,建立水平与垂直分工体系,形成上下游产业链,促进产业集群的发展壮大。

(三)风险投资机构的特点

风险投资机构通过融资获取资金,通过投资运用资金,作为专业投资机构,在风险投资整个过程中起着主导作用。同时,风险投资机构还运用其丰富的投资与管理经验,为所投风险企业提供技术支持与管理建议,甚至直接参与风险企业的管理,这对风险企业,特别是初创期的中小企业的发展壮大具有重要的支撑作用。风险投资机构作为风险投资系统中的关

键部门,具有以下特征:

①风险投资机构是由信誉良好的职业金融家或风险资本管理者所组合的投资机构。风险投资机构的投资团队一般是由业务能力精湛、管理经验丰富、专业知识结构互补的业界精英组成。团队成员以精心制订的风险投资计划,用权益方式向风险投资者融到风险资金,再经过细致分析判断将所融资金投向具有巨大发展潜能与竞争优势的高新企业,当所投企业发展壮大后,再转让股权退出并开始新一轮投资活动。因此,在整个风险投资机构中,投资团队的业务能力及业绩直接关系着风险投资机构的融资与投资活动。

②风险投资机构的管理模式有自管模式与托管模式两种。自管模式是指风险投资公司的资产管理可以由公司自己的工作班子来承担,而托管模式则是指资产管理委托公司外部的专业性管理公司来操作。自管模式能降低运作成本,提高投资效率;减少管理层次,降低道德风险,并且有利于发挥公司董事会对投资经理层的产权约束作用。但自管模式也可能造成风险投资公司内部职权不清、协调与制约机制不足等问题。托管模式则刚好相反。因此,风险投资机构在管理模式方面会综合权衡进行选择。

③风险投资机构的组织形式有公司制、分公司或子公司制、有限合伙制、信托制4种,但有限合伙制是风险投资机构的主流形式。这主要是因为,一是投资者作为有限合伙人,仅以其出资为限承担责任,与个人的其他财产无关,这使得投资者可以将其风险控制在可预期的范围内;二是在有限合伙制组织形式中,普通合伙人专门负责有限合伙人的投资的运作,有限合伙使投资者与作为融者的创业企业家结合,并通过组织结构和契约安排,能够解决信息不对称问题;三是在税收优惠上,政府对有限合伙的收益不征收所得税,仅当其分配收益时由合伙人缴纳一次个人所得税。

④风险投资机构所投资的对象是非上市企业,多数是中小企业,主要以股权的方式参与投资,待到所投资的企业发挥增长潜能并且实现股权增值以后,再将所持股权转让,实现高额投资回报,因此风险投资机构所进行的投资是属于长期投资范畴。

⑤风险投资机构的投资对象一般属于高风险、高成长、高收益的新创企业或风险投资计划,风险投资机构对投资项目的选择具有高度专业化和程序化的特点,是一个高度组织化和精心安排的过程,目的是尽可能锁定投资风险。

⑥风险投资机构与创业者的关系是建立在相互信任与合作的基础之上的,从而保证了投资计划顺利执行。风险投资实际上是通过风险投资机构特有的评估技术和眼光,将创业者具有发展潜力的投资计划和资本充裕的资金结合。在这一过程中,风险投资机构的作用包括:为创业者提供所需的资金;作为创业者的顾问,提供管理咨询服务与专业人才中介;协助进行企业内部管理与策略规划;参与董事会,协助进行重大经营决策,并提供法律与公关咨询;运用风险投资机构的关系网络,提供技术资讯与技术引进的渠道,介绍有潜力的供应商与购买者;协助企业进行重组、并购以及辅导上市等。另一方面,只要股票未能公开上市,风险投资机构持有的股权就难以流通,所以风险投资机构在股权出售之前,就必须对被投资企业各发展阶段所需资金进行融通。事实上,在企业发展过程中,风险投资机构需要不断为所投资企业进行融资,风险投资机构与所投企业利益是一致的,利于创业企业发展。

(四)风险投资机构的分类

风险投资机构根据资金来源、资本类型、行业地位等不同的分类标准分成不同的种类。根据厉以宁(2004)的观点,以风险投资机构的主要出资方即资本类型分为国有独资、民营企业、外资企业及各方合作的合资机构。根据所有权归属和隶属关系进行分类,可分成上市公司、私有制公司、金融机构附属公司、大集团附属公司与企业联合组织(辛迪加组织)5类。Da Rin、Hellmann、Puri(2011)从资本来源和所有权的不同等方面来考虑,可分成政府风险投资机构(GVC)、企业风险投资机构(CVC)、独立风险投资机构(IVC)、银行附属风险投资机构(BVC)4类[①]。由于国际资本流动的加强,外国风险投资机构与本土机构在投资资本来源与本土资本又有很大区别,因此本文将其资金来源主要为国外的风险投资机构从前面4类里独立出来单独形成一类,即外国风险投资机构(FVC),加上 Da Rin 等(2011)的4类,共5种类型。

1.政府风险投资机构(GVC)

政府风险投资机构是指资金来源为政府并且政府为最大股东的风险投资机构(Da Rin、Hellmann、Puri,2011)。各国政府大多建立风险投资机构,而政府设立风险投资机构主要有3种方式:

①政府直接投资建立风险投资机构。这种方式又分为直接设立风险投资公司和设立种子基金两种方式。由国家科委、财政部等部门共同出资,于1985年建立的中国新技术创业投资公司,是我国第一家政府风险投资公司。英国政府于1981年建立了著名的英国技术集团(BTG)。20世纪80年代,日本科学技术厅建立的"新技术开发事业团",对高新技术创业企业提供可长达5年的无息贷款;日本政府直接出资在各地区建立"风险投资支持财团",为科创企业提供可长达10年期的无息贷款。韩国政府通过直接出资的方式,建立风投公司与风投基金,为创业企业尤其是种子期的初创企业提供贷款或无偿援助。

种子基金是指专门投资于高新技术企业研发阶段的投资基金,主要用于孵化科创项目或科创企业,因此属于早期的风险投资资金。政府之所以设立种子基金,主要是因为处于研发阶段的项目投资风险很大,投资者数量少,尽管该阶段所需资金不多,但项目或企业孵化的资金缺乏。政府设立种子基金,通过提供资金额度不大的支持,一方面有助于扶持科技研发与进步;另一方面可弥补私人投资者所投种子期企业的一部分损失,以鼓励与引导私人投资者把更多资金投向种子期企业;另外政府还可以通过专门用于购买私人投资者种子期投资项目的股权,使私人投资者的投资收益在种子期兑现,促进其进行对种子期项目的投资,从而实现以政府的少量资金带动民间的大量资本投资于高科技企业。

②通过先投资于民营的风险投资机构,再由该风投机构将资金投向创业企业。例如韩国,从20世纪80年代开始,政府向风险投资公司投入资金,出资比例在5%~10%的水平,投资后不参与风险投资公司的运作,由风险投资公司再向创业企业进行投资。

---

① Da Rin M,Hellmann T F,Puri M. A Survey of Venture Capital Research [R]. National Bureau of Economic Research,2011 (44):473-521.

③政府基金与私人资本、外国资本结合,建立混合型基金再投资风险企业。例如美国早期风险投资主体小企业投资公司(SBIC),风险资金来源于政府优惠贷款与发起人的自有资金两部分。在以色列,采用设立政府引导基金的模式,利用政府资金的杠杆效应,吸引国内外的风险资本流入,来培育与发展风险投资产业。以色列政府出资1亿美元在1993年建立了YOZMA基金。该基金出资40%与国外风投公司的合作,成立了10个从事风险投资的合伙制子基金,来投资以色列的高新技术企业。再如韩国政府,与以色列、新加坡的政府合作,共同出资设立规模为8 000万美元的"韩国创业基金",在韩国从事风险投资。

2.企业风险投资机构(CVC)

企业风险投资机构是指资金来源主要为从事实业经营的境内企业且为最大股东的风险投资机构,包括国内股份有限公司(包括上市公司)、有限责任公司、非金融机构设立的风险投资机构3类。企业风险投资出现于20世纪60年代的美国,虽比独立风险投资机构(IVC)晚了约20年,但在各国快速发展为风险投资行业的重要组成部分。在企业风险投资出现的头10年中,《财富》500强企业从事CVC的公司达到25%以上。由于经济环境的波动引发CVC的发展起起伏伏,但由于其与资金来源公司的天然联系,企业风险投资机构往往将资金投向与资金来源公司的发展战略相关的风险企业,或开发对公司核心业务将产生重大影响的创新型公司或项目,并且由于公司具有相关技术等资料的积累,所投企业或项目的成功率会更高,因此仍获得了迅猛发展,比如在以色列,CVC成为风险投资市场最大的资金来源[1]。又如由IBM等6大公司联合出资1亿美元组成Java基金,专门投资于硅谷内运用Java技术的信息企业。许多著名公司如惠普、法国电信、GE、Intel、Dell、AT&T和Motorola都曾开展CVC活动。直到如今,仍有许多大公司直接或间接地进行着风险投资。

我国在1998年才出现企业风险投资机构,虽然出现较晚,但很快成为风险投资行业的主要资金来源。2001年,我国的企业风险资本占到整个风险资本市场的41%,到2004年达到半数以上,后来随着经济环境变化有所波动,但仍为我国风险投资市场的重要组成部分。

企业风险投资机构具有以下基本特征[2]:

(1)**投资目的多样化**

企业风险投资往往投资具有技术与资源优势、未来增长潜力大的未上市企业,或是公司希望开辟的新产品、新技术等新领域内外部项目。由于各家企业所面临的内外环境迥异,希望通过风险投资实现的目标也会差异很大,公司所做的投资策略会不同,可能是对外部企业的投资,也有可能是投资内部项目,如对降低公司成本、完善公司产品结构等项目进行投资以提升公司总体优势等。因此,企业风险投资机构的投资目标具有多样性,目标选择标准各有千秋。

(2)**高风险与高收益并存**

企业风险投资机构作为风险投资机构,不可避免面临投资的高风险与高收益并存的现

---

① Mayer Colin, Koen Schoors, Yishay Yafeh. Sources of funds and investment activities of venture capital funds: evidence from Germany, Israel, Japan and the United Kingdom [J]. Journal of Corporate Finance, 2005(11): 586-608.
② 王晓琨.公司风险投资(CVC)对公司的价值提升途径及风险控制研究[D].重庆:重庆大学,2012.

象。这主要是由投资对象所决定的,因为不管是公司内部的风险投资,如技术开发、产品研发等,还是投资外部具有巨大增长潜力的高科技创业公司,这本身就风险很大。如联想集团曾入主赢时通,后又联合北大附中与新东方等,其目的战略转型,但由于互联网泡沫的破灭,赢时通一直没有取得上市资格,新东方由于没有解决"出国考试"的知识产权,联想被迫关闭赢时通,减持北大附中网校和新东方的股份,狼狈退出,致使联想股价不断走低。

然而,与高风险并存的是高收益,一旦企业风险投资的项目成功,则会产生巨大收益,显著提升公司价值。如实达集团,刚成立半年,就向北京铭泰科技发展公司投资 1 200 万元开拓汉化软件市场,成功后一跃成为国内四强[1]。

(3)组织模式多样化

企业风险投资机构的组织模式是指风险资本的管理方式。风险资金管理方式按不同的标准分成不同的种类。如按投资类型可分为间接投资、直接投资两类;按投资决策的独立性又可分为独立基金,完全拥有基金和完全内部化 3 种;按投资手段可分为联合基金、专项基金、自管基金、公司 NVD 中央基金、业务单元 NVD 分散基金等几类;按运作方式可分为自管模式与托管模式。组织模式不同,其效率也存在差异,因此公司在设立企业风险投资机构时,组织模式的选择十分关键。

企业风险投资与普通风险投资相比,虽有许多相似之处,但在设立动机、资金来源、委托代理层次、投资理念、投资周期、资源禀赋等方面都存在明显的差异。但相对于其他风险投资类型,企业风险投资机构为种子期的风险企业提供投资的可能性更高,同时由于设立企业风险投资机构的企业一般是业绩优良的大公司,很多是上市公司,具有丰富的管理经验与资本市场运作经验,对创业企业成长过程中的融资、管理、技术、市场等方面都能提供更为专业的指导,这对所投项目的成功以及母公司的进一步发展来说都十分重要。

3.独立风险投资机构(IVC)

独立风险投资机构是指资金来源主要为境内自然人或风险投资机构且其为最大股东的风险投资机构,包括由自然人组件的风险投资公司,以及合伙制的风险投资企业。独立风险投资机构就是通常所说的传统风险投资机构,一般采取有限合伙制的组织形式,也有学者称之为"普通风险投资",它最早出现于 20 世纪 40 年代的美国。在美国,IVC 在风险投资市场一直占有最大份额;在英国与日本,IVC 也是风险投资资金的最主要提供者[2]。

4.银行附属风险投资机构(BVC)

银行附属风险投资机构是指资金来源主要是境内金融机构且为最大股东的风险投资机构,是由银行等金融机构设立并管理的风险投资机构,所以 BVC 管理人员的决策权和激励政策由其雇员身份决定的。与 CVC 相比,BVC 受到母公司的直接控制较少,但受限于其母公司的战略决策。由于 BVC 的背景是非工业化性质,所投项目与母公司在科研技术、专业

[1] 多西.技术进步与经济理论[M].北京:经济科学出版社,1992.
[2] Mayer Colin,Koen Schoors,Yishay Yafeh. Sources of funds and investment activities of venture capital funds:evidence from Germany,Israel,Japan and the United Kingdom [J]. Journal of Corporate Finance,2005(11):586-608.

及机器设备等无形与有形资源等方面难以形成协同效应,但能充分利用母公司在金融服务与财务管理方面的优势资源,只是这种优势相比科研技术被替代的可能性更高。

由于BVC具有金融机构的优势,可以进行组合式的风险投资,如将贸易融资、项目融资、长期商业信贷、银团贷款与风险投资组合在一起向所投标的进行组合投资,这种方式的投资额往往超过风险投资领域的平均水平,可以高达数亿美元。因此,BVC也是国际风险投资市场的重要组成部分。在我国,BVC所提供的资金规模占比也开始上升。例如,在2016年,银行、证券、保险等金融机构所提供的资本占比大幅增加,由2015年2.7%上升到6.18%,社保基金开始进入风险投资行业,加上其他金融资本22.55%,金融资本供给合计占比达到28.73%,仅次于政府资金供给的36.13%。

尽管BVC在国外许多国家的风险投资市场占有重要地位。但相对CVC、INV来说,学术界对BVC的研究却很少。在投资对象方面,研究发现BVC更倾向于后期投资[1],而Hellmann等(2008)发现与IVC相比较,BVC所投创业企业的债务杠杆更高,而曾被BVC投资过的公司获得银行贷款相对更容易[2]。

例如,2018年11月,中国3D打印流程与3D打印机生产商上海普利生机电科技有限公司(普利生)获得了巴斯夫风险投资公司(BVC)的风险投资。普利生于2013年成功开发了SMS光固化3D打印技术,首创可用于批量化连续生产的3D打印设备,其成本与效率优势深受医疗、工业等行业的客户欢迎,其专利技术获得国家重点研发计划的资助,而巴斯夫成立于2001年,是一家投资初创企业和风险投资基金的风险投资机构(BVC),普利生项目是其在中国的首个风险投资项目。[3] 从该案例可以看出,巴斯夫所投的普利生的技术已开发成功并取得专利权以及国家重点资助,其技术研发风险与行业政策风险等方面都较小,其投资项目筛选比较偏向项目的后期阶段。

5.外国风险投资机构(FVC)

外国风险投资机构是指资金来源主要由境外自然人、企业或机构提供且为其最大股东的风险投资机构。中国第一家外国风险投资机构是于1989年进入的IDG资本。经过近30年的发展,许多著名的国际风险投资机构进入中国,除IDG外,如汉鼎亚太、华登国际、红杉资本、凯雷投资、日本软银等,纷纷在华开展风险投资业务,而我国许多科技企业如新浪、阿里巴巴、分众传媒、51job等都获得过相关机构的风险资金支持。

外国风险投资机构在华经营具有如下特点:

①采用"两头在外"的运作模式,即"投资在外,退出在外"。FVC通过在离岸中心设立拟投资公司的壳公司,壳公司没有任何资产,通过募集资金收购境内企业的资产,最终使境内企业成为境外壳公司的子公司,而境外壳公司成为拥有境内企业全部资产和实业的投资

---

[1] Mayer Colin, Koen Schoors, Yishay Yafeh. Sources of funds and investment activities of venture capital funds: evidence from Germany, Israel, Japan and the United Kingdom [J]. Journal of Corporate Finance, 2005(11):586-608.

[2] Hellmann Thomas, Laura Lindsey, Manju Puri. Building relationships early: Banks in venture capital[J]. Review of Financial Studies, 2008,21(2): 513-541.

[3] 资料来源:东方财富网的新闻报道"普利生获化工巨头巴斯夫投资　独有专利3D打印技术让大规模组件生产成为可能"。

型公司,然后直接在境外证券市场上市实现退出。因为这种运作模式加大了我国金融风险,国家外汇管理局于 2014 年 7 月 9 日发布了《国家外汇管理局关于境内居民通过特殊目的公司境外投融资及返程投资外汇管理有关问题的通知》,加强相关风险管理。

②FVC 投资主要集中在企业的扩张期和成熟期,近年也开始投资于种子期与起步期的项目增多,比如在 2015 年与 2016 年,FVC 投资早期项目数目的比重达到 50%以上,投资金额也达到了 32.4%[1],医疗保健、新材料工业、生物科技是其近年来的投资重点。

外资、内资创业风险投资项目所处阶段(2016 年)见表 2-3。

表 2-3　外资、内资创业风险投资项目所处阶段(2016 年) 单位:%

投资阶段	投资资金		投资项目	
	外资	内资	外资	内资
种子期	9.4	4.3	24.9	19.5
起步期	23	30.4	38.5	38.4
成长(扩张)期	67.6	38.1	36.2	35.4
成熟(过渡)期	—	26.7	0.47	5.8
重建期	—	0.6	—	0.8

资料来源:《中国创业风险投资发展报告》(2017)。

③从投资的地区分布来看,FVC 投资集中于东部发达地区,主要投资北京、上海、广东、浙江、江苏、深圳几个发达省市,很少投资于我国中西部地区。同时,在选择投资标的方面比较注重企业的管理模式。

④在投资策略方面,将分散组合投资与联合投资相结合。一是将投资分散于多个行业,处于创业企业的不同生命周期阶段,以分散风险;二是外国风险投资机构为了保持在我国的竞争力,将战略动机转变为强化资本资源,开始与其他风险投资机构针对同一项目进行联合投资,弥补在资本资源上的劣势。联合投资不仅可在风险投资机构间分散所投项目的风险,而且可通过联合投资建立并强化其中国社会关系网,以最大限度地共享信息和降低管理成本。例如在 2012 年,外国风险投资机构在我国的 252 个投资项目中,与中国风险投资机构联合投资的有 29 个,FVC 之间联合投资的有 76 个[2]。IDG 从 2004 年在中国每年的风险投资项目中 50%以上是采用联合投资形式[3]。

⑤外国风险投资机构进入中国境内开展风险投资业务,成为外国实业公司分享中国发展红利的重要方式之一。但在投资过程中,存在滥用我国风险投资相关政策现象。

(五)风险投资机构的组织形式

在风险投资中,风险投资家是连接为充裕的风险资本寻找投资出路的出资者与为高新

---

[1] 胡志坚,张晓原,张志宏,等.中国创业风险投资发展报告(2017)[M].北京:中国经济出版社,2017.
[2] 清科研究中心.2002—2012 年中国创业投资年度统计报告[R].北京:清科研究中心,2003—2013.
[3] 伍利群.跨国风险投资在华发展战略及其对我国风险投资的影响[D].杭州:杭州电子科技大学硕士论文,2013.

技术项目寻找融资渠道的企业家之间的桥梁,他们之间是委托代理关系,存在着信息不对称的问题。不同的制度安排对三方会形成不同的激励与约束,从而对风险投资机构的运作效率产生不同的影响。因此,有效的组织形式是降低委托代理成本,减少逆向选择与道德风险的最好选择。风险投资机构的组织形式主要有公司制、子公司或分公司制、有限合伙制及信托制。从世界风险投资行业潮流来看,当前最有效的组织形式是有限合伙制。

1.公司制

公司制是指风险投资机构以股份公司或有限责任公司的形式设立,是由两个或两个以上的投资者(股东)共同组成具有独立主体资格的营运组织。在公司制风险投资组织中,决策控制权被委托给最具信息优势、最难以监督的成员——风险投资家,而把剩余索取权赋予了公司的股东——风险投资者,因此,风险投资家在公司中相当于职业经理人的角色。

公司制是最早出现的风险投资组织形式。美国1946年成立的第一家现代的风险投资公司——美国研究与发展公司(American Research& Development Corp., ARD)和1958年《小企业投资公司法》通过建立的小企业投资公司(SBIC),都是此种组织形式。但由于美国1940年颁布的投资公司法规定,"公开交易的风险投资公司(包括公众持股的小企业投资公司)的经理,不得接受股票选择权或其他以经营业绩为基础的报酬"。因此,风险投资家与公司股东的利益并不完全一致。尽管可以通过利润分成来激励风险资本家的工作积极性,但由于分成比例很低而达不到预期目的。

公司制的风险投资机构一般是公开上市公司,其监管、信息披露等要求严格,其营运成本高,但风险投资项目是高风险的新兴产业或高科技产业,失败风险很高,且对股东存在双重征税的问题,因而公开募集资金比较困难。在中国台湾地区,公司制的风险投资机构却获得了大力发展,这主要因为是其相关法规规定:只有公司制的风险投资机构才能享受到"促进产业升级条例"中给予的税收减免的优惠政策。

2.子公司或分公司制

风险投资机构采用的是子公司型的组织形式,主要是指一些大实业公司(如IBM、GE等)或金融机构(如华登、高诚等),以子公司、分支机构或部门的形式组建风险投资公司。20世纪60年代中期,美国第一个子公司形式的风险投资基金出现,随后一些大财团通过设立附属的风险投资基金,逐渐加入到风险投资事业中来,资本雄厚的公司逐渐成为风险投资资金来源的主力之一。20世纪60年代末期到70年代早期,《财富》500强中采用子公司形式设立风险投资机构的公司占比达到25%以上。

采用子公司制的风险投资机构比公司制的有效性要强。这是因为其风险资金来自母公司,投资项目主要是为母公司开发和培育新的业务项目,在技术、管理与市场等方面能获得母公司强力支撑,成功率较高。但由于子公司制的风险投资机构的风险投资家是由母公司派出或聘请,报酬比较固定有限,投资成功与否影响不大,投资运作难以摆脱母公司的压力,因此,对资金管理者的激励有效性不强。德国与日本的风险投资机构大多采用子公司或分公司的组织形式,其中日本甚至达到70%以上的风险投资机构采用子公司制;但在美国,在1977—1989年,采用子公司制风险投资机构的比重由41%下滑到16%。

3.有限合伙制

有限合伙制是指管理风险资本的风险投资机构是私人合伙企业。合伙人分为有限合伙人（Lmited Partnerhsip，LP）和普通合伙人（General Partnesrihp，GP）。LP 是风险资金的出资人，一般出资额占风险投资基金总额的 99%，不参与风险投资机构的业务活动，只负责出资与合同到期收回投资。GP 也称为无限合伙人或一般合伙人，是资金管理者，出资 1%，投入其科技知识、管理经验、投资经验、金融专长与精力，通过筹集资金、筛选并投资项目、参与所投企业经营管理、收回投资、分配收益等一系列运作实现公司目标。GP 掌握着风险资金的命运，决定着风险投资的成败。

有限合伙制最初产生于美国的硅谷，到 1996 年时，有限合伙制的比例已经高达 90% 以上，是当前国际风险投资行业的主流形式。与其他组织形式相比，有限合伙制具有以下特征：

（1）独特的报酬安排

有限合伙制的风险投资机构的收益分成一般采用 8∶2 的比例，即税后投资利润的 80% 归 LP，剩下 20% 为 GP 所有。另外，还将提取基金总额 1%~3% 的管理费作为 GP 的日常开支。根据创业经纪公司的调查显示：有限合伙制中有 50% 多的机构给予 GP 的管理费占基金总额的 2.5%，约 88% 的机构分配给 GP 的投资为总利润的 20%，其他给予 15%~33% 的利润。因此，GP 投入 1% 的资金却获得了高达 20%~30% 的回报，这种报酬安排极大地激励了风险投资家的工作积极性，且减少了信息不对称所带来的逆向选择、道德风险等委托代理问题。

（2）有限的营运期

有限合伙制的风险投资机构的营运期是有合同期限的，一般 5 年到 10 年。营运合同期满，如果双方仍愿意合作，在 2/3 的有限合伙人与全部普通合伙人同意的条件下，合伙制可以继续经营下去，但通常只有 3 年，最多再延期 1 年，否则就清算结束营运。风险投资家作为普通合伙人，为了能在后续新项目中融到资本，必须使前面的营运合同项目卓有成效，建立起良好声誉，否则将无法融到新的资金开始新一轮投资，因为普通合伙人的前期投资效果是出资者衡量其才能的重要参考依据[1]。因此，有限的合同营运期将普通合伙人的利益与有限合伙人的利益捆绑在一起，对规避信息不对称对有限合伙人利益的影响十分重要。

（3）分阶段投资选择

有限合伙人的出资是分阶段的。根据创业企业所处生命周期阶段不同，可将风险资本投资划分为种子资金、导入期资金、第一轮资金、第二轮资金、第三轮资金、第四轮资金共 6 个阶段，前四种资金一般称为早期阶段的风险投资，最后两种称为晚期阶段的风险投资。[2] 通过合同安排，有限合伙人可实现分阶段投资，即只要风险投资家前面投资表现不达

① Gompers Paul A.，Josh Lerner，. What Drives Venture Capital Fundraising？［J］. NBER Working Papers 6906，National Bureau of Economic Research，Inc.，1999.
② 胡海峰.风险投资学［M］.北京：首都经济贸易大学出版社，2006.

其期望而丧失信心的话,就可停止后期资金追加。因此,这种制度安排有效地保护了出资者的利益,也对风险投资家形成有效的激励及约束。

(4)特殊的责任分配

在有限合伙制的机制设计中,普通合伙人即风险投资家对风险投资机构是承担无限责任。有限合伙人则以出资额为限对风险投资机构只承担有限责任。因此对于有限责任合伙人来说,只有其出资额承担有限合伙机构的风险投资的高风险。对于普通合伙人来说,无限责任会促使其投资项目选择尽量谨慎和多方权衡,以免为了优秀业绩做出过于冒险的投资决策。

(5)避免了双重收税

公司制中,风险投资公司需要交纳公司所得税,而出资人作为公司股东,所得红利还需要交纳个人所得税,存在双重收税的问题。但有限合伙制不同,出资者从合伙企业中分得的利润收入是不需要纳税的。但由于税收不从有限合伙人的分配收入中提取,需要缴纳预估税收额,其冲销亏损的想法受到限制,同时也必须编制年度收入报表。这种组织形式能在美国快速发展,在1996年占比就达到90%以上,与其特有的税制有关。因为美国的养老基金、慈善机构、大学等投资者为免税实体,有限合伙制保证了他们收入的免税,而这些投资者具有丰富资本需要寻找投资出路,有限合伙制不失为理想选择。

(6)保障有限合伙人利益的限制性合同条款

在有限合伙制中,针对普通合伙人或风险投资家可能存在的代理问题签订了许多限制性合同条款,并且限制性合同的条款数目会随着风险投资供求与代理问题等变化而增减。限制合同条款主要与资金管理、普通合伙人行为、允许投资类型3方面有关的限制性条款,比如单一项目投资额度、利润再投资、募集新基金、增加普通合作人、投资其他证券或外国证券等都做了合同限制。[①] 这些限制性条款比较有效地保护了有限合伙人的合法利益。

4.信托制

信托制风险投资机构主要以基金(fund)的形式存在,因此通常称为信托风险投资基金(trust venture capital fund),是依据信托法而设立,由委托人、受托人和受益人3方订立信托契约(trust agreement)。委托人(基金管理公司)依据信托契约经营与管理信托财产(即风险投资者的出资资本),受托人(往往是商业银行或信托投资公司)则负责保管与监督信托财产,而受益人(投资者或出资者)分享投资收益的一种风险投资基金类型。在风险投资业发展比较成熟的国家,特别是不能采用有限合伙制的国家,有不少风险投资采用信托制来开展风险投资业务的。比如英国,作为风险信托基金组织形式的创始国,信托制得到广泛采用,通过了《风险投资信托法》进一步促进了信托制风险投资机构的发展。

(六)风险投资机构的资金来源

风险投资在实际运作中是一个融资与投资相结合的过程。风险投资的典型特征是首先

---

① 胡海峰.风险投资学[M].北京:首都经济贸易大学出版社,2006.

要筹集一笔资金,而这笔资金是以权益资本的形式存在的,然后以所筹资金购买创业企业资产。风险投资的利润主要来自资产买卖的差价。在融资时,风险投资家购买的是资本,出售的则是自己的信誉。投资时,他们购买的是企业股份,出售的是资本金。退出时,他们出售企业股份,买入资金,外加丰厚利润,以及光辉业绩和成功口碑。

整个风险投资过程是由融资和投资两个方面构成的,而融资又占据了举足轻重的地位。风险投资能否融到资金,很大程度上取决于风险投资家个人的能力与业绩。出资者通常是本着对风险投资家个人的信赖投出资金,而不是对企业或项目所做的投资。出资者对风险投资家的这种信赖无形中给风险投资家施加了很大压力,一旦有误导致投资失败,则会直接影响新的融资计划。因此,风险投资的"风险"既体现在投资方面,也体现在融资方面。

从发达国家风险投资业的发展经验来看,虽然风险投资机构在构建其各自的投资组合时具有足够的分散化程度、相对的产业集中度和区域集中度,在阶段性上也没有结构差异,但总体来说,毕竟以普通股权投资为主;而且这些风险企业在未上市(或 OTC 上网)之前,其普通股权的变现性很差,准股权与可转换债权投资也不大可能在很大程度上改善组合的变现能力与现金流的状况。因此,风险投资机构的融资规模与结构必须与其投资规模与结构相匹配,首先是规模上要匹配,其次是结构上要匹配,即保持足够比例的权益性资本,而负债也要符合某些特性,比如长期限、低息加一定宽限期、有第三方担保等,这样在合同期才能避免出现财务风险。

从风险投资行业来看,风险资金的来源有以下几种:公共的和私人的养老基金、捐赠基金、银行持股公司、富有的家庭和个人、保险公司、投资银行、非银行金融机构或公司、外国投资者等。风险资金的主要来源包括以下几个:

(1)富有的个人资本

这部分资本来源于个人与家庭,可以投资到风险投资机构,成为有限合伙人或风险投资公司股东或信托基金的受益人。当然也可以成为天使投资者,选择创业项目进行投资,从目前来看,天使投资者有相当一部分资金投到早期风险企业。美国在 1978 年以前个人投资者是风险资本的主要供给者,达到 32%[1]。我国的个人风险投资占比近几年有所下滑,在 2015 年占比为 12%,比 2014 年有所下滑;而 2016 年继续下滑,个人投资占比为 7.08%[2],这主要是因为政府资金、民营企业资金以及金融机构的资金上升较快,导致个人投资比重下滑。

(2)机构投资者资金

机构投资者主要包括养老准备金、大学后备基金、各种非获利基金会如慈善会以及保险公司、银行等金融机构等。这些机构投资者传统上相当保守,主要投资债券和高红利股票,这一方面是因为政府出于谨慎考虑所制定的法规限制,另一方面是因为人们一般认为投资于新兴企业风险过高,难以监控。但美国虽然 1978 以前单项占比没有个人投资者占比高,但加总后还是高于个人投资者,如在 1978 年,养老金占 15%,捐赠和基金会占 9%,保险公司

① 胡海峰.风险投资学[M].北京:首都经济贸易大学出版社,2006.
② 胡志坚,张晓原,张志宏,等.中国创业风险投资发展报告(2017)[M].北京:中国经济出版社,2017.

占 16%；而到 1997 年，养老金占 40%，个人只占 13%，捐赠和基金会占 9%，保险公司和银行占 1%，这主要是 1979 年后养老金投资风险投资方面的管制放松，如允许将 2%~5% 的养老基金投资于新兴企业，加上有限合伙制的发展，养老金机构投资者成为风险资金的主要来源之一。而在我国，社保基金在 2016 年开始进入风险投资行业，当年占比为 0.42%，银行与保险等金融机构的资金供给比率增幅很快，由 2015 年的 2.7% 上升到 2016 年的 6.18%。

（3）公司资本

出于战略考虑，诸多大公司通常会投资与自身的战略利益有关的风险企业，以合资或联营的方式出资，并多以参股方式成立风险投资机构，股权结构相对比较分散，参股公司的投资额占公司注册资本的比重都不大，一般不大于 20%，很少会绝对控股。此类资本的主要目的是寻找与公司未来发展战略相近的项目开展投资，以提升公司核心竞争能力。该类资金来源在国外上升也很快，比如在美国 1978 年企业资本占比为 10%，到 1997 年达到 30%[1]。而我国根据统计显示，2016 年来源于民营与混合所有制企业（国有独资与外资企业除外）的资金占比达 24.2%，比 2015 年上升 4.2%，所以此类资金来源在我国仅次于政府及国有独资的 36.13%[2]。

（4）政府资金

政府资金主要是指通过设立政府引导基金或种子基金等多种形式投入风险投资市场，以鼓励和吸引民营资本进入该领域。在我国，政府资金除了中央及各级地方政府提供支持的风险资金以外，还包括国有独资企业所投资的风险资金。为了实现"中国制造"到"中国创造"的转变，我国近几年加大了对风险投资行业的支持力度，以希望通过风险投资的方式支持我国的高新技术企业和创业企业的发展。《中国创业风险投资发展报告》（2017）的统计显示，我国 2016 年的政府及国有独资企业资金供给比率占比为 36.13%，比 2015 年上升了 0.8%。在国际上，如英国、德国、澳大利亚、韩国、以色列等国，政府资金供给都占有一定比例，只是占比多寡有所差异。

（5）境外资本

随着风险投资业的发展，风险资本也开始在世界范围内流动，以寻求更好的投资项目与组合分散。早期由于美国的风险投资市场很发达，大量的境外资本流向美国，成为美国风险资金来源的重要组成部分，到 20 世纪 80 年代，风险资本开始由美国流向欧洲、中国等地流动，如 1985 年英国的国外投资者达 21%，大部分来自美国，而 1989 年 IDG 开始在中国开展风险投资业务，后来红杉资本等许多境外风险投资机构都在我国境从事风险投资活动。《中国创业风险投资发展报告》（2017）的统计表明，我国在 2016 年创业风险投资中，外国资本占比为 4.42%，是主要来源之一。

（七）我国的风险投资机构

1985 年 9 月，国务院批准成立了中国新技术创业投资公司，它是我国内地第一家专营风

① 陈军，龚克，宋扬.若干的比较国家风险资本来源结构[J].统计与决策，2006(9)：123-124.
② 胡志坚，张晓原，张志宏，等.中国创业风险投资发展报告（2017）[M].北京：中国经济出版社，2017.

险投资业的全国性金融机构,它的成立标志着我国风险投资的开始。自此以后,我国风险投资事业发展较快,一些地区、部门、高新技术开发区纷纷建立了各具特色的风险投资公司。

经过三十多年的发展,风险投资机构与投资规模都有了长足的增长。根据《中国创业风险投资发展报告》(2017)统计显示,到 2016 年年底时,我国的风险投资机构已经有 2 045 家,与 2015 年相比增加了 270 家,增长率达 15.2%。其中,风险投资基金已有 1 421 家,与 2015 年相比增加 110 家,增加率为 8.4%;风险投资管理机构有 624 家,较 2015 年增加了 160 家,增幅达 34.5%;从 2007 年到 2016 年,风险管理机构由 52 家增加到 624 家,10 年增长超过 12 倍,发展速度非常快。截至 2016 年年底,管理资金规模最多的风险资本达 600 亿元。

从地域分布来看,2016 年 2 045 家的风险投资机构分布在全国 29 个省、直辖市和自治区,在全国的分布具有如下特征:①从整体上来看,全国风险投资机构仍然集中在东部沿海和发达地区,中部地区创业风险投资机构崛起,而西部地区则继续保持平稳、机构数量较少的特征;②自 2015 年之后,国内的风险投资仍然呈现“三足鼎立”的局面。在 2016 年仍保持这种局面:即江苏、浙江和北京,是国内创业风险投资机构数量排名前三的地区;安徽、重庆、湖南、湖北、山东等省市成为 2016 年创业风险投资机构数量相对较多的地方。

到 2016 年,整体中国创投风险投资机构所投资的项目数量为 2 744 个,比 2015 年下滑了 19.8%;已披露的投资金额为 505.5 亿元,比 2015 年增长了 8.6%,项目平均投资强度每项 1 842 万元,比 2015 年增加 69.1%;其中投资于高新技术企业 634 项,投资金额为 92.1 亿元,与 2015 年相比分别减少 23.1% 和 21.4%,但平均每项投资额为 1 453 万元,单笔项目投资额明显高于往年。这说明所投资项目的估值增大,单笔大额投资增加;但由于投资高新技术企业的投资期可以是早期阶段的投资,单笔金融要小些。到 2016 年时,全国创业风险投资机构的累计投资项目数已经达到 19 296 项,其中投资高新技术企业项目数 8 490 项,占比 44.0%;累计投资金额 3 765.2 亿元,其中投资高新技术企业金额 1 566.8 亿元,占比 41.6%。① 我国的风险投资在国家大力发展科技的政策激励下,正在快速发展壮大,为我国科技创新与技术进步做出贡献。

---

① 胡志坚,张晓原,张志宏,等.中国创业风险投资发展报告(2017)[M].北京:中国经济出版社,2017.

第三章　风险投资家

一、案例综述

案例 3-1　刘宇环：华裔风险投资第一人

刘宇环，1948 年出生于北京，1974 年毕业于美国加州伯克莱商学院，获硕士学位；曾任 Chester International 的合伙人，Marsquare International 总经理，是中国台湾最早的风险投资基金公司——国际风险投资公司的合伙创办人及负责人，华登国际投资集团（WIIG）的合伙创办人及执行董事。并于 1989 年创办美商中经合集团（WI Harper Group），任董事长至今。他是美国"百人会"成员，喜欢被称为"爱国华侨"。

刘宇环的风险投资生涯始于 1983 年，当时，他与合作者在台湾建立起了台湾最早的风险投资机构——台湾国际创业投资有限公司。1985 年，在有"台湾科技之父"之称的李国鼎邀请下，刘宇环与另一位硅谷华裔名人、马来西亚华侨陈立武合作，共创华登国际（亚洲）（Walden International，Asia）。然而，华登集团总部在这只风险投资基金里却没有投资一分钱，最后，刘宇环很艰苦地从台湾本地募集到两亿元台币才建立起这只基金。

1989 年，刘宇环又组建了以风险投资咨询、管理业务和投资银行业务为主的中经合集团，并在旧金山、台北、香港和北京等地都设立了办事处。随着华登集团在亚洲地区投资业务的快速扩张，刘宇环对中国大陆的投资产生了越来越浓厚的兴趣。然而，到 1995 年时，刘宇环却恰恰因为这一点而与华登集团的美国合作伙伴产生了严重的观念分歧。当时，除刘宇环外，其他投资者都不看好中国大陆，而主张将资本投向美国和欧洲。这样，刘宇环只好离开华登集团，并以中经合集团为基础，重新建立自己的风险投资事业。1996 年，刘宇环与华登正式分道扬镳，自立门户，以旧金山、台北、香港、北京为基础组建了跨越太平洋的中经合。

1997 年，刘宇环在美国遇到电信专家陈五福，即大唐与之合资研发 SCDMA 的信威的创始人，他认为："我敢出手，中国做电信标准是一个伟大的理想。"但 3G 标准历经曲折，一做就是 9 年，至 2006 年尚未真正商用化，刘宇环说，"做 TD-SCDMA（英语：Time Division-Synchronous Code Division Multiple Access，中文名：时分-同步码分多址）一定要有远见和有长征的心理"。中经合的投资周期一般为 3 到 5 年，却持续给信威提供资金，协调股东关系。

"等 3G 成功我就可以退休了。"刘宇环说。

近 17 年的风险投资历程中,刘宇环在太平洋两岸的 200 多家高科技风险投资个案中都扮演过重要角色。在其众多投资案中,Creative、Commerce One、Fantastic、Intra ware 等都是极为成功的案例。1992 年,刘宇环对其初始投资只有 170 万美元的新加坡公司 Creative,作为第一家非美国本土科技公司在美上市后,市值达到 17 亿美元,投资增值达 200 多倍,使得刘宇环与华登投资公司一炮打响,同时也成为日后许多非美国本土公司寻求增值发展的最佳模仿对象。在风险投资圈,刘宇环是有着特定"江湖地位"的老大哥式人物。其对风险投资行业的理解和看法常被业内奉为"刘氏标准"。"做事情很重要的就是要有 passion(热情),再就是要有远见,我们在投资企业时,不光给它钱,还给它热情。"刘宇环说。

同时,近 17 年的风险投资历程中,刘宇环对风险投资家的看法有自己的见解。"我个人感觉创投公司应该扮演的是教练的角色,而被投资对象则是正在比赛的球员,"刘宇环说道,"中经合集团的目的就在于摆脱单纯投资者的角色,而扮演成为一个更积极的技术推进者;因为风险投资的意义绝不仅仅在于追逐新的投资个案,而是要从技术先进的国家,引进新的投资机会,让本地化的工业能够升级和茁壮。"在刘宇环看来,中经合要做的是成就"中国人的经济合作"。

[注:案例材料根据《VC 老江湖刘宇环》(戴璐,2007)、《刘宇环:产业跨区域转移流动的组织者》(王德禄,2010)、《刘宇环:华裔创投元老》(丁伟,2006)等材料整理编写。]

案例 3-2　吴家骐:华盈基金

吴家骐是 Granite Global Ventures(GGV)的共同创始人之一,作为新加坡及中国高科技行业风险投资的先锋——华盈基金(Venture TDF)的创始人,他积极地投身于亚洲地区的投资事业。他曾向新加坡政府提议发展科技创业,并担任新政府顾问委员会成员。吴家骐在高科技行业拥有多年的管理及投资经验。他在 Solar Energy Research Institute,E.I. DuPont de Nemours & Co.和 Genelabs Technologies 担任高级管理职位,他曾是 Oculex(已被 Allergan 收购)的董事。此外,他在全球发表过无数的著作并拥有数量众多的发明专利。目前,他的 3 项专利正在使用中。他目前担任兆日科技(Sinosun),HYB(华粤宝电池有限公司)及 Media Ring 的董事会成员。吴家骐分别在 1975、1977、1981 年于威斯星新大学(迈迪逊)获得细菌学最高荣誉学士、细菌学硕士及细菌学和生化学博士。

吴家骐是阿里巴巴的早期投资人,在 2005 年价值 10 亿美元的雅巴并购案之前,担任了 3 年阿里巴巴董事会成员。他成功投资了 AAC 声学科技和华友世纪,早期曾投资百度。他还是华盈创投公司的创始人,虽在新加坡办公,却频繁飞到中国看项目。在华的投资项目还包括海辉软件、思华科技、BCD 半导体制造和中国汽车网等。吴家骐因成功投资阿里巴巴及声学科技,在 2008 年福布斯评出的 2007 年中国最佳创业投资人中位列榜首。

1999 年,在美国硅谷,经朋友介绍,马云在一家餐馆内和吴家骐见面,这次见面并没有产生实质的结果。吴家骐事后回忆说:"面前的这个人很有热情,讲话滔滔不绝。但是他在说什么,我没搞懂。"实在是出于朋友的情面,吴家骐听完了马云的想法,但根本无法做什么表态。时隔几个月,吴家骝和马云在香港偶遇,这一次,两个人却相谈甚欢,一聊就是 5 个小时。也就是这一次见面,双方初步达成了合作意向。

正确的战略定位带来的是成功。吴家骝一次挖掘成功,由此被人称为"具有杀手般直觉的"风险投资家。阿里巴巴一役,吴家骝收获的不仅是巨额回报和荣耀等,更是觅得了他做 VC 的主战场——互联网行业。

2000 年的百度,流动资金困难却无人知晓。持续关注中国互联网行业的吴家骝,了解到了这个情况,和正处在困境中的李彦宏有了第一次会面。接触后,吴家骝感到这个不起眼的小公司的独特之处,"它的搜索这么好用,还是免费,与美国技术同步,在中国市场领先,所以人流汹涌。它从百货商店找到启发,百货商店的门口也不收费,只有买东西才收费。他先让你进来,人流就有了,人流对买卖很重要"。而李彦宏个人的技术实力和"百度七剑"的合作精神,更增强了吴家骝的信心。于是,又一段传奇在吴家骝手中诞生。随着李彦宏成为光芒四射的 IT 王子,吴家骝又为中国 VC 界的风险投资留下一个经典案例。

从投资百度开始,敏锐的吴家骝更加关注中国市场,从新加坡到北京,从上海到广州,成为他的日常路线。投资阿里巴巴(这种类似美国电子商务)的成功经验给了吴家骝巨大的信心,而对中国汽车网义无反顾的投资,原因之一也在于中国汽车网是沿着一条美国成功经验走来的。

2000 年,中国汽车网在刚建立时,吴家骝就一直关注着它一路不断拼搏、不断探索的成长轨迹。中国汽车网依托万向集团,可谓出身名门,但这并不足以成为风险投资对象的决定因素。选择一个好的时机,才更能体现出名门价值。早了,企业前途未卜;晚了,又恐被他人抢先。直到 2005 年,吴家骝才出手,他等待的就是这个前景看好的商务模式已走向成熟。良好的商务模式、成熟的投资时机,再加上无畏的坚持,吴家骝对中国汽车网的风险投资,展示出一个 VC 几乎全部的高素质。

吴家骝因成功投资阿里巴巴及声学科技,在《福布斯》中文榜 2007 中国最佳创业投资人的榜单上,他位列首位;在《福布斯》中文版 2010 年度最佳创业投资人的榜单上,他位居榜单第二名。吴家骝是一位学者型的投资者,人们称他为"研究细菌的风投博士",他为人低调,但他作为风险投资行业的佼佼者,在方尖碑上镌刻下了自己的痕迹。

(注:案例材料摘自《百度百科:吴家骝》。)

案例 3-3 汪潮涌:信中利投资集团

汪潮涌,国内风投行业的拓荒者,江湖雅号"创投教父",是信中利董事长及创始人。

汪潮涌在顺利获得罗格斯的 MBA 学位后,很快进入摩根大通开始了长达 11 年"每周工作 100 小时"的投行生活。在摩根的头半年,汪潮涌对金融自由化、混业经营等发展趋势有了深刻领悟,他系统学习了远期、期货、期权、互换等金融创新产品。一年后,汪潮涌就对房地产贷款抵押证券化中的 MBS、CDO 等产品设计、业务流程驾轻就熟了。

到了 1990 年,汪潮涌就被标准普尔的猎头相中了。1991 年 9 月 28 日,汪潮涌参加了中国驻纽约领事馆国庆招待会。1993 年,汪潮涌就以高级经理的身份来到香港,2 年后,他荣升为亚洲副总裁兼北京代表处首席代表,29 岁的汪潮涌一下子就成了各地省市政府的红人。3 年间,汪潮涌直接参与和负责了财政部、中国银行、东方航空、大唐发电、北京控股等海外融资业务,融资总额达 60 亿美元。值得一提的是,汪潮涌开创性设计东方航空纽约、香港两地上市,并让北京控股获得 1 260 倍超额认购,汪潮涌也一战成名,他成了国际大投行的代名词。

1997 年,由于错过了投资搜狐的机会,汪潮涌清醒地认识到"在摩根士丹利这样的跨国投资银行中,充其量也就是做到大中国区的负责人。"所以,到了 1998 年,汪潮涌毅然决然地决定自己创业。考虑公司的名称时,汪潮涌突然想起了 1995 年 9 月,在北京与股神巴菲特共进晚餐时,巴老说的一句话"年轻人,相信中国,你就能获得巨大的盈利"。所以,汪潮涌1999 年成立的公司就叫"信中利"。

当时汪潮涌一创业就赶上 1998 年那场亚洲金融风暴,上证股指一度回落到 1 000 点。当时的 A 股市场也是怪相频生,法人股无法流通,大股东不关心业绩,场内只剩下一部分恶庄在兴风作浪,骗取散户兜里的银子。

那么,信中利的盈利模式在哪里呢?他把目光瞄上了国内巨大的市场空白——高成长的民营企业。也就是 1999 年,马云偕同"十八罗汉"注册了阿里巴巴,李国庆夫妇俩创办了当当网,陈天桥找人借了 50 万元创立了盛大,梁建章、沈南鹏等 4 人创立了携程,新浪网的王志东获得了 2 500 万美元的风险投资。所以汪潮涌决定两手抓,一手抓有意去海外上市的民营企业,一手抓有意进军中国的欧美资本,"定位在为中国的高科技民营企业提供 500万~5 000 万美元的投融资服务"。

从 2000 年开始,汪潮涌开展的业务主要有两项:一是发挥投资银行中介作用,提供融资并购服务;二是作为投资主体,对看好的项目进行直接投资。不过当时,绝大多数企业家只认得现钱,哪知道什么投资银行、VC、PE、收购兼并等。到长三角、珠三角兜了一圈,汪潮涌就被称为"骗子""忽悠",甚至被人报警。直到一年后,汪潮涌搞定了 12 家高科技民营企业,为它们募集到 2 亿多美元,局面才慢慢打开。

真正让汪潮涌开始大手笔投资的是 2001 年。当时互联网泡沫破灭,三大门户几乎就要摘牌,汪潮涌又找到了张朝阳"不管搜狐现在多少估值,我投定了"。于是 2001 年,信中利以1.1 元的价格入股搜狐 8% 的股份。4 年以后,该笔投资收益超过 30 倍。

汪潮涌非常赞成巴菲特的投资理念"经验积累、快速学习,全球资源对接",他认为投资就是要"在别人还没有发现这个行业机会的时候先投进去,而且投的公司一定要是行业的前三"。不过,汪潮涌更多的是投资"人",投资团队的"灵魂人物"。经过多年的投资实践与经验,他总结出了考察创始人的"4P"理论。

第一个 P 是"创业激情"。创业者想要进入新的领域创业的时候,必须眼睛放光,连续熬 3 个通宵还能与投资人不知疲倦地讲 3 个小时,背后必须有强大的创业激情去支撑。

第二个 P 是"坚持"。创业不是百米冲刺,而是跑马拉松,成功的企业往往需要坚持十几年,所以创始人必须将热情和激情融入血脉,成为一种工作习惯。

第三个 P 是"过往的经验"。过往的经验是创业者最重要的一笔财富,经历过挫折才能从容面对企业发展中的一个又一个坎,从而降低创业风险。

第四个 P 是"利润模式"。无论创业模式如何五花八门,最终要转化为中间利润。只有利润模式确定,资本、团队、创业者才能找到咬牙坚持下去的理由。

沿着这个思路,汪潮涌投资了一大批明星企业家,包括李彦宏、王中磊、邹胜龙等,从此投资清单中多了百度、华谊兄弟、迅雷等一长串名字。2004 年之前,汪潮涌还喜欢打高尔夫,他坦言"不会很在意成绩,不过每次打完球,都会找教练纠正一些错误的地方"。当时,国内的风险投资处于低潮,"打高尔夫以后,开始学会了耐心"。

2004 年 9 月,汪潮涌到法国的马赛观看美洲杯帆船赛分站赛。在基督山伯爵的故乡,8 艘带着各自赞助商广告的帆船给汪潮涌印象深刻"为什么我不组建一支中国的帆船队呢?"当时正好百度上市,汪潮涌获得了 123 倍的超额收益。于是 2005 年,汪潮涌斥资 4 亿元组建了"中国之队",并于当年参加美洲杯帆船赛。刚开始搞帆船,就是喜欢,根本没有考虑过能不能赚钱,不过"无心插柳柳成荫",此后的美帆会俱乐部会员迅速达到数百人,均是高净值企业家"通过中国之队平台,我带大家一起去航海,认识了很多 CEO",其中不少企业家变成了信中利基金的出资人,最后汪潮涌的投资也获得突破。

此后,汪潮涌的投资风格出现了一些变化,"前 10 年重质不重量,此后的 5 年进入快车道,尤其是 2015 年一年就投资了 56 家公司"。

2013 年 6 月,信中利联合意大利私募,共同入股英国的豪车品牌阿斯顿-马丁,这辆 007 詹姆斯邦德的座驾第一次迎来了中国的主人。2015 年 10 月 23 日,信中利在新三板挂牌,公司市值突破 100 亿元,汪潮涌的身价也飙升到 48 亿元。截至目前,信中利累计管理了 8 只基金,旗下美元基金规模超过 70 亿元,人民币基金超过 30 亿元,累计投资 120 多家企业。

有人评价汪潮涌是"情怀榜首",汪潮涌自己也很享受这个称号,他不追求资金榜首,不追求投资回报榜首,因为"海上帆船、丝绸之路赛车等都和我有关系,这才是有意义的人生"。

［注:案例材料根据《汪潮涌:华尔街回来的银行家》(岳冰清)、《汪潮涌:华尔街回来的银行家》(汪潮涌)、《互联网与资本关怀——与投资家汪潮涌对话》(章瑜)等材料编写。］

二、案例讨论

1.1995 年,刘宇环与华登集团的美国合作伙伴产生了严重的观念分歧:当时,除刘宇环外,其他投资者都不看好中国大陆,而主张将资本投向美国和欧洲。那么,刘宇环是因为什么而坚持了自己的观点?

2.如果当时刘宇环没有坚持自己的看法,那当时的中国就失去了刘宇环的风险投资,刘宇环也失去了绝好的投资机会。那么,刘宇环会像现在一样成功吗? 中国的某些领域会像当年一样迅速发展吗?

3.吴家骐事后回忆说:"面前的这个人很有热情,讲话滔滔不绝。但是他在说什么,我没搞懂。"在这种情况下,如果没有与马云的第二次偶遇,那么,吴家麟还会选择投资阿里巴巴吗?

4.1997年,错失对搜狐的投资,汪潮涌也清醒地认识到"在摩根士丹利这样的跨国投资银行中,充其量也就是做到大中国区的负责人"。如果当时投资成功了,汪潮涌是否会选择继续留在摩根士丹利? 如果当时投资成功了,汪潮涌又会有什么样的看法?

5.当时互联网泡沫破灭,三大门户几乎就要摘牌,汪潮涌于是又找到了张朝阳"不管搜狐现在多少估值,我投定了"。在这次的风投上,汪潮涌果断地选择投资搜狐。讨论分析汪潮涌投资决策的依据。

三、案例点评

毫无疑问,风险投资家是创业者的伯乐,也是拉动中小企业发展的原动力。固然风险投资家对社会的发展很重要,不过,对于风险投资家的要求也是比较高的。在上述案例中,风险投资家具有的品质如下:

1.扎实的知识基础

在上述案例中,提到的每一位风险投资家都具有某一领域的高学历,不一定非得是金融类的学历。在这里,想表达的是:只有在某一领域有较高成就,你才有机会结交高层精英分子,也才能有机会展示你的投资才能。以吴家麟为例,如果他只是一介平民,他就没有机会到美国硅谷认识朋友,自然也就没有哪个朋友介绍他认识马云,那他就没有办法成就马云,也没有办法成就他自己。所以,每一位风险投资家不仅要有风险投资的能力,而且还得在某一领域有较高成就。如果你出身贫寒,那你可以像汪潮涌那样,总之,"只有多读书才有可能改变命运"。

2.丰富的工作经验

在上述案例中,提到的每一位风险投资家都有丰富的工作经验。马云说过这样一段话:其实MBA毕业没什么用,除非你把学校里学过的知识都忘记,你才有用;因为学校里教的是知识,创业需要的是智慧,智慧是通过体验获得,知识是可以勤奋获得,文化好的人都是玩出来的,读书好的人都是勤奋出来的,这是一对矛盾;而创业好的人,往往是情商很高、智慧很强、勇气很足,这是一对矛盾;所以,读书好的同志创业都不太好,基本上是因为你没有把知识转化成智慧。我不一定十分赞成这段话,但是也有一定的道理。这段话说的是创业,但是用在风险投资上是一样的,虽然你积累很多关于风险投资的知识,但是也可能比不上活跃在市场上的人员,比不上他们的观察和敏锐能力。所以,丰富的工作经验是非常重要的。

3.对未来的前瞻把控

在上述案例中,提到的每一位风险投资家都具有对未来的前瞻性。以刘宇环为例,刘宇环从一开始就看好中国市场,认为中国市场具有很好的前景,可是他的团队却否认了他的观点。但到现在可以证明,这次的风险投资是刘宇环胜利了。刘宇环正确意识到了中国市场的崛起,既为自己赚取了财富和声誉,也为中国的快速发展带来了原动力。

4.广泛的朋友圈

在上述案例中,提到的每一位风险投资家都有广泛的"朋友圈"。在风险投资领域,人脉是十分重要的,特别是在中国这样的国家。在上述4个案例中,几位风险投资家的成功都与其朋友有关。刘宇环是和朋友一起创建的风险投资机构,吴家骝是因为朋友的介绍而投资阿里巴巴,汪潮涌是因为错失对朋友的投资才幡然认识到就算在摩根也没能真正成就自己。而且,在投行的私募中,就是考验一个风险投资家的"朋友圈"是否足够广阔,不然,就算你有能力说服你的客户,也不能紧接着完成客户安排的任务,最终的结果就可想而知了。所以,"朋友圈"对一个风险投资家也是十分重要的。

5.对周围环境的把控

在上述案例中,提到的每一位风险投资家都广泛关注国际经济环境的发展动向。以吴家骝为例:百度在出现资金问题时,无人知晓,可是,一直关注中国互联网的吴家骝发现了问题,找准了投资机会,只是先别人一小步,可现在来看,那不止一大步。在风险投资这个领域,正如吴家骝所说:"早了,企业前途未卜;晚了,又恐被他人抢先。"所以,对某行业的发展动态需要广泛关注。对于风险投资家来说,全球性这个观念也很重要,要把握好全球的所有资源来完成你的任务。古人云:"机会都是给有准备的人。"

四、实践参考

(一)风险投资家的能力要求

风险投资家的工作是多样化的,包括:创造一系列好的投资机会;仔细评估机会决定是否投资;对超越了投资标准的各个条款进行谈判;担任董事帮助建立成功的公司;以所有股东能接受的回报价值帮助退出投资等。有效地执行这些多样化的工作任务,需要多样化的技能和经验。风险投资家的素质高低直接决定了一项风险投资的成败。实践证明成功的风险投资家都具备一些共同的才能和品质。

1.人际技能

从某方面讲,风险投资是一门人际关系的生意。首先,良好的信誉是合作的基础,也是融资的基础,很难想象一个没有信誉的人能成为一名职业的风险投资家。正如一位资深风险投资家所说:"从某种程度上讲,风险投资者之间并不存在巨大的差异。但你必须具备使他人对你产生信赖的个人素质,例如在你交谈时甚至仅仅是握手时所表现出来的良好修养,在交易过程中体现的高度诚信,对于你的言行对别人所产生的影响有足够的重视和考虑。"

然后,社交公关的能力对于风险投资家来说至关重要。只有拥有一张通达四方的人际关系网,与金融、法律、工商以及政界等方方面面保持良好的关系,才能在实际操作中应变自如,很好地解决后续资金的融通、生产资料的供给、企业产品的销售和市场的开拓等各种各样的问题。

2.敏锐的洞察力和准确的判断力

优秀的风险投资家善于察言观色,并乐于与人打交道,最终从中获得竞争优势。他们具有极强的判断能力,在与他人的接触中不经意就能做出较为准确的判断。真正出色的风险投资家不仅依靠数学模型和投资理论,他们在判断中还依靠自己的知识和经验,从这个角度来说,风险投资不仅是一门科学,更是一门艺术。

此外,风险投资和传统投资相比,有很大的不同,其中重要的一点就是传统投资看重的是现实,而风险投资看重的是未来,这也需要敏锐的洞察力和准确的判断力。所以,一个优秀的风险投资家,首先应当对行业有着深刻的了解,同时具备良好的预见性。这种预见性是一种综合的预见,包括对社会发展趋势,对行业发展速度,以及需求发展方向等。这样才能挖掘出有价值的项目,并做出正确的投资决策,才能走在发展的前面。

3.领域专长

"偏好"这个词在日常生活中是非常常见的,而且很少有人可以避免"偏好",对于风险投资家也不例外。如果风险投资家有投资偏好,那么,领域专长对于他们的正确投资尤其重要。

风险投资家在投资自己擅长的领域,不仅会有助于与创业者建立共同语言,而且会帮助风险投资家在尽量短的时间内全盘了解风险企业的情况,同时,也能更快、更准确地分析出其不合理之处,增加投资成功的概率。例如,纳米科技或燃料电池专家在处理相关的能源项目时会显得更加得心应手。

如果没有领域专长,那么风险投资家在审查项目时,必须有意识地避免和克服自己对某些特定技术和行业的偏爱,因为这种偏爱很可能导致他们做出错误的决定。此外,在投资变现问题上,风险投资家要有足够的耐心与韧性,他们需要适时地调整企业资本结构,为企业策划合适的上市时间,考虑资本市场的大环境和企业所在行业的商业周期。

4.良好的管理和协调能力

好的项目是成功的一半,另一半就是管理。风险投资家一般都具备企业管理经验,是行业精英。他们要有良好的协调能力,需要协调投资者之间的关系,同时还要协调好和创业企业之间的关系。如果这些关系协调不好,就会产生各种矛盾,挫败投资者的信心和企业家的积极性,导致投资受损。由于风险投资主要是投向一些中小的高技术企业,一般来说,这些企业的企业家和技术人才都非常有个性,怎么能够既充分利用他们的才能,又能让他们认识到自己的局限性,从而有效地引导他们进入风险投资家设计的轨道,这是企业能否成功的关键。

对一般的受资企业,对企业的管理都是没有经验的,这也是现在国家提倡"两权分离"的原因。而风险投资家,都在至少一家企业担任过管理者,这是因为有相当多的人认为,实际建设一个公司或在运营型公司担任管理者的经验要远比其他方式(如为其他企业提供管理咨询)来得更深入、更实用。所以,风险投资家一般都具有较为丰富的管理经验。

5.宽广的知识面

风险投资涉及的知识很广,包括技术、产品、金融运作、证券市场、企业管理等许多方面。作为一名职业的风险投资家,只有深入理解市场和营销,能正确评价产品、技术和生产,准确分析财务结构和账目,才能从容应对各种风险,在实际操作过程中做到心中有数,游刃有余。正因为如此,能进入风险投资公司工作的人大多是精英。以美国为例,据统计,硅谷风险投资公司的经理人中,70%拥有哈佛大学和斯坦福大学的 MBA 学位。我国的风险投资家大多具有投资银行工作经验。

6.谦虚和实力

相当多的人都会认为谦虚和实力是每个行业都需要的,但是,在风险投资领域,成功的关键在于风险投资家的评估,在无外部的作用下能正确评估,则成功的概率增加;评估错误,想要挽回损失都是一件难事。而在评估的过程中,风险投资家如果不够谦虚,过度自大,就会不听取别人的意见,造成评估的错误,也就造成最后的失败。所以,风险投资家需要谦虚待人待事,遵从客观事实依据。

在风险投资领域,即使成功的风险投资家在被问到他们是怎么成为风险投资家的时候,他们往往也会谦虚地回答:我只是很幸运地在正确的时间出现在正确的地点。确实,运气可能在你的风险投资置业当中起很大的作用。更多的时候,实力比运气靠谱。

综上所述,都是风险投资家的应有素质。显然,风险投资家的素质中还需要决断力、同理心、勇气等,但这些都是最基本的素质,自然就不用说了。

(二)风险投资家的技能提升

风险投资家不仅要达到合格,还要成为优秀的投资家,可从以下几方面不断加强来提升技能:

①认真学习所投资领域的知识。只有拥有了所投资领域的丰富知识,才能和创业者建立起一种非常好的合作机制。

②培养学习能力。风险投资家应该培养学习能力并且是快速学习的能力。作为一个风险投资家,每年会面对很多的投资方案,不同的投资方案涉及不同的投资领域,而每个投资方案的领域不一定是他们熟悉的,但这是他们所需要了解的。在竞争对手面前,早了解或许就能占领先机,所以,培养快速的学习能力是必要的。

③做事要学会"聚焦"。对一个投资者而言,在事业生涯中,肯定会失去很多好的机会,这并不要紧,要紧的是在自己能力范围内能做成多少自认为比较成功的项目,这就要求对项目的投资要有选择。在美国,那些非常成功的风险投资家均认为,如果需要投资的企业在他开车或坐飞机一小时的路程之外的地方,他就不去,原因在于被投资的公司需要经常获得你的服务,路太远,风险投资家就会无力顾及。

④不要过早进入风险投资领域。在这个领域里,丰富的经验和广泛的人际关系很重要,风险投资家的主要工作是与人打交道,要与律师、会计师、创业人员甚至他们的亲属建立好

关系,所以,在正式进入这个行业之前,需要多积累经验,多结识朋友。

⑤锻炼心理素质。好的心理素质体现在坦然对待成功和失败,要记住风险投资是一项默默无闻的事业,风险投资家是一群幕后英雄,当你所投资的企业失败时,要学会能承受更大的压力,在此时,投资者与创业者之间的关系容易走向敌对,需要风险投资家与创业者进行更深入的沟通。

(三)风险投资家的项目选择标准

风险投资家在选择投资标的时,会对拟投项目做出多项评估与选择,一个项目要想获得风险投资家的青睐,可从以下几方面来提高项目的综合竞争能力。

1.CEO:占评估的30%

对一个公司而言,CEO是公司的灵魂,他更像一个重要部门,而非仅是公司的一员。CEO把握着公司重大事情的决策,这直接影响着公司的发展,其个人的价值观和做事风格也会潜移默化地渗透到公司各个角落,从而对公司理念和员工行为产生影响,所以对一个公司而言,CEO十分重要。例如,如果没有乔布斯,现在的苹果公司可能完全不同,正像苹果公司的LOGO一样,它永远不是一个完整的苹果,乔布斯就是那缺失的部分,苹果公司加上乔布斯才是一个完整的苹果。

2.商业模式:占评估的30%

在互联网泡沫破灭前的一段时间,投资人几乎不看商业模式,只要企业是基于互联网的,投资人就会投资,但是,那样的时代已经一去不返,风险投资正变得越来越谨慎,而且倾向于减少对单家公司的投资额,许多初创公司的估值都在下降,每个企业对自己的商业模式都必须了如指掌,对如何一步步地赚钱要有非常清晰的规划,并且能让投资人很清晰地了解这些规划。

3.团队:占评估的20%

创业公司需要有一个成熟的团队,这个团队在产品、技术、市场、商务拓展和人力等方面都能够展现自己的能力并有极强的进取心,当然,绝大多数创业公司在早期阶段都不可能拥有全部专业领域的人才。但是,产品和技术方面的实力必须具备,公司要想成功,最好还是要拥有一个由各个核心领域的人才组成的强大团队。

4.技术:占评估的10%

看到技术只占公司估值的10%,也许你会很吃惊。虽然技术是公司重要的组成部分,但是技术本身并不能使公司成功,一个好的技术团队确实能为公司创造最初的竞争优势,帮助公司在早期阶段成功,在公司发展过程中,技术团队也能通过提供更加优秀的技术,为公司打造一个强大的产品,形成公司的独特的竞争优势。然而,有必要认识的是,技术只是公司的一部分,处在执行层面,所以我们看到有非常多的技术高手能写出令人惊叹的程序,但没法创立一个公司,对创业公司而言,还有很多重要的东西。

5.产品理念:占评估的10%

在创业公司,一个伟大的产品创业并不意味着有了一切,没有一个创业公司可以依靠最初的创业而成功。在创业公司成长的过程中,创业理念会面临不断地调整与改变。改变的原因多种多样,包括用户反馈、商业模式、市场竞争格局等,只有通过团队不断地改变调整,让这一创意不断适应社会和市场的要求,才能促使一个产品或者企业成功。

(四)风险投资家的投资偏好

风险投资公司热爱脚踏实地的企业。和大众观点不同,风险投资公司不喜欢热门领域的新理念,而是喜欢更可靠的理念。Mike Maples 投资 Twitter 时,他意识到微博客是从传统博客的观点中衍生出来,非常踏实可靠。同理,Sequoia Capital 风险投资公司的 Jim Goetz 在投资 AdMob 时,发现 AdMob 的创始人 Omar Hamoui 有过 3 次失败的移动创业经历,所以对于移动领域的投资有十足把握。

风险投资公司希望创业者具有特定的性格。大多数第一次创业者认为成功的定义就是创业者拥有高智商、对未知前景的高容忍度、敏捷聪明,能够坚持到底,目标坚定等性格。这些对创业者来说都需要,但不是成功的必要或者首要因素。风险投资公司希望创业者具有创业领导风范,包括传教士般的激情,平衡的自大,透明、信任和团结以及非常乐观。脚踏实地再加上创业领导风范,足以带领一个创业团队走向成功。

1.传教士般的激情

钱不一定是促使创业者攻克难关,跨过障碍,走向成功的推动因素。Kleiner Perkins 的 John Doerr 说,最成功的创业者热衷于解决客户棘手的问题,就像传教士一般,以拯救别人为己任。最成功的创业者都和问题有一定的关联,这就是为什么 Sequoia Capital 的合伙人兼风险投资人 David Lee 和 Xoom/Eventbrite 创始人 Kevin Hartz 非常喜欢听创业者讲自己的故事的原因,这样可以看出一个创业者创业的理念,从而确定这名创业者是否有带领公司走向成功的能力。

2.平衡的自大

创业是一项难以置信的人类行为,因为团队能不能成功取决于团队的质量。Clearstone Ventures 的 Vishnu Mishra 说,最好的创业者都信心十足,对自己认知程度高,不害怕雇用比他们聪明、有智慧的人。许多创业企业之所以失败或者受限,就是因为创业者的自大导致企业不能雇用到人才。

3.信任、透明和团结

风险投资公司喜欢和透明、言出必行、团结众人的创业者合作。就算是一个创业者各项条件都非常优越,但是他不相信别人,风险投资公司也不会跟他合作。NEA 的 Harry Weller 说,建立双方互信关系是风险投资企业知道创业企业的关键。创业者既要上线自己的产品,又要听取市场的实时反馈,需要做好取舍。

许多创业企业失败是因为无法根据市场和用户反馈来调整产品。如果企业只顾着开发产品,那么客观地分析市场数据显得尤为重要。风险投资公司不喜欢所有问题都知道的创业者,他们喜欢那些知道一些风险投资企业所未知的创业者,希望创业者在看待无论是衡量团队的竞争力还是产品符不符合市场时都能保持客观公正。Trinity Venture 的 Gus Tai 把这些称为"充满激情的不关心"。创业者满怀激情地寻找正确答案,不希望市场和客户的真相被障碍打乱。

4.投资 A 级团队

什么是 A 级团队？A 级团队是指"百发百中",创业成功率非常高的企业。Sequoia Capital 认为,判断一个创业企业能否成功,关键要看团队雇用的前 10~12 名员工。风险投资公司很少投资单创始人企业,所以你需要建立自己的 A 级团队。

风险投资公司希望 A 级团队有多个联合创始人,团队成员技能齐备,核心成员有过合作经验。可信的、有激情的创始人是工作的最佳伙伴。团队核心成员也要像创始人一样,拥有传教士般的激情来解决问题,而不是想着赚钱。

（五）风险投资家的投资经验

"投资先投人"这句话,已经成为 VC 们的口头禅或者座右铭。柳传志先生有个很经典、最具有代表性的言论:"无论风险投资还是并购投资,CEO 的选择重于行业选择。"

IDG 在选择项目的时候,遵循的 3 个基本要素为:行业竞争力、企业产品竞争力、团队竞争力。这三者中,他们最看重团队,产品可以变,但是卖东西的人不能变。当然,"人"和"事"不能割裂开来。朱立南的看法是,联想投资项目的时候,会侧重"事在先,人为重"的原则。换句话说,要先看行业、商业模式、基础产品等,还要看企业的领导者与该企业从事的主要业务是否匹配。然而,"投入"也并非那么简单,张帆认为创业人能否成功取决于 4 项素质:有热情、有耐心、对行业有深刻的理解、团队有很强的执行力。

对风险投资家来说:第一,要投创业者,创业者做什么事情呢？很重要的一点,他要能够创造一些服务和技术。第二,要对现有的常规产业起到取代或者对现有的产业有颠覆性的作用。第三,能够摧毁那些处在衰退阶段的企业发展模式,还有很重要的一点,能够取代市场中发展落后的企业。不管生产一种产品还是服务,最重要的是帮助客户做成功,这是非常重要的。

风险投资商在投资 2.0 中吸取最重要的教训就是千万不要把融资看得很重要,对一个创业者来讲,让他拿到了更多的钱一定是很坏的事情,他会觉得我反正有钱可以花,可以做这样的事情,从而忽视客户的需求。互联网公司一定要解决客户愿意买单,愿意用你服务的问题,不仅觉得你的服务很好,还愿意给你出钱。投资商买单,一定会成为泡沫,一定不成功。

第一代互联网公司在中国经历了很重要的过程,他们拿到钱的时候比较幸运地度过了"冬天",他们最困难的一点是在"冬天"的时候找到盈利模式、商业模式,这是最大的挑战。最大的风险,是在商业模式没有搞好之前,融得了最多的钱,反而是最大的失败。

风险投资家认为:互联网最大的机会就在中国。机会在什么地方？国内的 Web2.0 还没有一个成功的案例。统计表明,中国和美国相比,2018 年中国的 GDP 占美国的 63%,而整个广告业,中国的规模和美国比,大概是它的 1/13,美国总体的广告业是 2 670 亿美元,中国只有 4.2 亿美元,相当于只有美国的 1/30,中国互联网市场有非常大的成长空间。

对于中国的风险投资行业,风险投资家们认为:我们也不能妄自菲薄,中国有中国的特色,任何人也没搞明白中国的风险投资商到底应该怎么做、怎么结合起来。互联网有很大的规模,还有一点,Web2.0 公司,美国 MySpace 和 YouTube 加在一起创造了 26 亿元的市值。分众传媒,后来兼并了框架、聚众,市值是 25 亿元,这个公司没什么技术,可是在美国同一个股市上创造的价值超过了以 Web2.0 一系列为主的公司规模。中国的市场有中国的特色,前途是光明的,道路是曲折的,中国互联网未来的发展有非常大的前景,而且我们有最好的优势。美国的互联网产业是我们发展得很好的实验场,并且提供了很好的方法,但是是否能把他们做法和中国的特色结合起来,走出中国互联网发展的道路,这是企业在中国市场能不能成功的重要因素。

(六)如何成为风险投资家

理解一个职业角色将要经历的职业路径有助于求职者更好地规划职业成长路径,其中对职业发展道路上高级角色的理解可以让求职者认清:如果日后要在风险投资行业追求更好的成就,成为风险投资家,就需要了解自己需要发展哪些技能,以确保朝着正确的方向重点努力。

不同于其他职业,比如投资银行家,其成长道路清晰、工作范围明确,风险投资家的成长途径对不同的人来说存在很大的差异。不过大致而言,有两条路线可以成长为一名风险投资家。一条路是"商业服务"路线,即大学毕业后先在管理咨询公司或投资银行工作几年,然后可能念一所名校 MBA,再进入一家风险投资企业,也有的是大学毕业后直接进入风险投资企业。另一条是"企业运营"路线,即先到创业企业或具有进取氛围的大中型技术型企业工作,获得技术或运营经验,培养创业心智,经历过几次成功之后,转换职业进入某个风险投资企业,甚至直接成为基金合伙人。当然,在这两条主线之上,会有很多小的旁支。例如,在后一条路线中,创业者成功之后也去读取 MBA 学位,再加盟风险投资行业。

相应于上述两条发展路线,有两个通向合伙人位置的切入点:投资经理/分析师,或者投资合伙人/初级合伙人。前者要求相对低,但是要应对更激烈的竞争。后者适合已经被证明具有资助或管理企业(特别是创业企业)并创造利润能力的人。

1.以投资经理/分析师为起点

如果你是刚毕业的非 MBA 大学生(本科生或研究生),那么你先要考虑清楚:在风险投资行业你面临的职业机会不多而且竞争很激烈,但一旦获得,你的这第一份职业同时也极有可能会是你最后一个职业。你从这个职业所发展的技能并不具有高转换性,因此,它将限制你将来的职业选择。这将是一条漫长的学徒之路,适合你申请的入门职位无疑是分析师,若被风险投资企业看好,那么几年之后他们还可能送你去念 MBA。如果你是此前有过几年工作经验的 MBA 毕业生,那么适合你申请的职位是投资经理。MBA 毕业后又在投资相关领域工作过几年的则有可能直接申请副总裁/投资总监级别的职位。在接下来的 4~8 年时间里,你可能要尾随两三个合伙人,监控管理两三家受资企业,在身边有经验的高级合伙人指导下学会风险投资这门生意,并建立起个人业绩,然后你才有望被吸收为初级合伙人。

在刚入行的头几年，这些学徒们面临的最大挑战是因为缺乏深入的运营经验而被创业者看低——某些创业者会认为你是外行。实际上，并不是必须出身于创业企业才能成为好的风险投资家。可能成功一些的风险投资家确实具有在创业环境中的某些经验，但这类经验只是充分而非必要条件。不过话说回来，你必须清楚地认识到：成功的风险投资家绝不只是 EXCEL 高手、投资银行家或管理咨询顾问。估价模型和形式报表只是风险投资业务中很小的一部分，你应该能提供更多的有实用价值的东西给受资企业。投资银行经历可能已经培养了你良好的金融工程技巧和审慎调查经验，管理咨询经历也可能已经锻炼了你制订战略、规划营销和分析财务的能力。

即便你是从大学校门直接跨入风险投资行业，但因为你是白纸一张，反而可能更具有可塑性。只要你肯吃苦、善动脑、会学习，那么你会通过大量的分析工作熟悉量化分析的思路和诀窍，熟悉快速解决相似问题的方法。量变引起质变，你最终会建立起全面的知识结构和广泛的专业范围，进行跨行业投资，而不是局限在某一个行业之内。这有可能使你感觉到一个新产业的即将兴起，成为一个有预见性的构想投资者。

2.以投资合伙人／初级合伙人为起点

对于成功的创业参与者，成为风险投资家的道路不会太长。如果你曾是风险投资所支持的创业企业的创始人或核心管理人员（CXO 或者 VP），并且从企业成功地退出，那么风险投资企业很希望你加入他们做投资合伙人甚至普通合伙人。

做投资合伙人也许更多的是一种生活方式的选择，而不能完全是一种职业。因为作为一名创业赢家，你的资本、你的心态可能已经使你难以再经历刻苦的工作，日复一日地在长达数年的时间里耐心学习风险投资业务，尽管你可能缺乏风险投资企业所要求的在更广泛的机会范围内成功投资所需要的广度和分析能力。

如果作为一名创业赢家的你，若愿意潜心从事风险投资，那么你无疑是具有相当的优势的。你应该是一个有经验的业务建设者类型的风险投资家。在你所处的特定领域里，你具备第一手的运作经历和丰富的知识，这使你对所投资的业务的运作有很深的了解。你在以前的从业中积累起来的广泛的行业联系网络会帮助你为受资企业提供更直接的增值服务，从而你更能从受资企业的管理团队那里获得尊敬。另外，你拥有广泛的前雇员网络和业务伙伴，以及联合新一代的创业者的能力。这些都将使你在履行寻求投资机会这一工作任务时更加得心应手。你可能会比你的同事更早地洞察到你所专长的领域里的新机会，发现还未被完全满足的需求，为技术创造新的市场。

除了创业，第一手的企业运营经验还可以在大公司里积累。从大中型企业的创新挑战业务部门历练出来的管理者，因为具有实际的运营经验，会较为容易地成为初级合伙人，然后主导一两个成功的投资交易，那么就可能得到合伙人的同意，结束训练期，成为完全的普通合伙人。从大中型企业的最高层职位出来的管理者，则可能直接成为普通合伙人。

企业运营者投身风险投资职业的优势在于：由于具有亲身经历，因而会有很多似曾相识的感觉和情绪在帮助受资企业成长的挑战性场景中产生，知道如何去应对这些挑战，并给出正确的解决方案。在风险投资中，经验往往比高额资金更有价值。

　　总之,进入风险投资这一行有着不同的起点,或者说,成为一个合伙人有多条不同长短的途径。选择从哪个切入点踏上风险投资之路并没有确定的答案。没有人能够断言,是大学刚一毕业就进入风险投资行业还是先多尝试几个别的职业以后再进入这一行,会使未来的风险投资职业发展更成功。尽管在现实中,有很多风险投资家最初是在其他行业为他们后来的风险投资职业奠定基础,但是没有充分的证据可以证明某一条路比另一条路更有效。只有创业经验的投资家可能倾向于认为要成为风险投资家得先做一个创业者,而由咨询顾问或投行经理变身的投资家认为:过去他们为客户提供的按工时付酬的大量服务能让他们帮助受资企业建立更好的业务项目。而事实是,这两条不同的路线上分别都有很多成功的风险投资家。

　　风险投资职业无关乎你是年轻还是年老,风险企业的成功,是建立在年轻的活力、进取和老练的经验、远见互补合作的基础之上的。风险投资职业更无关乎你是来自"商业服务"派还是"企业运营"派——从事风险投资最需要的是商业直觉,这种直觉可以通过多次的管理咨询或投行业务来积累,也可以通过一次完整的创业经历来培养。两种经历都具备的人可能对此有着更客观的认识,那就是没有哪一种经历能使你为日后胜任"企业教练"而做好完全的充分准备。在不同行业或业务线的挑战应对,以及来自很多领域的经验积累,都会有利于你风险投资职业的长远发展,只要你有意识地根据风险投资职业的需要提前规划和磨炼有关技能。更何况,还有很多成功的风险投资家其职业背景并不是很典型,因为风险投资家本身就不是一个典型的职业角色。

第四章　风险投资的投资决策

一、案例综述

案例 4-1　弘毅对先声药业的投资

纽约时间 2007 年 4 月 20 日 9 点,先声药业(南京先声药业股份有限公司)董事长任晋生敲响了纽约证券交易所开市钟声,先声药业在此挂牌上市。

1.弘毅的背景

（1）弘毅投资的发展

弘毅投资是联想控股的五驾马车之一,也是联想最年轻的全资子公司。2003 年 1 月,联想控股正式启动并购投资公司项目,当时成立了投资事业部,2004 年 4 月,弘毅投资正式成立。与联想投资关注的领域(互联网相关的产品和服务、无线增值服务、外包服务、数字媒体和芯片设计等)不同的是,弘毅投资主要负责联想控股旗下的并购投资业务,并主要专注于投资中国成熟行业的成形企业,尤其对于目前正在进行的国有企业改制,更是其关注的重点。至 2006 年年末管理的资金超过 55 亿元人民币,共三期:一期资金全部来自联想控股;二期资金的投入方除作为发起人的联想控股外,还包括美国高盛、香港新鸿基、新加坡淡马锡以及 Enspire 集团等国际公司;三期募集到了 5.9 亿美元,投资者包括第二期的所有出资人,并集结了分布在全球的 17 个著名投资人,包括联想控股、全国社保基金、中国人寿、高盛、淡马锡、斯坦福大学基金、加拿大养老基金投资公司等。

到 2014 年年末,根据联想控股的招股书显示,弘毅投资自成立以来共募集了 5 只美元基金和 3 只人民币基金。弘毅投资管理的美元基金总额为 41.62 亿美元,管理的人民币基金总额为 153.44 亿元,二者合计折合人民币超过 400 亿元。

到 2018 年,弘毅投资目前共管理八期股权投资基金和两期人民币夹层基金,管理资金总规模 720 亿元人民币,出资人包括联想控股、国科控股、全国社保基金、中国人寿及高盛、淡马锡以及欧美多家养老金和大学校金管理者等全球著名投资机构。国内国际的优质资源组合,提升了弘毅投资为企业提供增值服务的能力,而其投资企业资产总价值近 2.9 万亿元人民币。

弘毅投资按照国际通常的基金管理方式进行运作,围绕城镇化、消费升级两大主题,到

2018 年已在医疗健康、消费通路、文化传媒、高端制造、新能源等领域投资超过百家中外企业，包括石药集团、中联重科、中集集团、苏宁云商、城投控股、锦江股份、新奥股份、PizzaExpress（英国）、STX（美国）、WeWork（美国）等。

（2）投资先声药业前的弘毅

在投资先声药业前，弘毅投资完成了两期资金募集，掌握资金超过 12 亿人民币，第一期资金来源是成立募集：在 2003 年 1 月联想控股注册资金 3 800 万美元实际投资 9 900 万美元建立弘毅投资；第二期增资募集：在 2004 年 9 月，总共募集到 8 700 万美元，实际募集 1.28 亿美元。

弘毅投资在对先声药业进行投资之前，主要投资项目有：一期资金到位后，弘毅投资从 99 个行业中筛选出适合投资的 10 个重点行业，包括玻璃、机械、医药等；在 2003 年，弘毅投资江苏玻璃集团；2004 年 1 月，弘毅与江苏玻璃管理层一起溢价收购该公司国有股，最终弘毅拥有 85%，管理层拥有 15%。后来，江苏玻璃重组成功，改名为"中国玻璃"，于 2005 年以"红筹股"的方式在香港主板上市。

2. 先声药业背景介绍

先声药业的前身是成立于 1995 年的江苏臣功医药，为适应企业快速发展的需要，2003 年 3 月 28 日先声集团正式成立。先声药业以 500 万元的原始资本起家，在短短的 10 年时间里，就从单一的药品经营企业，通过并购多家制药厂和投资建立自己的药物研发机构，完成了整个产业链布局，成为集贸、工、科研为一体，拥有员工 2 000 余人的新型医药集团公司。2004 年实现药品销售总额 6.8 亿元人民币，上缴国家税收 1 亿元人民币，企业（含控股企业）净资产增值至 5.1 亿元人民币，同年先声药业被评为南京市民营企业综合实力前 10 强，南京市民营企业十大纳税大户。

在弘毅投资之前，先声已拥有 2 家已经通过国家 GMP 认证的制药企业：先声东元制药有限公司和海南先声制药有限公司，可以生产片剂、胶囊剂、颗粒剂、粉剂、注射剂、粉针剂、软胶丸等多种剂型共计 30 多个药品，主要产品重点覆盖抗生素、骨科疾病、儿科疾病和神经系统疾病治疗领域，拥有再林、安奇、英太青、必存 4 个销售额超亿元的品牌药品。公司自主研发于 2004 年 3 月上市的治疗脑梗死急性期的一线治疗药物"必存"，在 2005 年 9 月 29 日与弘毅投资签约时，已完成近 2 亿元的销售额。

此外，江苏先声药业有限公司与上海先声药业有限公司成立了自己的销售中心，该销售中心 2004 年在全国连锁药店 100 强排名中，其销售额位于第 71 位，同时以 41 家分店、39 家直营店和 2 家加盟店，位居分店数量排名的第 92 位。同时，先声还拥有一家保健品生产与销售企业。另一方面，先声药业的研发实力也很强，拥有一家药物研究所与一个博士后科研工作站。

3. 尽职调查与估值

21 世纪以来，由于医药行业丰厚的利润回报和高成长性，行业外部资本对医药市场的追逐从来就没停止过，并且有越演越烈之势，联想的弘毅投资也是窥伺已久。早在弘毅投资从联想控股分拆之前，弘毅投资就从将近 100 个行业中，筛选出 10 个优先投资的行业，其中的医药和汽配更是弘毅投资的重中之重。但弘毅真正投资医药行业却酝酿了两年多的时间,这期间弘毅先后考察了国内100多家医药企业,得出的结论是:医药业的确是传统产业中最有增长潜力的产业,但弘毅不能贸然介入,因为弘毅没有这方面的人才储备、医药行业内竞争日趋白热化、进入和退出风险较大,以及医药行业内大多企业的财务数据水分较大等。

之后,弘毅对先声药业进行了尽职评估与估值,在基于市场和先声集团的基础上进行投资,主要原因如下:

①先声团队能力。弘毅投资者赵令欢曾说,之所以选择投资先声药业,80%的原因在于先声药业总裁任晋生这个领军人物的独特魅力,以及先声药业优秀的管理团队。先声由当初500万元起家,迅速发展的历史不难看出,这与先声总裁任晋生超凡的胆识和管理能力,以及团队的高度团结和合作是难以分开的。

②先声市场能力。先声总裁任晋生早在1992年就任启东盖天力制药厂主管销售的副厂长,辞职后以销售起家,可以说先声在市场信息的获取、客户开发、顾客管理都有一整套行之有效的方法。通过10余年的发展,在竞争日益激烈的医药流通渠道后来居上,2004年其销售中心销售总额就位居全国连锁药店100强第71位,同年先声拥有直营店39家,分店41家,以及2家加盟店,按分店数量,先声位于全国100强第92位,可以看出,先声的销售渠道基本完全由自己控制,而且相对其他企业来说,其销售渠道更加有效率。更值得一提的是,在全国100强连锁药店中,鲜有如先声一样的集贸、工、科研为一体的新型医药集团公司,绝大多数都是专门做医药流通的商业企业,这将大幅提升整个集团市场价格的谈判实力。

③先声技术创新能力。先声的发展史就是一部不断创新的历史。先声销售模式创新:1995年,首创中国医药经营企业的“总经销”模式;全国第一家为药品生产厂家提供产品包装设计、广告策划、终端推广等全方位服务的医药经营企业。此外,先声还非常重视在新药研发上的创新,如将原来分散的4家研发机构:先声药业新药研究中心、江苏省中药复方开发工程技术研究中心、海南省化学药物工程技术研究中心和江苏省医药工业研究所有限公司,整合成一家相对独立的药品研发企业,迄今已获得和申请国家发明专利6项,成功开发上市首家、独家品种近10个,已先后获得国家颁发的各类新药证书及生产批件30本(件),已被科技部列为重点国家级火炬计划项目、国家级火炬计划项目和国家重点新产品项目共8个,目前,尚有30个各类新药处于临床或临床前研究阶段。独立研发能力构成先声的核心竞争力,占领技术制高点,不断推出优势新品,确保了先声的持续性发展,为企业注入长盛不衰的活力。

④先声的流程能力。从目前先声控股的企业可以看出,先声是麻雀虽小五脏俱全,基本具备了一个大型医药集团具有的完整的价值链——研发、生产和销售三位一体。不可否认,先声价值链的形成有其独特的历史原因,但也足以看出先声在价值链设计、价值链的运用和管理,以及价值链的延伸等方面都做得有声有色,将价值链高利润的环节都牢牢地控制在自己的手里。

⑤先声的制度与文化。企业的制度与文化主要包括:公司治理结构、长期激励机制和企

业文化,由前面的分析可知,相比较其他医药企业,先声100%股权由管理团队掌握,股权十分清晰,这不但可以有效解决公司的治理问题,还可以有效解决管理层长期激励的问题,这也是普华永道在进行了近2个月的详细审计后所得出的结论,弘毅投资对此显然十分满意;先声药业是在夹缝中从销售快速发展起来的医药新星,其企业文化中带有强烈的进攻性和果敢色彩,如先声的企业标志,奔跑的人形成"先"字,既形象又准确地表达了先声的竞争观及企业以人为中心,永不满足、永不等待、永不懈怠的核心理念。这对要在更加残酷的环境中迅速长大成为中国医药行业的一流企业的先声来说,显然是非常重要的。

⑥先声战略能力。企业的战略能力通常包括:获取战略性资源、决策机制与效率、提升资源价值和风险控制等方面的能力,先声在这几个方面做得都较为突出。这次与弘毅的合作,就足见其为了达成企业的战略目标,宁愿在短期利益上做出较大的让步的胆识和魄力。

基于以上情况,2005年9月29日,联想弘毅斥资2.1亿元控股南京先声药业31%的股权,而双方的关系仅限于战略投资。此项巨额资金将主要投入市场日益剧烈增长的心脑血管药和抗肿瘤药方面的研究。此间,由普华永道对先声进行了2个月的详细审计,得出的结论是,该公司100%的股权由管理团队掌握,股权清晰,净资产回报率超过50%,年纯利润超过1亿元,近4年半的增长速度超过150%,强于众多上市公司。

[注:案例材料根据《弘毅投资先声药业案例分析》(舒天忙)、《弘毅投资案例》(刘泓毅、于杰)、"投资界(弘毅投资)"等材料编写。]

案例4-2 迈迪特公司引入风险投资

2002年10月10日,深圳市高新技术产业投资服务有限公司(以下简称"深圳高新投")与深圳迈迪特公司(以下简称"迈迪特")签署了"担保期权回购"协议。两年前深圳高新投以"担保换期权"方式取得迈迪特公司2%的期权,现在迈迪特公司提前溢价回购,深圳高新投获得240%的丰厚回报。在创业板尚未成立、国内风险投资业投资锐减的背景下,深圳高新投这一笔成功投资引来了业内许多关注的目光。这个成功的案例表明,"担保换期权"是担保与投资有机结合的好形式。这种投资担保的模式也为那些具有政府背景的担保企业指出了一条生存新路。

1.深圳高新投的简介

深圳高新投是根据深圳市"科教兴市"的发展战略,创建多渠道、多层次的科技投入体系,按照探索科技与金融有机结合新机制的要求,由深圳市投资管理公司、深圳市科学技术发展基金会、深圳国家电子技术应用工业性试验中心、深圳市生产力促进中心共同发起成立的。公司业务范围包括贷款担保、投资开发和咨询评估等。公司注册资本1亿元人民币,实收资本4亿元人民币。至2002年年底,公司总资产7.16亿元人民币,净资产5.01亿元人民币。

作为深圳市科技风险投资市场体系的重要组成部分,公司的经营宗旨是,扶持深圳市高新技术产业的发展,促进深圳产业结构调整和优化;加速科技、经济一体化的进程,促进深圳市的经济发展。

政府开展担保业务的初衷是为了培植税源、调整产业结构、促进经济的发展和增进就业。因此,深圳高新投的主要业务是为高新技术企业提供贷款担保,并不以营利为目的。由于其非营利性,高新投只能收取较低担保费,再加上受行业限制,政府背景的担保公司远没有民营担保机构运作灵活。正如高新投总经理王干梅所说:"一方面承受着担保赔付的巨大风险,另一方面又没有建立有效的政策性补偿机制,担保机构存活都很成问题。"

从 2000 年开始,深圳高新投开始尝试开展"担保换期权"业务,即在为企业提供信用担保的同时,签订一定比例的期权协议,在适当的时机通过行权投资所担保的企业。目前深圳高新投已先后在深圳迈迪特等 60 余家企业实行了"担保换期权",大多数公司经营情况良好,期权增值明显。

在期权计划过程中,一般包含受益人、有效期、价格、购买额、期权实施等几个基本要素。作为受益人,深圳高新投获得的期权受益期一般为 5 年,期权的价格以同意担保时企业的净资产为基础,根据担保额、企业的成长性和抗风险能力制定;期权的数量一般占被担保企业总股本的 1% ～ 10%。由于看好投资担保的前景,深圳高新投专门推出了"高新技术创业企业专项资金担保"新业务,在控制总量风险的前提下,每年划出一定规模的担保额度,专门用于高新技术创业企业的融资担保。计划设定 5 000 万元规模,专门为注册资本在 100 万元以下的创业型高技术企业提供服务。同样以深圳市中小高科技企业为服务对象的深圳市商业银行也十分看好这一业务,主动提出为高新投提供 1 000 万元授信额度。中国建设银行深圳分行、交行深圳分行也在与高新投洽谈,共同做大投资担保业务。

2.迈迪特公司的发展情况

深圳迈迪特仪器有限公司(简称"迈迪特公司")是一家中美合资企业,成立于 1998 年 9 月,注册资本为 3 000 万元人民币,致力于开发和生产医学影像诊断设备。其主要技术成员均为早年留美、留英华人学者,其目标是开发生产具有当前国际先进水平的各种医学磁共振成像系统,以提高国内医疗仪器的高新技术水平。公司的创办人之一薛敏博士毕业于美国CASE 大学,曾在克里夫兰医学磁共振影像研究中心负责系统硬软件开发,掌握了世界最新领域的尖端技术。他回国后组建了这家高科技公司,研制成功的高斯超导磁共振系统达到国际先进水平,填补了国内空白。

公司主要管理人员和技术人员均具有十多年从事本行业产品的研究、设计、制造的成功经验。公司拥有自主知识产权,产品在国内市场逐渐叫响,但也面临着进一步发展所需要的资金问题。为此,2000 年 5 月,该公司就以 1 500 万元银行借款向深圳高新投提出担保申请。

3.深圳高新投对迈迪特的评估

深圳高新投接到迈迪特公司的担保申请后,对其进行全面考察,并对市场做了实地深入了解,发现其具有以下优势:

(1)公司的研发能力强,技术上有保证

迈迪特公司是一家技术密集型公司,员工知识层次很高,其中 4 名核心技术人员均在国外大学和公司从事过 10 年以上的磁共振技术的研究。另外,迈迪特公司还聘请了 7 名国内外相关行业的知名学者作为顾问团成员,使得磁共振系统开发在技术上有一定的保证。

（2）公司已经生产出了具有自主知识产权的产品

迈迪特公司拥有世界上第一台 0.3TC-型开放式永磁磁体的知识产权,目前正在申请国际专利。另外,公司通过买断方式,成为国内第一家拥有当今国际水平谱仪技术的公司。迈迪特公司在脉冲序列、用户界面、硬件接口等方面开发了一系列软件,形成了自成体系的磁共振系统软件,为自身产品的升级换代和开发新的产品创造了十分有利的条件。迈迪特公司成立之初瞄准的就是磁共振成像技术的国际标准,目前公司的技术水平在国内同行中处于领先地位。

（3）产品已经经受了市场的检验,市场风险低

迈迪特公司已经与韩国一家公司签订了 3 年销售 1.5T 磁共振成像系统 18 台、0.3T 磁成像系统 30 台的合同,2000 年可以执行 8 台;与埃及某公司签订了为期 5 年的合作合同,按照合同,埃及公司每年将为迈迪特公司销售不少于 30 台的磁共振成像系统。在国内方面,迈迪特公司已经与山东的两家医院签订了 2 台销售合同,另有 30 多家医院已通过国家卫生部立项的医院邀请投标。

（4）磁共振系统的市场容量大,竞争主要来自国外产品

磁共振系统的市场比较稳定,1999 年全球销量为 30 亿美元,近年将保持 10% 左右的增长速度。从国内市场来看,目前总装机 360 台,预计到 2004 年的装机总需求将达到 2 000 台,市场潜力巨大。

（5）产品的性能价格比高,竞争力强

迈迪特公司目前拥有 1.5T 超导磁共振成像系统和 0.3TC-型永磁磁共振成像系统两种产品,均已达到了国际同类产品的技术水平,但价格只相当于国外同类产品的 60% 左右,在同类产品中具有很强的竞争力。

4.深圳高新投创新担保业务

通过对该项目的审查,深圳高新投考虑到迈迪特公司经营稳健,近年内将有比较大的发展,经与企业反复协商,提出"担保换期权"方案。双方约定,迈迪特公司的股东同意出让 2% 的股权,出让价格为 2000 年年末的净资产值,股权实现的时间从深圳高新投同意担保开始为期 5 年,同时深圳高新投有权放弃认购该股权。

深圳高新投采用期权方式主要出于以下几点考虑:

①对迈迪特公司的发展前景看好。迈迪特公司发展趋势的分析显示,迈迪特公司未来 5 年内可以取得累计利润 2.3 亿元,如果不进行增资,5 年后公司的每股净资产将达到 9 元以上,是现在的 6 倍,企业的升值潜力巨大。深圳高新投投入 60 万元,如果 5 年以后转让,可增值 5 倍,回报可观。

②迈迪特公司有上市的可能,上市后高新投可以比较顺利地实现股权转让。

③期权实现的期限长于担保期限,对于担保期后出现的风险,可以通过放弃执行期权的方式加以规避。

对深圳高新投来说,期权的方式是担保与投资相结合的一种比较理想的方式。担保机构的优势在于有比较好的项目资源。对一些发展前景好的企业,单纯采用担保的形式实际上是对资源的一种浪费。选择期权的方式,可以享受到企业发展带来的高回报,也可以避免股权投资在企业发展过程中承受的风险。

[注:案例材料摘自《中国风险投资年鉴2003》(中国风险投资研究院,中国香港)。]

案例4-3　小肥羊吸引风险投资

1999年内蒙古小肥羊餐饮连锁有限公司(以下简称"小肥羊")在包头开业,仅用了7年时间就在中国以及日本、北美快速扩展了720家分店,扩张速度之快令人惊叹。2006年7月24日,小肥羊同英国最大的创业及私募投资机构3i集团公司(以下简称"3i")和西班牙普凯基金公司(以下简称"普凯集团")达成投资协议,规模达2500万美元,开创了外资入股中国餐饮企业的第一例。

1.连锁餐饮帝国的诞生

可能连小肥羊的创始人张钢当时也没有预料到,他的一家火锅店能发展为一家餐饮帝国,更让他没有料到的是,他的餐饮帝国的崛起竟来自"不蘸小料一招鲜"这种独特的火锅。

1998年年初,张钢和朋友在一起吃羊肉火锅的过程中,发现"不蘸小料"的火锅味道不错,朦胧之中张钢感觉这是一个商机。张钢意识到羊肉火锅将是一个大市场,决定自己开家火锅店。经过反复配置,多次改进,一种用当归、枸杞、党参、桂圆等调料独特配置的火锅锅底料诞生了。羊肉入汤后,口感嫩,口味鲜香,完全可以不蘸小料。这样,就甩掉了烦琐的小料包袱,开辟了一条火锅快餐化之路,为日后小肥羊的规模化、连锁化经营打下了基础。

在中国人眼中很吉利的日子——1999年8月8日,小肥羊的第一家店在包头开张了。一开业便受到消费者的欢迎。随后,小肥羊的发展犹如星火燎原,在当年,直营店、加盟店便开始向全国延伸。从2003年开始,小肥羊已经连续3年营业额仅次于拥有肯德基、必胜客等著名餐饮品牌的中国百胜餐饮集团,荣居"中国餐饮企业百强第二"。从下面的一连串数字里可以窥见小肥羊发展的速度有多快了。

2000年,在上海、北京、深圳凯直营和连锁加盟店;2001年,正式开始特许加盟,当年发展445家,实现营业额15亿元;2002年,正式在火锅店家乡成都开业,这一年销售额25亿元;2003年,加盟店达到660家,并在美国开店,销售额达到30亿元的规模;2004年,第696家分店开到中国香港;2005年5月27日,排位718的中国台湾松江店开业,小肥羊成功登陆中国台湾地区,2005年10月,小肥羊在中国香港开了第4家店,为小肥羊创造了1.4亿元的营业额。2005年11月8日,北美第一家直营店——多伦多小肥羊店试营业的当天流水就有5万元。2005年年底,小肥羊店数达到720家,销售达到52.5亿元;2006年,小肥羊还在日本跟一家上市公司合作开设了一家连锁店。目前,小肥羊正在进行的海外扩张行动目的地包括新加坡、韩国等亚洲市场以及美国市场。

2.风投追逐小肥羊

嗅觉灵敏的风险投资家很快就发现了小肥羊的投资价值。3i的王岱宗无疑是其中最灵敏的一位。2005 年,王岱宗离开高盛,出任 3i 副总裁。加盟 3i 后,王岱宗一直在琢磨着什么样的企业值得投资。他想到了若干年前曾经在上海光顾过的小肥羊,当时小肥羊火锅鲜美的味道给他留下的印象至今深刻。在王岱宗看来,小肥羊原料和汤料是标准化的,非常适合规模化发展。在经过各种渠道对小肥羊了解后,王岱宗径直飞到小肥羊的总部——号称"稀土之都""草原钢城"的内蒙古包头,提出对小肥羊最少投资 2 000 万美元的意愿。然而,由于经营状况良好,小肥羊并没有融资的想法。"我们不缺钱",这是王岱宗最初从小肥羊得到的答复。即便需要,1 000 万美元足矣。投资人伸出的橄榄枝就这样被婉拒了。

不过,风险投资人没有那么容易被拒绝,经过对小肥羊的经营模式进行分析,特别是小肥羊兴起的法宝——连锁经营模式进行了周密的调研和分析,投资者锐利的眼光看出了这一法宝同时也是小肥羊的心结。投资人再次上门洽谈,祭出了经过自己调研后的法宝,列举了小肥羊在目前经营中的软肋所在,同时对小肥羊阐述了自己的优势,以及能给小肥羊带来的解决方案,终于说动了小肥羊决定引入战略投资者。到底是什么让小肥羊一改初衷呢,正是其赖以发展的法宝——连锁经营。

2000—2002 年,小肥羊为了追求规模效应和资金的原始积累,曾大面积发展特许加盟店,然而,扩张过快的特许经营带来了管理上的隐患,小肥羊对加盟商的管理曾一度失控。加盟商追求利益和小肥羊追求规模效应之间出现了鸿沟,一些加盟商的不规范行为亵渎了小肥羊的业绩和品牌,并造成了恶劣的影响。小肥羊决定调整战略,收回加盟店,大力发展直销店来达到一石多鸟的目的,3i 的资金就显得相当必要了。毕竟靠小肥羊自身的流动资金和银行贷款还不足以在短期内完成这紧迫的任务。

小肥羊准备引入外资的消息很快在业内传了开来,就在做审计的那一段时间里,包括摩根、高盛等在内的境内外 20 多家风投机构纷纷找到了小肥羊,明确表达投资意向的也有三四家。

而在各方风险投资慕名涌来的时候,3i 也不断前往小肥羊进行谈判。各个公司的方案摆在小肥羊面前,其中也有让小肥羊非常动心的方案,但小肥羊最终还是选定了最早到来、接触时间比较长,行事风格也比较合拍的 3i 做投资合作伙伴。小肥羊常务副总裁卢文兵就此解释道:"在接触过程中,3i 对餐饮行业的理解和深厚的国际网络让我感到有些吃惊。"事实也的确如此,在参股小肥羊之前,3i 已经在全球投资了 60 多家食品企业,对餐饮连锁具有丰富的行业经验和网络关系。

然而,和 3i 的谈判并不是一帆风顺的。双方曾就股价问题发生了激烈的争执。3i 给出 7 倍的市盈率,但小肥羊觉得太低,要求 10 倍的市盈率。为了这个问题,双方来来回回谈判了好几次,有时候甚至争得面红耳赤。而这一期间,其余的竞争对手也给出小肥羊觉得比较合适的价格,但小肥羊和 3i 最终选择了相互让步。"因为我们觉得价格虽然是重要的,但不是最终的决定因素。"卢文兵说。

双方谈判进入佳期后,另一家风投机构普凯集团也进入了小肥羊的视野。而两者的合作成功同样源于一次巧合。

普凯几乎是通过 3i 集团的介绍和小肥羊的董事长认识的。普凯集团的两个老板是西班牙人,也是两个球迷,其中一个支持巴塞罗那队,一个支持曼联。而巧的是,小肥羊董事长张钢也是曼联的球迷,于是,双方在洽谈时找到了共同话题,谈得特别投机。而两个老板中的一位家里曾经养过羊,因此对"羊"有着特殊的感情,于是,普凯集团和小肥羊之间的合作谈判几乎是一拍即合。

从 2005 年 8 月开始接触,经过一年时间的谈判后,2006 年 7 月 24 日,小肥羊、3i 和普凯集团最终签订了投资协议,后两者联手投资 2 500 万美元,占合资公司 20% 的股份,其他股份为个人出资,而小肥羊创始人张钢及陈洪凯的股权稀释到不足 40%。3i 以 16% 的股份成为位列小肥羊创始人张钢之后的第二大股东,普凯基金则获得了 4% 的股份。除了股份之外,3i 还获得了小肥羊董事会中的两个董事席位,普凯获得一席,分别代表外资股东出任执行董事,在董事会的重大决议上拥有一票否决权。不过与大多数投资公司自己直接出马的做法不同,3i 委托了两位餐饮行业内的专家:汉堡王前任国际业务总裁和肯德基中国香港地区现任行政总裁代表出任小肥羊独立董事。

至此,合资公司董事会成员增至 11 人,其中中方 6 名,分别是董事长张钢、副董事长陈洪凯、常务副总裁卢文兵以及小肥羊上海、深圳、北京分公司的 3 名总经理。不过,从 2006年开始的 3 年内,小肥羊承诺业绩符合增长率不低于 40%,即小肥羊每年的利润和销售额同比增长 40% 以上。如果完不成约定目标,小肥羊将向两大集团提供补偿。这与当年蒙牛引入摩根士丹利等战略投资者时签的对赌协议颇为相似。至于补偿形式和补偿内容,双方均未向外界透露。

3.小肥羊要上市

据悉,小肥羊计划用这笔资金的 7 000 万元收购业绩突出的加盟店,6 000 万元用以开办直营店,剩余金额补充流动资金。

而对小肥羊来说,两大集团的进入并不只是单纯的资金投入,更多给小肥羊带来了先进的管理理念。"我们的市场已经达到了国际化了,我们最需要的是先进的管理理念来帮助企业成长,而这正是他们能够带给我们的。"卢文兵说。同时,3i、普凯也能帮助小肥羊更深刻地理解国际市场并引进小肥羊国际扩张所急需的人才。

3i 副总裁王岱宗表示,小肥羊原来计划在 2007 年上市,但是上市还必须考虑到公司的发展速度,太早上市股价较低。基于对小肥羊上市后有较高的估值以及考虑小肥羊未来更好的发展,管理层目前已经达成一致,计划 2008 年上半年上市。"对于上市地,公司目前倾向于香港市场。"

（注:案例材料摘自"风险投资网:小肥羊吸引风险投资案例"。）

二、案例讨论

1.结合弘毅投资案例,分析讨论风险投资机构的投资决策核心要素是什么? 弘毅从众多药业公司中选择先声药业,除案例中所说原因外,你认为弘毅还有什么其他考虑?

2.不同的风险投资机构有不同的投资标的选择,结合上述 3 个案例,分析讨论影响风险投资机构的投资决策的重要因素有哪些?

3.讨论分析风险投资机构为提高投资决策的正确性,在投资决策程序如何来保证?

4.先声药业已经具有了中型药业集团的规模,在 10 年中发展快速,盈利状况良好。那么,先声药业为什么需要风险投资? 该如何选择风险投资机构?

5.对深圳高新投来说,期权的方式是担保与投资相结合的一种比较理想的方式。传统的投资方式有哪些,它们与期权方式相比有什么优缺点?

6.张钢的餐饮帝国的崛起来自"不蘸小料一招鲜"这种独特的火锅。结合案例,讨论分析一个传统行业的企业如何才能获取国际资本的关注?

7.小肥羊在市场上具有很大的投资潜力,同时,也有无数投资机构追逐小肥羊。那么,小肥羊是怎么选择投资机构的呢?

三、案例点评

1.弘毅投资先声药业的案例分析

在对先声药业进行介绍中,有一个很直观的感觉,先声药业不管是软实力还是硬实力都是很强劲的:软实力方面,集团员工规模大、素质高、学历高,都是良好企业的象征;硬实力方面,医药医治范围广、疗效好、销量大,都是收益理想的象征。

最主要的是,在弘毅对先声进行投资前,先声药业已经具有了中型药业集团的规模,就像在上一章中提到的,汪潮涌认为投资就是要"在别人还有没有发现这个行业机会的时候先投进去,而且投的公司一定要是行业的前三","前三"就说明了要投资还是要选择集团规模大、效益高的。所以,弘毅坚定地投资先声药业,而先声药业能成功地吸引弘毅。

同时,对风险投资机构来说,最终所投资的项目仅是其收到的项目计划书的 1%,因此,一个企业想要成功吸引风险投资或者一家风险投资公司的投资,需要从以下方面来综合考虑自身项目是否竞争能力。

①宏观环境。企业可采用 PEST 分析模型来分析企业项目在宏观环境方面是否具有竞争力。PEST 模型分析企业所处宏观环境的模型,P 是政治(Politics),E 是经济(Economy),S

是社会(Society),T是技术(Technology)。由于企业所处的这些外部环境是不被企业所掌控的,因此也被戏称为"pest(有害物)"。PEST有时也被称为STEP、PESTEL等[其中,L是法律(Legal),E是环境(Environmental)]。2010年后更被扩展为STEEPLE与STEEPLED,增加了教育(Education)与人口统计(Demographics)。企业通过综合考虑如法律法规是否允许、宏观经济政策是否鼓励、外部技术水平配套是否可行、社会环境与劳动力等成本能否承受等外部环境因素,来评估本项目的优劣。在弘毅投资先声药业的案例中,由于我国的改革已经进入攻坚阶段,国家在各个层面鼓励社会资本参与国有企业的改制,这无疑为像弘毅投资这样的并购投资者提供了非常好的历史机遇。

②行业前景。所投资的企业所在的行业必须处于上升期,有较大的发展空间,即所谓的朝阳产业,同时行业的集中度较低,存在整合的可能。同时,风险投资机构比较偏好高新技术行业,如生物医药、电子通信、互联网、计算机集成等行业。先声药业属于医药行业,在2001年,我国医药工业总值为2 770亿元,占GDP的2.9%;2002年,我国医药工业总值为3 300亿元,占GDP的3.2%;2004年医药行业市场份额约为5 000亿元①,医药行业的良好发展态势以及由人口老龄化及经济发展所带来的巨大发展潜力,使其对风险投资具有重要吸引力。

③企业的内在核心竞争能力。这部分是考虑企业内在的股权结构、核心资产、增长潜力等。如果企业所在行业处于新行业的成长期,发展空间巨大,而企业核心资产较为优良,产品具有一定竞争力,但因缺乏资金、管理能力等,该企业是理想的投资对象,如本案例的先声药业,在医药行业存活10多年,产品具有自产专利权且新产品的市场发展势态良好,成功吸引到2.1亿的风险投资。

④管理团队。管理团队是风险投资项目评估时重要考虑的因素之一。风险投资机构主要对管理团队的团队精神、年龄结构、个人素养、管理能力与领头人进行重点考核。正如赵令欢谈到先声药业的投资时所说一样,之所以选择先声药业,80%的原因在于先声药业总裁任晋生这个领军人物的独特魅力,以及先声药业优秀的管理团队。

⑤风险投资机构实力。这不仅是风险机构的资金实力,更重要的是风险投资公司能否为被投企业带来增值的系统性服务,如品牌、管理运营、财务筹划等。弘毅投资选择先声药业,一是因为弘毅已完成第二期募集,掌握着12亿多人民币的资金,能满足先声药业的2.1亿人民币,当然如果为风险分散等原因考虑,风险投资公司可以选择联合投资方式。二是弘毅投资能利用其自身的专业能力优势,通过向先声药业提供稀缺的、难以模仿的后续增值服务等方式,使先声药业实现蜕变进入快速成长壮大,并希望通过成功上市实现风险投资的退出。因此,可以看出,风险投资中的资金只是投融资双方发生产权关系的媒介,最重要的是建立起优势互补的共生关系和共赢预期。如本列中的先声药业,在2007年4月20日成功登陆纽交所,每股定价14.50美元,得到了华尔街的认可,收市时市值涨到了9.06亿美元。这也创下了当时亚洲最大规模的医药公司IPO纪录,弘毅与先声药业都实现共赢。

当然,风险投资的增值服务需要专业人才储备。如本案例中,弘毅通过市场调研发现,

① 姚晓曦,等.中国卫生统计年鉴2005[M].北京:人民卫生出版社,2005.

虽然早就认为医药行业非常有投资潜力,但也准备了 2 年之久,在高薪聘请来医药行业的并购专家王顺龙,弘毅投资才正式投资医药行业项目。经过 15 年多的发展,到 2018 年,弘毅在医药领域已经投资了 13 个项目,投资总金额约 50 亿人民币,打造了包括先声药业、石药集团、康臣药业、滇虹药业等在内的行业领先者,加上器械和医疗服务领域,弘毅在医疗健康领域已投资 20 个项目,投资金额约百亿元人民币。而在 2018 年 6 月 29 日,天境生物宣布完成 C 轮融资,融资金额为 2.2 亿美元,弘毅投资领投,同时,弘毅也是此次唯一一个在董事会获得席位的投资者,而天境生物是聚焦于肿瘤免疫和自身免疫病治疗的创新药物研发的企业。[1] 人才的储备与 15 年投资经验,促使弘毅在医药行业投资越做越强。

2.迈迪特公司吸引风险投资的案例分析

在迈迪特公司成功吸引风险投资这个案例中,一方面是因为深圳高新投专门推出的"高新技术创业企业专项资金担保"新业务;另一方面肯定是因为迈迪特公司的业务有吸引深圳高新投的地方,也就是有竞争优势。在案例中有具体分析,在这里就只简单地说明:

①公司的研发能力强,技术上有保证;

②公司已经生产出了具有自主知识产权的产品;

③产品已经经受了市场的检验,市场风险低;

④磁共振系统的市场容量大,竞争主要来自国外产品;

⑤产品的性能价格比高,竞争力强。

对一个风险投资企业来说,申请投资企业在竞争方面的优势很重要。对于一个企业,如果没有它的竞争优势,那就意味着在市场竞争中没有抵抗风险的能力。那么,风险投资公司不会愿意陪你冒这个风险。

3.小肥羊吸引风险投资的案例分析

小肥羊作为传统餐饮行业的一家企业,却获得了多家国际知名风险投资公司的青睐,不得不让我们对小肥羊的特殊"魅力"展开分析。

（1）投资价值分析

以趋之若鹜来形容风险资本对小肥羊的青睐一点也不为过,因为主动上门要求投资小肥羊的投资机构超过了 20 多家。这既是小肥羊的幸福,也是资本逐利的必然结果。那么,小肥羊为何能令国际资本趋之若鹜呢?

①创新型"吃法"。中餐最难做到的就是标准化,而小肥羊创新性地采取"不蘸小料一招鲜"的火锅吃法,解决了中餐标准化、工厂化这个难题,也解决了原材料的集中供应和店面的快速扩张之间的矛盾,保证顾客在小肥羊任何一家连锁店里吃到的火锅是同样的口感。凭借这一创新型"吃法",奠定了小肥羊连锁经营模式的基础,更使得投资人看到了创始人的市场发现能力和经营管理能力。

②连锁经营模式。仅仅有创新型"吃法",而没有好的经营模式,小肥羊也不会成为资本追逐的目标。正式连锁经营模式让"不蘸小料一招鲜"的火锅吃法在中国大地迅速流行,并

---

[1]　资料来源:创业邦网站"弘毅 15 年医疗投资逻辑首曝光:聚焦创新药与基础医疗服务,20 次出手,投资逾百亿元"。

一举成为国内的名牌餐饮企业。根据 2005 年"中国 500 最具价值品牌"排行榜,小肥羊(品牌价值 55.12 亿元,排名第 95 位)与全聚德(品牌价值 106.34 亿元,排名第 49 位)作为仅有的两家餐饮企业入选。这意味着小肥羊已经有赶超百年老店的实力和水准。而连锁经营模式优势,已被麦当劳、肯德基、沃尔玛、家乐福等国际连锁巨头的成功所证明。连锁模式以其无可比拟的复制力和快速的扩展性显示了巨大的市场潜力。国际资本自然不会对小肥羊这个香饽饽熟视无睹。

③巨大的市场潜力。在中国有句俗话,民以食为天。随着国民财富的急剧膨胀,餐饮业已成为近年来国内传统行业中发展最快的细分行业。而小肥羊自 1999 年 8 月开业,到 2005年 5 月连锁店达到 178 家,在不足 6 年的时间里,就获得如此惊人的发展速度,恐怕连新经济的发展速度也无法与之媲美。面对以这样高速发展的企业,投资者对其看好是情理之中的事情。

总体来看,小肥羊成为我国第一家成功引入风险资本的餐饮企业,其自身的投资价值不言而喻。从投资人的角度看,其价值主要体现在小肥羊的团队、品牌、财务盈利现状以及所处的行业背景。在团队建设方面,小肥羊先后经历了 3 次大规模股权稀释过程,运用股权激励把有才干的志同道合者拴在一起。作为传统行业,餐饮企业具有现金流稳定,财务风险也通常小于其他行业。伴随居民人均收入水平的提高和餐饮业市场的持续增长,投资者更持续看好小肥羊。

(2)**深度思考**

在看到 3i、普凯牵手小肥羊之余,我们注意到在当时的许多优秀的连锁经营的企业项目上,国内风险投资机构的"集体缺位",这种局面让人惋惜。蒙牛乳业、永乐家电连锁等,都是国内优秀的传统行业连锁企业领头羊,而他们的投资价值最初都是外资风险投资机构率先发现的。惋惜之余,我们不得不深思,到底是什么因素阻碍了国内风险投资机构错失这些良机?

①功能定位。我国风险投资制度的引入是政府为了扶持发展高科技产业发展,本身是一个典型的政府主导的制度供给。因此,国内风险投资机构以推动科技创新为己任,因而忽视传统产业。

②投资方向。国内风险投资机构大多数都以政府或国有资本出资为主,在资金投向难以避免地受到政府的驱使,优先扶持国有企业和高新技术企业发展。而蒙牛、小肥羊都是民营企业,且是传统产业,与其投资方向不合。

③资金实力。无论是蒙牛,还是小肥羊,动辄上千万美元的投资,是国内很多风险投资机构难以承受的。目前国内风险投资机构的资本来源单一,资本规模偏小,导致单位项目的投资强度难以提高。因此,实力的弱小使国内风险投资机构在面对资金雄厚的外国风险投资机构时,难以与之抗衡。

四、实践参考

（一）风险投资项目筛选

风险资本的投资决策是关于将资金投向的哪个企业或项目、投资规模大小、投资工具选择与交易合同条款等相关内容的决策。风险投资的投资决策不仅是所投项目成败、风险投资家良好声誉的关键所在，也极有可能会影响整个风险投资公司的生存与发展。严谨的决策过程与科学的决策方法是保证投资成功不可或缺的重要保障。典型的风险投资的决策过程包括项目筛选、尽职调查、项目评估、交易构造与达成 4 个环节。本部分主要介绍项目筛选。

风险投资家要筛选出具有巨大增长潜力的高收益风险相对较低的企业或项目，首先必须要有足够多的项目可供选择。因此，风险投资的项目筛选主要包括两项内容，即寻找项目与筛选项目。

1.寻找项目

只有多渠道的项目来源，才能形成充分的项目流。一般风险投资的项目来源主要有 4 种，即风险企业申请、风险投资公司主动寻找、风险投资公司客户的推荐及风险投资公司项目库储备的项目，可将之概括为风险企业主动申请与风险投资公司主动寻找两大类。

（1）风险企业主动申请

创业企业的创业者或项目拥有者自荐投资项目，出于融资需求、企业长远发展等原因会主动寻找风险投资机构，推荐其企业或项目。比如在风险投资很发达的美国，风险投资机构甚至每周可以收到几十份创业企业或项目申请投资的项目计划书。

（2）风险投资公司主动寻找

寻找投资项目是一个双向的过程。风险投资机构的主动寻找又可分为 3 种情况：一是可以风险投资公司通过发布投资项目指南的形式，让风险企业知晓并提交项目投资申请，再由风险投资机构进行投资筛选；二是通过市场中介组织，如投资银行等风险投资公司的客户推荐，由这些中介机构将风险投资机构和风险企业联系在一起；三是通过社会网络关系、贸易活动、会议或专家讨论等方式获得项目。除此之外，风险投资公司还可从项目库中储存的项目中进行选择，因为通常情况下在 1 000 个项目融资计划书中，风险投资家会挑选 100 个企业，从中再选出 50 个进行尽职调查，最后只有其中 10 个项目进行投资，所以风险投资公司具有大量的储备项目，随着经济环境的发展变化，其中有些项目已经能满足公司的投资要求而值得投资。

从中国目前情况来看，风险投资公司一般通过以下渠道获得项目来源：一是银行，在许多方面银行可以为风险投资公司寻找投资机会提供帮助；二是投资银行或券商，由于投资银行主要从事收购、兼并及融资,其中有些投资银行专门为中小企业服务,会掌握有相关项目资源;三是会计、律师事务所,由于会计师事务所、律师事务所等中介机构的业务关系,他们经常掌握一些中小型企业的情况,风险投资公司也可从这些中介机构获得有关投资项目的信息;四是投资、技术交易会和展览会,目前各类投资洽谈会、项目交易会、技术交易会、科技成果展览会很多;五是其他渠道,除上述渠道外,风险投资公司还可以通过行业组织、高等学校与科研机构、其他风险投资公司等渠道寻找项目。另外,创业者主动申请也是风险投资公司项目来源的组成部分。

2.筛选项目

一般情况下,风险投资公司收集到的项目要比它能够或愿意接受的多得多,因此风险投资公司要对被选项目进行一次迅速而粗略的筛选,以便选出值得进一步做出详细考察的投资项目。

风险投资公司并不是对所有申请项目都进行投资,而是要对其进行选择。风险投资公司每年收集到几百条的投资建议,风险投资家只能从中挑选出 1% 左右的投资机会。这就构成了风险投资项目筛选的金字塔结构。

任何一家风险投资机构都有一套自己的投资政策。投资政策包括多方面:

（1）**投资规模**

投资的项目数量以及每个项目的投资额分配。在项目数量上,风险投资涉及后期的增值服务甚至派出管理人员等,因此项目选择数量上受风险投资机构专业人员的数量限制。在项目投资金额方面,由于风险分散的需要,风险投资机构不会将资金全部投资在一个或少数几个项目上,会在行业、地区或项目之间进行分散,因此受风险投资公司融资规模的限制,其投资在一个项目的投资额一般不会超过其资金规模的 10% ,超过部分一般会与其他风险投资机构一起进行联合投资。

（2）**投资行业**

风险投资机构的投资行为以高新技术行业为主,但由于高新技术行业包括生物、医药、新材料、新能源、电子、通信、人工智能、互联网等多个行业,而风险投资机构的专业投资家的专业会限制其行业投资选择,比如前文案例中的弘毅投资公司虽看好医药行业,也是在引进了医药行业专业人员后才进行投资,而该公司的高新技术投资项目也多集中于医药生物行业。

（3）**投资阶段**

风险投资根据风险企业的生命周期,可以投资种子期、导入期、成长期及成熟期,不同类型的风险投资公司的投资阶段会有不同偏好。比如企业风险投资公司可能投资种子期与导入期的项目较多,而银行等金融机构附属的风险投资机构可能偏好成熟期项目。进入我国的外国风险资本早期偏好后期项目的投资,而近几年也开始增加了对种子期与导入期项目的投资。

（4）**地点偏好**

风险投资在投资之前涉及与企业家约谈、尽职调查、交易谈判与合同构造;投资后又存在着对投资的监管、所投项目的定期考察与调查等,如果风险投资公司与创业企业相距甚远,无疑成本快速增加。而在国际投资中,又存在文化差异、投资环境差异、语言沟通等问题,更强化了风险投资机构的地点偏好。也就是说,风险投资机构在其他都相当的情况下,会更偏好离其所在地近,文化、语言、政治经济等更具有相似性的项目。

除了上述偏好外,风险投资家在对某个项目进行分析时,主要关注创业项目或企业的创业者的素质、市场的潜力、技术创新的可行性以及管理水平等方面的指标,筛选分析的次序一般是人、市场、技术和管理。

①创业者的素质

风险投资家应从各个角度去考察该创业者或创业者队伍是否在他从事的领域内具有敏锐的洞察力,是否掌握市场全貌,并懂得如何去开拓市场,是否懂得利用各种渠道去融通资金,是否有将自己的技术设想变为现实的能力等。一个优秀的创业者是一个公司的灵魂所在。

②市场的潜力

任何一项技术或产品如果没有广阔的市场作基础,其潜在的增值能力就有限,就不能达到风险投资家追求的目标,将这样的新生企业由小到大培育成长,风险投资通过转让股份而获利的能力也就有限。

③产品技术的创新性

风险投资家应判断产品技术设想是否具有超前意识,技术设想是否可以实现,技术设想是否需要经过大量研究才能变为产品,产品是否具有本质性的技术,产品生产是否需要依赖其他厂家,是否有"how—how"或专利保护,是否易于丧失先进性等。

④管理水平

公司管理是一项很重要的指标,创业者初期往往身兼数职,既搞研究开发,又要做市场拓展,还要负责企业管理,这在社会分工日益细化的今天是不足取的,因此,风险投资家应劝说创业者吸引其他专家加入,组成一个知识结构合理的管理队伍,共同把企业搞好。

(二)尽职调查

通过筛选的项目将会进入尽职调查阶段,即风险投资公司对项目的所有特点和细节进行详细考察和分析。这个过程的主要目标是决定是否投资,如果分析结果是肯定的,在这个过程还将考虑投资工具和投资额等问题。

尽职调查是一项复杂而又费时的工作,风险投资公司一般会组织评估小组,对风险企业进行深入调研,多途径收集信息,对照风险企业的业务计划书进行分析。具体可以通过与风险企业管理队伍座谈、参观风险企业、询问风险企业以前的合作者、访问风险企业的用户和潜在用户、专家咨询、与风险企业会计师会面等方式进行。

1.尽职调查的程序

尽职调查主要有6个环节:

①会见管理层的所有成员;

②实地考察公司资产设施和经营业绩；

③调查公司产品的技术特性、销售前景和市场价值；

④会晤创业企业的董事长和主要股东；

⑤接触创业企业的员工；

⑥进行广泛的相关调查，这一环节的调查又包括 5 个方面，即寻求联合投资的其他风险投资公司的意见，联络创业者的前业务伙伴和前投资者，向拟投资公司的竞争对手咨询，寻求其他创业企业管理层的意见，向银行、会计师事务所与律师事务所咨询。

2.项目选择的评估指标

（1）**人员素质**

该指标主要考查 5 个方面的能力：经营管理能力、市场开拓能力、融资能力、技术实现能力、经营管理团队。

（2）**市场前景**

考察创业项目或企业的市场前景主要从以下几个方面开展：进入市场的难易性、市场需求、市场规模、市场潜力、对产品限制的条件及其自由度、对竞争者进入市场的防护。

（3）**技术水平**

创业企业或项目的技能水平评价指标一般包括 7 项：产品的唯一性、新颖性和先进性，产品的专利保护能力，与供应商和客户的讨价还价能力，生产能力，目标市场更新周期，竞争优势，售后服务和用户支持等。

（4）**财务状况**

财务分析指标主要有资本结构、偿债能力、资金经营能力、获利能力与现金流量状况。

（5）**退出机制**

风险投资机构除了十分关注所投项目的收益与风险外，对投资的退出机制也很注重，因为如果退出渠道不畅通，"能进不能出"，由于风险投资的合同期的限制，会让很多风险投资公司望而却步。风险投资公司评估退出机制时，主要参考以下 3 个指标：公司未来的上市能力、公司未来的转售与并购能力以及公司未来的管理层收购能力。

（6）**社会环境**

这主要是对宏观环境进行分析，主要包括经济周期对产品市场的影响、税收优惠政策、与其他投资形式相比的收益率 3 个指标。

（三）风险投资项目评估

风险投资项目的估值是风险投资合同的双方股权分配的基础，也直接关系到双方未来的收益，是交易双方谈判的核心内容。风险投资项目评估是建立在创业项目或企业的内部和外部因素基础上的。外部因素与一般宏观环境、股票市场形势和风险投资行业及创业氛围有关。内部因素主要包括风险企业潜力、产品特点、管理队伍状况、风险企业业务计划中财务预测的可靠性、投资退出的难易程度等。风险企业价值评估的方法主要有净现值法、实物期权法、资产定价模型等。由于评估价值十分重要,所以在第五章单独来说明创业企业的估值问题,相关具体内容请参看第五章《创业企业的估值》。

(四)交易构造与达成

交易构造是指风险投资公司与风险企业之间经过谈判协商达成一系列协议的过程,目的是协调双方在特定风险投资交易中的不同需求,以便最终达成交易。在这一阶段要解决的问题是:一是使用投资工具的种类和组合,即投资结构;二是交易的定价;三是协议的其他条款。

风险投资公司在构造交易时对投资工具的选择取决于风险企业的类型、风险投资公司的资金来源、风险投资公司的经营理念等多种因素,可选择的投资工具主要有普通股、普通债、优先股、可转换债、附认股权债等。从风险投资公司的角度来看,选择投资工具最关键的问题是投资的变现、对投资的保护和对风险企业的控制。

1.投资工具

(1)普通股

普通股是享有普通权利、承担普通义务的股份,是公司股份的最基本形式。普通股的股东对公司的管理、收益享有平等权利,根据公司经营效益分红,风险较大。在公司的经营管理和盈利及财产的分配上享有普通权利的股份,代表满足所有债权偿付要求及优先股东的收益权与求偿权要求后对企业盈利和剩余财产的索取权。它构成公司资本的基础,是股票的一种基本形式,也是发行量最大、最为重要的股票。目前在上海和深圳证券交易所中交易的股票,都是普通股。

普通股的基本特点是其投资收益(股息或分红)不是在购买时约定,而是事后根据股票发行公司的经营业绩来确定。公司的经营业绩好,普通股的收益就高;反之,若经营业绩差,普通股的收益就低。普通股是股份公司资本构成中最重要、最基本的股份,亦是风险最大的一种股份,但又是股票中最基本、最常见的一种。

与其他方式相比,普通股具有如下优点:①发行普通股筹措资本具有永久性,无到期日,不需归还。这对保证公司对资本的最低需要、维持公司长期稳定发展极为有益。因此,普通股可以作为公司长期股权激励的一种形式。②发行普通股筹资没有固定的股利负担,股利的支付与否和支付多少,视公司有无盈利和经营需要而定,经营波动给公司带来的财务负担相对较小。由于普通股筹资没有固定的到期还本付息的压力,因此筹资风险较小。③发行普通股筹集的资本是公司最基本的资金来源,它反映了公司的实力,可作为其他方式筹资的基础,尤其可为债权人提供保障,增强公司的举债能力。④由于普通股的预期收益较高并可一定程度地抵消通货膨胀的影响(通常在通货膨胀期间,不动产升值时普通股也随之升值),因此普通股筹资容易吸收资金。

普通股的缺点:①普通股的资本成本较高。首先,从投资者的角度讲,投资于普通股风险较高,相应地要求有较高的投资报酬率。其次,对筹资公司来讲,普通股股利从税后利润中支付,不像债券利息那样作为费用从税前支付,因而不具抵税作用。此外,普通股的发行费用一般也高于其他证券。②以普通股筹资会增加新股东,这可能会分散公司的控制权。③新股东分享公司未发行新股前积累的盈余,会降低普通股的每股净收益,从而可能引发股价的下跌。

(2) 优先股

优先股是享有优先权的股票。优先股的股东对公司资产、利润分配等享有优先权,其风险较小。但是优先股股东对公司事务无表决权。优先股股东没有选举及被选举权,一般来说对公司的经营没有参与权,优先股股东不能退股,只能通过优先股的赎回条款被公司赎回,但是能稳定分红的股份。

优先股的优点:①财务负担轻。由于优先股票股利不是发行公司必须偿付的一项法定债务,如果公司财务状况恶化时,这种股利可以不付,从而减轻了企业的财务负担。②财务上灵活机动。由于优先股没有规定最终到期日,它实质上是一种永续性借款。优先股的收回由企业决定,企业可在有利条件下收回优先股,具有较大的灵活性。③财务风险小。由于从债权人的角度看,优先股属于公司股本,从而巩固了公司的财务状况,提高了公司的举债能力,因此,财务风险小。④不减少普通股票收益和控制权。与普通股票相比,优先股票每股收益是固定的,只要企业净资产收益率高于优先股票成本率,普通股票每股收益就会上升;另外,优先股票无表决权,因此,不影响普通股股东对企业的控制权。

优先股的缺点:①资金成本高。由于优先股票股利不能抵减所得税,因此其成本高于债务成本。这是优先股票筹资的最大不利因素。②股利支付的固定性。虽然公司可以不按规定支付股利,但这会影响企业形象,进而对普通股票市价产生不利影响,损害到普通股股东的权益。当然,如在企业财务状况恶化时,这是不可避免的。但是,如企业盈利很大,想更多地留用利润来扩大经营时,由于股利支付的固定性,便成为一项财务负担,影响了企业的扩大再生产。

(3) 可转换债券

可转换债券是债券持有人可按照发行时约定的价格将债券转换成公司的普通股票的债券。如果债券持有人不想转换,则可以继续持有债券,直到偿还期满时收取本金和利息,或者在流通市场出售变现。如果持有人看好发债公司股票增值潜力,在宽限期之后可以行使转换权,按照预定转换价格将债券转换成为股票,发债公司不得拒绝。该债券利率一般低于普通公司的债券利率,企业发行可转换债券可以降低筹资成本。可转换债券持有人还享有在一定条件下将债券回售给发行人的权利,发行人在一定条件下拥有强制赎回债券的权利。

可转换债券的优点是当企业经营不景气时损失要小于股票,与优先股一样,在一定条件下可以转换为普通股,其缺点是转换成本较高。

(4) 附认股权债

附认股权债是指附有认股权证的公司债券,它是将债券与认股权证结合的融资工具,兼具债券融资和股票融资特性。附认股权公司债券持有人除享有普通债券持有人的权利外,还有权在一定期间内按约定价格及数量,购买债券发行公司的普通股票。其优点是当风险企业前景看好时,债权人有权按一个比较低的价格购买风险企业的普通股。

(5)股票期权

股票期权是指买方在交付了期权费后即取得在合约规定的到期日或到期日以前按协议价买入或卖出一定数量相关股票的权利。

2.风险投资交易的定价

风险投资交易中的定价是协商中最易引起争议的一个方面。定价的实质是评估风险企业的价值,并根据这一评估价值和风险投资公司的投资额确定风险投资公司和风险企业家的股权比例,它直接关系到双方对风险企业的控制权和风险企业成长所带来利益的分配,对双方长远利益具有重大影响。从风险投资公司的角度看,定价实际反映了风险投资公司在投资寿命期内期望的收益率水平,它既包括当期收入(股利和利息),也包括资本利得(退出收益)。只有收益能够抵偿他们所预见的风险时,风险投资公司才会接受这个定价。

风险投资交易中的定价是建立在风险投资公司对风险企业的价值评估的基础之上的。创业企业或项目的估值内容请参看第五章《创业企业的估值》。

3.协议的主要内容

交易双方对项目的具体交易条款进行多轮谈判,并最终达到一致签署投资协议。交易协议的主要内容包括以下方面:①项目的股权分配与投资额;②作为投资工具所使用的证券类型和构成;③风险投资到位的时间和检查标准;④投资期限、转让权、偿付协议与投资退出;⑤风险企业治理结构安排,主要指激励机制和约束机制,包括管理层雇用条款、董事会席位安排、重大决策权的分配、控制追加投资及其他条款;⑥管理层的声明与保证,即风险企业家需要为风险企业业务计划中包含的财务数据提供保证;⑦肯定盟约与否定盟约。前者是指风险企业家在风险投资期内应该从事哪些行为,而后者是风险企业家不得从事哪些行为的约定。

第五章 创业企业的估值

一、案例综述

案例 5-1 新疆喀纳斯旅游公司的估值

1.新疆喀纳斯旅游发展股份有限公司的简介

位于新疆的喀纳斯旅游发展股份有限公司(文中简称"喀纳斯"),其前身为始建于1986年的喀纳斯山庄。随着旅游业的飞速发展,公司不断地改善和完备其经营模式,增强经营能力,以吸引投资与游客,加上一系列地方政府政策的支持,交通条件的极大改善,公司成长为集酒店、餐饮、旅游客运、景区开发经营于一体,注册资本1.07亿元、资产规模达3.11亿元的新疆旅游龙头企业之一。

公司曾连续12年被评为新疆阿勒泰地区、布尔津县的先进企业,先后获得新疆维吾尔自治区"十五"期间"旅游突出贡献先进集体"、"守合同重信用"先进企业、"自治区精神文明单位"等荣誉称号,公司的"kanas"商标被评为中国驰名商标。2015年12月31日,喀纳斯公司成功挂牌"新三板",股票代码:834246。根据公司发展规划于2018年2月终止"新三板"挂牌。

2.新疆喀纳斯旅游股份有限公司的估值

喀纳斯公司2009年委托上海万隆资产评估有限公司对公司股东合法权益进行评估,评估基准日期是2009年8月31日,公司估值的相关情况如下所示。

(1)公司经营情况分析

公司于2005年1月10日与相关主管部门签订了《关于授权风景旅游资源相关项目开发使用旅游的经营权协议》,明确了公司在喀纳斯景区的经营项目,确定了公司独家享有禾木景区风景旅游资源的开发、使用、经营权和相关的旅游配套服务项目30年的经营权。同时,2009年主管部门下发的"关于喀纳斯景区资源整合和企业重组工作",以及国家旅游局全国旅游业发展"十五"计划和2010—2020年远景目标的设想,明确了喀纳斯生态旅游、度假旅游资源的重要地位。通往景区的支线机场已于2008年建成通航;"奎—阿(北疆)铁路"已于2008年通车至北屯(至布尔津县83千米),兰新高铁复线已于2009年11月开工,完工后北京至乌鲁木齐的时间由40小时缩短为12小时,因此,公司未来发展可期。

公司 2009 年的主要经营项目及费用如下：

①旅游观光车。目前拥有柯斯达、宇通车型旅游观光车 153 辆(其中交通厅车辆 10 辆)；经营线路有：贾登峪—喀纳斯村，收费标准：80 元/人；贾登峪—禾木村，收费标准：100 元/人；喀纳斯村—白哈巴村，收费标准：60 元/人。

②观鱼亭景点。收费标准：40 元/人(观鱼亭改扩建完工后，预计收费标准为 50 元/人)，进入景区游客约有 70% 会到观鱼亭景点。

③喀纳斯山庄(四星级)。拥有 114 张床位，包厢 7 间，大堂可容纳 80 人同时就餐；每个标准间或单间的收费为 600~1 100 元/晚，主要接待高端游客，5—6 月的入住率达 30% 以上，7—9 月的入住率达 90% 以上。

④林海山庄。拥有 112 张床位，标准间或单间收费为 200~300 元/晚。

⑤向景区管委会缴纳的资源费用。进入景区门票费：230 元/人(由喀纳斯景区管委会收取)，未来预计提高到 500 元/人；观鱼亭的资源费为营业收入的 10% 向景区管委会缴纳；观光车的资源费为营业收入的 5% 向景区管委会缴纳。

2010 年新增项目及投资如下：

①禾木入口服务区(禾木酒店)。公司投资 4 000 余万元，设计标准间为 110 间，收费标准为前期平均 500 元/间，2014 年后平均 600 元/间，2010 年可投入使用。

②喀纳斯大街项目。公司约需出资 3 600 万元，建设区间车换乘中心、餐饮中心、购物中心、游客中心等项目。

在经营中，公司主要竞争对手：①新疆大西部旅游发展公司，主要经营景区核心资源——喀纳斯湖的开发经营(三道湾以南湖面)、景区入口处贾登峪综合接待基地的酒店等；②新疆交通厅机关服务中心与外部合营企业，运营运输线路有：喀纳斯机场—贾登峪、喀纳斯湖景区—白哈巴村，另经营喀纳斯湖景区边酒店，约有 120 个床位，容纳 200 人接待餐厅；③阿勒泰地区接待中心(政府机构)，位于喀纳斯湖景区，床位约有 100 个；④贾登峪综合接待服务基地，是喀纳斯旅游区的重要接待基地，接待能力在 6 000 人左右，在旅游高峰期，出现客房供不应求的局面。但随着海流滩喀纳斯支线机场 2008 年年底通航，贾登峪接待中心的地位受到巨大的挑战。

喀纳斯景区的风景迷人、民风淳朴，但其区位闭塞、进入成本高，且季节性强，适合旅游的期限较短。

(2)公司财务情况

喀纳斯经过 2000 年、2005 年的增资扩股及 2009 年的股权变更后，到 2009 年年末时，其期权结构见表 5-1。

表 5-1　新疆喀纳斯旅游股份有限公司股权结构

股东单位名称	股本额/万股	持股比例/%
B 县国有资产经营有限责任公司	3 030.97	28.065
福建 E 旅游发展股份有限公司	2 800	25.926

续表

股东单位名称	股本额/万股	持股比例/%
北京北方 A 有限责任公司	1 368.52	12.671
C 国有林管理局林场	247.52	2.292
自然人	552.99	5.12
ZJ 公司	2 800	25.926
合计	10 800	100

截至 2009 年 8 月 31 日,喀纳斯旅游公司共有职工 475 人,其中管理人员 46 人。账面总资产 17 621.78 万元,其中:流动资产 3 512.69 万元,固定资产 9 428.95 万元,在建工程 1 464.82万元,无形资产 3 139.91 万元;负债总额 6 831.89 万元,其中:流动负债3 941.89 万元,长期借款 2 890 万元;所有者权益合计 10 789.88 万元,其中:股本 8 000 万元(2009 年 12 月 ZJ 公司投资入股使得股本增至 10 800 万元),资本公积 2 015.65 万元,留存收益 774.24 万元。喀纳斯旅游公司 2005—2008 年的财务状况见表 5-2。

表 5-2　喀纳斯旅游公司 2005—2008 年的财务状况

A 栏:简明资产负债表			
			单位:万元
项目	2005-12-31	2006-12-31	2007-12-31	2008-12-31
资产总额	1 082.5	15 012.12	1 6874.5	17 960.48
其中:流动资产	1 256.53	2 025.88	3 013.06	4 512
负债总额	803.53	3 903.24	5 016.88	7 711.79
其中:流动负债	803.53	1 448.24	3 677.14	3 466.79
所有者权益	10 009.81	11 101.88	111 742.36	10 248.69
B 栏:简明利润表				
游客人数/万人次	30.6	36.21	43.1	23.24
营业收入	2 906.6	6 675.5	11 019.29	5 438.29
利润总额	409.56	1 726.21	2 029.23	−727.13
净利润	335.78	1 481.19	1 695.22	−729.5
总资产周转率	0.269	0.445	0.653	0.303
净资产收益率	3.35%	13.34%	14.44%	−7.12%
C 栏:简明现金流量表				
经营性净现金流量		2 730.3	2 655.56	436.07
投资性净现金流量		−4 470.1	−1 255.29	−396.57
筹资性净现金流量		2 096.4	−618.68	1 123.23
现金及等价物净增加		356.5	781.58	1 162.74
现金流量债务比		69.95%	52.93%	5.65%

由表 5-2 可知,2005 年至 2007 年,随着游客人数的逐年增加和该公司经营管理水平的提高,年营业收入和利润总额均有较大提升,体现了在正常经济及社会环境下该公司的增长潜力;2008 年受汶川地震、北京举办奥运会等因素的影响,该公司全年亏损 730 万元,预计 2009 年度营业收入较上年减少 211 万元,全年亏损不低于 700 万元。由于公司连续两年不景气,该公司出现暂时性现金流短缺,急于寻找新的战略合作伙伴共渡难关,因此对公司进行估值,以便找到融资方。

（3）公司收入与成本的初步测算

①未来投资预算

公司以增资资金（即自有资金）约 5 000 万元,于 2010 年支付喀纳斯大街与禾木服务入口（含禾木酒店）的建设未支付部分资金;另外约 2 600 万元的投资资金准备银行贷款。那仁草原及禾木索道不列入本次测算分析,未来对景区各企业的并购投资因存在极大不确定性,也不列入本次测算。

②游客规模

过去几年的游客量及未来的客流量统计与预测见表 5-3。

表 5-3　喀纳斯景区游客量

年份	2005	2006	2007	2008	2009	2010	2011	2012	2013	2014—2034
游客数/万人	30.60	36.21	43.10	23.24	23.40	39.00	50.00	55.00	55.00	55.00

注:2010 年恢复性增长,2011 年基本达到景区目前设计容量,假设景区在不增加投资及新增景点下 2012 年至 2034 年按目前容量测算。

③收入来源项目

a.进入景区区间车:80 元/人。

b.观鱼亭景点:2011 年后为 50 元/人（70%游客参与）。

c.禾木景区:区间车收入 100 元/人（25%游客参与）;酒店收入 2011 年前入住率 51%、2012 年后入住率为 60%（经营期为每年的 5 月 1 日至 10 月 8 日）。

d.喀纳斯酒店食宿:770 元/人。

e.林海山庄住宿:260 元/人。

f.喀纳斯大街:25 元/人（50%游客参与）。

④税费

营业税及附加为 5.4%;所得税,2010 年为 15%;2011 年后为 25%;观鱼亭的资源费为营业收入的缴纳比例 10%;观光车的资源费为营业收入的缴纳比例 5%。

⑤总成本费用

按公司历史成本测算其业务成本、管理费用等。

（4）上海万隆资产评估公司的评估结果

上海万隆资产评估有限公司对喀纳斯的股东权益价值进行评估,评估基准日为 2009 年 8 月 31 日,主要采用资产基础法评估,公司全部股东权益的评估值为 14 473.11 万元。具体评估结果见表 5-4a、表 5-4b。

表 5-4a　资产负债表的评估结果

项目	账目价值	评估价值	合理价值
货币资金	17 709 354.19	17 709 354.19	17 709 354.19
应收账款	4 182 039.87	5 737 458.36	4 182 039.87
其他应收款	3 550 068.51	6 050 056.68	3 550 068.51
预付账款	8 217 498.03	8 217 498.03	8 217 498.03
存款	1 047 987.21	1 057 877.50	943 188.49
其他流动资金	420 000.00		
流动资产小计	35 126 947.81	38 408 244.76	34 602 149.09
机器设备	2 491 472.38	3 248 509.00	2 366 898.76
车辆	43 280 569.94	46 561 563.20	41 116 541.44
电子设备	480 276.95	572 509.80	432 249.26
房屋建筑物	32 619 190.93	41 516 268.55	37 512 069.57
构筑物及铺设	13 548 545.00	22 086 322.72	15 580 826.75
管道和沟槽	1 869 440.07	2 119 632.00	2 149 856.08
固定资产合计	94 289 495.27	116 104 805.27	99 158 441.86
长期股权投资	100 000.00	100 000.00	100 000.00
在建工程	14 648 229.04	14 648 229.04	14 648 229.04
无形资产-土地使用权	31 335 449.26	43 686 000.00	34 468 994.19
其他无形资产	63 658.46	102 609.20	63 658.46
递延所得税资产	654 020.62		
其他非流动资产合计	46 801 357.38	58 536 919.24	49 280 881.69
资产合计	176 217 800.46	213 049 969.27	183 041 472.64

注：①该公司对应收账款、其他应收款提取了坏账准备 3 691 406.66 元，但评估时未考虑坏账损失，以账面原值列示；其他流动资产 42 万元，为代阿勒泰地区旅游局、新疆维吾尔自治区旅游局支付的费用，无法收回。

②机器设备主要为厨房用具、小发电机、锅炉等，车辆主要指 143 辆柯斯达、宇通中型旅游观光车及若干辆餐车、垃圾车、轿车等，电子设备主要有电视、空调、电脑、打印机等，这些固定资产的合理价值应低于其账面净值。房屋建筑物、构筑物及铺设、管道和沟槽等，若现在重建则因建筑材料不能就地取材料、人工成本上升等原因，其重置价值应高于其账面价值。

③长期股权投资 10 万元，是该公司成为 B 县农村信用合作联社社员的入股金；目前仍在建设的工程有 14 项，其中较大的项目是禾木入口服务区和观鱼亭工程；土地使用权共 26 宗，其中两宗地的出让金计 2 157.65 万元，作为 B 县国有资产经营有限责任公司的出资额，以代替原先的"禾木景区经营权"出资。

表 5-4b 资产负债表的评估结果

项目	账目价值	评估价值	合理价值
短期借款	13 500 000.00	13 500 000.00	13 500 000.00
应付账款	14 427 025.05	14 427 025.05	14 427 025.05
预收账款	114 336.00	114 336.00	114 336.00
应付职工薪酬	2 872 046.29	2 872 046.29	2 872 046.29
应付利润	2 019 920.25	2 019 920.25	2 019 920.25
应交税费	913 801.00	913 801.00	913 801.00
其他应付款	3 556 779.31	3 556 779.31	3 556 779.31
预提费用	2 014 981.30	2 014 981.30	2 014 981.30
长期借款	28 900 000.00	28 900 000.00	28 900 000.00
负债合计	68 318 889.68	68 318 889.68	68 318 889.68
实收资本	80 000 000.00	80 000 000.00	80 000 000.00
资本公积	20 156 511.14	20 156 511.14	20 156 511.14
盈余公积	4 611 121.07	4 611 121.07	4 611 121.07
未分配利润	3 131 278.57	39 963 447.38	9 954 950.74
所有者权益合计	107 898 910.78	144 731 079.59	114 722 582.95
负债与所有者权益合计	176 217 800.46	213 049 969.27	183 041 472.63

注:2008 年 12 月向农村信用社借款 450 万元,到期日为 2009 年 12 月,用房屋和土地作抵押;2009 年 6 月向农业银行借
款 900 万元,2010 年 6 月到期,以 89 辆营运车抵押。长期借款 2 890 万元,为 2008 年 10 月从农业银行借入,2013 年
10 月到期,以房屋和土地作抵押。

上海万隆资产评估有限公司在评估中,许多资产、负债项目直接按其账面价值或重置成本进行确认,较少采用收益法进行评估,因此,评估价值与该公司公允的市场价值可能有较大的差异(偏低)。沿用上海万隆资产评估有限公司的评估办法,若用更谨慎方式对评估价值进行调整,调整后的资产总额为 18 304.15 万元,负债总额为 6 831.89 万元,股东权益价值为 11 472.26 万元。

(5)旅游行业相关公司情况

旅游行业的上市公司由于总体规模不大,主营收入差别较大,除张家界由于缺乏核心竞争力最近 3 年以来持续亏损外,国内主要知名景区的上市公司的资产负债水平保持在合理水平。旅游行业的上市公司的销售毛利率都比较高,平均高于 50%,但由于投资金额较大,管理费用、财务成本及折旧较多,因而大部分上市公司的净资产收益率都较低。表 5-5 给出了部分旅游公司的 2008 年的经营情况。

表 5-5　部分景区上市公司 2008 年度经营情况

代码	简称	总股本/亿元	总资产/亿元	主营收入/亿元	净利润/万元
000888	峨眉山	2.35	11.16	3.94	2 232
002159	三特索道	1.2	8.62	1.82	1 130
000978	桂林旅游	1.77	9.97	2.02	2 315
600054	黄山旅游	4.71	18.81	11.18	18 853
000430	ST 张家界	2.2	3.57	0.87	−2 183
002033	丽江旅游	0.99	9.71	1.46	4 593
平均		2.2	10.31	3.55	4 490
代码	简称	资产负债率/%	净资产收益率/%	销售毛利率/%	
000888	峨眉山	42.22	3.63	36.75	
002159	三特索道	47.21	2.86	55.44	
000978	桂林旅游	42.68	4.68	46.81	
600054	黄山旅游	31.75	16.55	43.88	
000430	ST 张家界	109.48	−50.89	57.77	
002033	丽江旅游	52.16	11.66	81.21	
平均		54.25	5.0(除张家界)	53.64	

注:最新经营情况可参看上市公司最新年报。

（注:案例材料是根据百度文库《新疆喀纳斯旅游公司风险投资评估案例》、上海证券交易所、深圳证券交易所、巨潮资讯网上该公司发布的报表与公告等资料整理编写。）

案例 5-2　乐视网公司的估值

1.公司简介

乐视网信息技术（北京）股份有限公司（300104）成立于 2004 年,力图打造基于视频产业、内容产业和智能终端的"平台+内容+终端+应用"完整生态系统,曾被业界称为"乐视模式"。乐视的垂直产业链涵盖互联网视频、影视制作与发行、智能终端、应用市场、电子商务、互联网智能电动汽车等,旗下公司包括乐视网、乐视致新、乐视移动、乐视影业、乐视体育、网酒网、乐视控股等。乐视网于 2010 在创业板上市,是 A 股最早上市的视频公司。

（1）乐视网的业务情况

根据乐视网的 2015 年年报显示,公司当年的主营业务收入 130 亿元,具体分布见表 5-6。

表 5-6　乐视网 2015 年业务经营情况　　　　　　　　　　　单位:元

营业收入	2015		2014		同比增长
	金额	占营业收入比重	金额	占营业收入比重	
广告业务收入	2 633 677 836.17	20.23%	1 572 061 798.67	23.05%	67.53%
终端业务收入	6 088 833 693.67	46.78%	2 740 047 010.46	40.18%	122.22%
会员及发行业务收入	3 782 359 728.95	29.06%	2 421 916 186.04	35.52%	56.17%
付费业务收入	2 710 141 070.62	20.82%	1 525 949 717.10	22.38%	77.60%
版权业务收入	776 088 695.58	5.96%	704 591 996.39	10.33%	10.15%
电视剧发行收入	296 129 962.75	2.27%	191 374 472.55	2.81%	54.74%
技术服务收入	151 172 563.14	1.16%		0.00%	
其他业务收入	360 681 302.19	2.77%	84 913 627	1.25%	324.76%
合计	13 016 725 124.12	100%	6 818 938 622.38	100%	90.89%

数据来源:乐视网 2015 年的年度报告。

　　公司在进行大规模的基础平台建设、终端产品升级及新品、CDN 项目、其他业务相关系统的开发与研发,进行了较高的研发投入,可能会带来公司未来的成长,可看作乐视公司看涨期权,使用实物期权评估评估该部分期权价值。从乐视公司内部情况来看,乐视公司存在并购重组整合风险、规模扩张带来的管理风险、政策风险及无形资产减值等风险,这些风险给乐视网的经营带来了不确定性。

（2）乐视网的财务情况

　　乐视网 2015 年的归属上市公司股东的净利润 5.7 亿元,从公司 2011—2015 年的年度报告来看,其销售毛利率不断下降,2015 年公司销售净利率只有 1.67%,总资产报酬率也逐年递减,盈利能力不容乐观;流动比率在 1 左右、速度比率在 0.8 左右,偿债能力低,没有足够的流动资产偿还到期债务;总资产周转率逐年上升,也表明乐视公司总资产利用效率趋好;主营业务增长率、净利润增长率、净资产增长率、总资产增长率指标较好,见表 5-7。

表 5-7　2011—2015 年乐视网的成长能力　　　　　　　　　　单位:%

成长能力指标	2011	2012	2013	2014	2015
主营业务收入增长率	151.22	95.03	102.28	188.79	90.89
净利润增长率	86.70	45.15	22.33	−44.58	68.57
净资产增长率	12.62	20.46	63.30	60.78	14.11
总资产增长率	72.00	63.50	73.05	76.30	91.87

数据来源:根据乐视网 2011—2015 年的年度报告整理。

2.乐视网的估值

本案例对乐视网的估值分为两部分,一部分是现有业务所形成的估值,另一部分公司尚未形成收入的业务可能会带来的收益,即期权价值,使用 B-S 期权定价模型估算,两部分价值之和为乐视网的总价值。

(1)现有资产价值评估

对乐视网现有资产价值的评估,采用现金流折现法对公司整体进行估值。先使用乐视网 2004—2014 年季度营业收入为数据样本,预测出 2016—2020 年的公司营业收入,再进而预测出 2016—2020 年自由现金流,见表 5-8。使用 CAPM 模型测算出公司的股权回报率为 14.5%,假定负债成本为 8%,加权平均成本为 9.9%。

表 5-8　2016—2020 年乐视公司自由现金流　　　　　单位:万元

经营指标	2016E	2017E	2018E	2019E	2020E
主营收入	1 254 500	1 651 000	1 847 500	2 044 000	2 240 500
营业成本	515 452	941 579	1 053 645	1 165 711	1 277 776
销售费用	87 815	115 570	129 325	143 080	156 835
管理费用	37 635	49 530	55 425	61 320	67 215
营业税金及附加	48 938	64 406	72 072	79 737	87 403
息税前利润 EBIT	364 660	479 915	537 033	594 152	651 271
所得税(15%)	54 699	71 987	80 555	89 123	97 691
息前税后利润	309 961	407 928	456 478	505 029	553 580
固定资产	116 829	153 755	172 054	190 354	208 654
折旧	22 488	29 596	33 118	36 641	40 163
固定资产净额	94 341	124 159	138 936	153 713	168 491
固定资产净额增加额	31 407	29 818	14 777	14 777	14 778
资本支出	53 895	59 414	47 895	51 418	54 941
经营性流动资产	1 366 721	1 798 690	2 012 768	2 226 845	2 440 923
经营性流动负债	885 443	1 165 298	1 303 991	1 442 683	1 581 376
净营运资本	481 278	633 392	708 777	784 162	859 547
净营运资本增加额	21 676	152 114	75 385	75 385	75 385
折旧及摊销	22 488	29 596	33 118	36 641	40 163
自由现金流量	224 659	372 591	453 220	486 729	535 280

数据来源:摘自《实物期权在评估互联网企业价值中的应用研究》(彭兆东,2016)。

采用两阶段模型,估算出现有资产价值为 740.67 亿元。

（2）期权价值估算

运用实物期权及 B-S 期权定价模型估算价值涉及 5 个参数：标的资产现值 S，期权执行价格 X，执行期间 t，无风险利率 r，标的资产年波动性 σ。

测算出 $S=740.67$ 亿元，$X=131.67$ 亿元，$t=10$ 年，$r=5.32\%$，$\sigma=49.5\%$。因而利用 B-S 模型，测算出期权价值为 673.36 亿元。

因此，公司总价值为两者之和，即 1 414.03 亿元。2015 年年末，乐视网资本市场的市值为 1 091.34 亿元，市场价格比评估价值低估了 29.57%。

3.乐视网的后期发展

乐视网在 2015 年年末的市值是当时到 2018 年 11 月这近 3 年的最高值。乐视网在 2018 年 11 月 15 日收市的市值为 144 亿元，相当于评估值的 10%。

［注：案例材料是根据《实物期权在评估互联网企业价值中的应用研究》（彭兆东，2016），深圳证券交易所上乐视网的年报与公告等资料整理编写。］

二、案例讨论

1.北京北方 A 有限责任公司因为与主要股东之间在经营方面存在一些分歧，希望退出新疆喀纳斯旅游公司的投资，以每股 3 元的价格转让所持有的 12.67% 的股权，某风险投资公司正在考虑是否投资该项目并即将与北京北方 A 有限责任公司展开谈判。请根据新疆喀纳斯旅游发展股份有限公司的经营和财务状况，应用多种投资价值评估的方法测算出每股合理的价格区间，依此为基础给予风险投资公司投资建议。

2.风险企业的估值方法有哪些？请根据问题 1 中的估算结果，讨论分析各方法的适用范围与优缺点。

3.在乐视网的评估中，使用了期权的价值评估，请说明它与传统评估方法有什么区别，结合期权价值评估的特点，分析讨论新疆喀纳斯旅游公司是否适合采用该方法评估公司价值。

4.从乐视网的估值案例中，你认为评估过程中是否存在问题？如果存在问题，请问存在哪些问题？评估出来的结果与当前的价值相关很大，请问是什么原因导致估值不准确？在风险企业的估值中，如何避免出现类似情况？

5.请使用资产基础法，对乐视网重新进行估值，将其与本案例的现有资产的现金流折现估值、总估值与市场进行比较，分析各方法的准确性与使用注意事项。

三、案例点评

1.新疆喀纳斯旅游股份有限公司案例分析

对于新疆喀纳斯旅游公司的估值中,评估公司主要采用的是资产基础法。资产基础法也叫成本法,是指在合理评估企业各项资产价值和负债的基础上确定评估对象价值的各种评估技术方法的总称。从本案例可以看出,评估公司利用成本法中的重置成本法进行资本估值,评估程序如下:

①被评估资产一经确定即应根据该资产的实体特征等基本情况,用现时(评估基准日)市价估算其重置全价;

②确定被评估资产的已使用年限、尚可使用年限以及总使用年限;

③应用年限折旧法或其他方法估算资产的有形损耗和功能性损耗;

④估算确认被评估资产的净价;

⑤测算负债额度;

⑥测算出股东权益的价值。

计算公式为:

$$股东权益评估价值 = 资产评估价值 - 负债评估价值$$

其中,资产的评估价值 = 重置成本 - 实体性贬值 - 功能性贬值 - 经济性贬值

或 资产的评估价值 = 重置全价 × 成新率

设备实体性贬值与重置成本之比称为实体性贬值率,功能性贬值、经济性贬值与重置成本之比称为功能性贬值率与经济性贬值率。实体性贬值率、功能性贬值率与经济性贬值率之和称为总贬值率或综合贬值率。

因此可得以下公式:

$$资产的评估价值 = 重置成本 × (1 - 综合贬值率)$$

评估中,(1 - 综合贬值率)又被称为成新率。

所以,上述公式可写成:

$$评估价值 = 重置成本 × 成新率$$

负债包括流动负债与长期负债,评估中对各类负债主要款项的业务内容、账面金额、发生日期、形成原因、企业确认依据、还款条款进行调查与核实;以各类预计负债的主要内容、计提依据、方法与金额等进行审查;对重要债务进行调查或询证。同时,对负债履行的可以进行分析,确认无须偿还的负债与计提,最终确认负债的评估值。

使用重置成本法进行企业价值估值需要注意以下问题:

①在考虑按照复原重置成本或更新重置成本确定重置价值时,应该符合替代性原则。首先,重置成本法是一种相对静态的评估方法,更多的是反映企业的历史状况和现有状况,

而无法准确反映企业未来的动态发展状况。其次,重置成本法假定初创企业的价值等同于已使用的资金总和,而没有考虑初创企业的无形价值以及未来发展前景。再次,重置成本法一般都没有考虑初创企业中人力资本的价值,而这对初创企业来说,却是较为重要的一个价值因素。总之,重置成本法是一种主要依据历史数据,而不考虑企业未来发展动态、企业无形资产及未来前景的估值方法,因此,采用重置成本法对初创企业进行资产评估可能会低估或高估企业的合理价值。在本案例中,上海万隆资产评估有限公司在利用重置成本法对新疆喀纳斯旅游公司评估得出股东全部权益为 14 473.11 万元以后,对该评估价值进行了谨慎性调整。

②投资者为了尽快便捷地得出风险公司是否具有投资价值,在本案例中还可采用可比公司法或市场法,首先要挑选与非上市公司同行业可比或可参照的上市公司,以同类公司的股价与财务数据为依据,一般来说,竞争对手都具有相同的关键业务和财务特征,他们在市场上往往享有类似的机会或遭受同样的风险。

可比公司估值法最直接的应用例子是评估你将要交易的房屋。当你买房的时候,如果你会把周围类似的房子放到一起进行比较,那么你就是在做可比公司估值了。在分析股票和公司时,我们也把一些特征类似的企业放在一起,通过比较相关倍数或比率来判断估值对象的合理价值。由于很多国内市场参与者缺乏处理财务报表的分析能力,所以 DCF 的绝对估值准确率十分有限,往往倾向于运用可比公司估值的方法通过乘数为证券或公司定价。

在可比公司法的各估值方法中,目前在国内风险投资采用 P/E 法是比较常见的。为估值的正确性,要求挑选与初创企业处于同样或类似行业的可比参照上市公司,或在估值阶段有被收购的类似公司以进行比较。通过上市公司或并购交易中的各种定价依据,从市场得到的一个合理的定价乘数,然后利用该乘数并结合创业企业的各项财务指标,计算出初创企业的价值。

但目前国内市场上所做的相对估值有些是一种粗放型的操作方法(即用平均乘数乘以利润或其他参数),反而忽略了可比公司估值的使用前提。在使用可比公司法时,除了企业规模的标准化需求外,还要考虑可比企业之间的很多非营运性的区别,其中包括财务杠杆、会计处理、临时偏离(一次性项目)、租赁行为、商业产品周期等众多因素对估值方式所带来的影响。因此,在估值实践中,需要根据不同案例选取不同的参考比率,或在财务报表分析时根据尽职调查的结果进行参数调整,可比公司估值的结果往往被当作 DCF 估值的市场检验,对最终的估值结果也会产生一定影响。

2.乐视网公司估值的案例分析

从乐视网的估值来看,利用历史资料进行未来收益的预测来估值的方法,是收益法与实物期权法相结合。收益法的评估准确性取决于对未来预测的准确性,但众所周知,对未来的预测是最难的,虽然此方法很有理论基础,但使用起来并不容易。对于乐视网,如果我们仅考虑其现有资产估值结果为 740.67 亿元,也明显高于目前 144 亿元的市值,其原因一是对未来收益的预测偏高,二是对未来风险的估算即折现率的估算过低,导致评估结果偏差较大。

实物期权的应用源于理论界与实务界对传统估值方法的质疑。当估值对象具有高度不确定性时,净现值方法会低估了实际价值,因为企业面对不确定做出的初始投资,不仅给企业直接带来现金流,而且赋予企业对有价值的"增长机会"进一步投资的权利,因此,在不确定下的环境下进行投资可用期权来定价(Myers,1977)。Kogut 等(1994)认为如果企业着眼于长期盈利机会,就需要进行平台投资,即目前实施部分投资,从而获得在未来进一步投资的选择权,在时机成熟时全面投资,因此可用期权来量化这类进一步投资的权利价值。

风险企业面临着众多的不确定性,在投资风险企业时,不同的投资项目拥有不同的经营柔性,从而不断修正投资策略。因此,不仅存在可递延投资、扩张投资,也可能紧缩甚至放弃这项投资。经营柔性表现为创业项目或企业投资过程中各种各样选择权,即实物期权,可用期权来定价。因此,如果考虑创业项目或企业的期权价值,则总评估价值称为扩展的净现值,即:ENPV=NPV+拓展的项目实物期权价值。在本案例中,评估者考虑了乐观网面临不确定性所做的研发带来的正向价值,忽略了风险,同时高估了现有资产价值,估出一个很高的期权价值,得出了一个更高的总价值。

四、实践参考

(一)对估值的认识

巴菲特在 1992 年致股东的信中详细讨论了"价值投资"这个词汇的正确定义,他认为:所有的投资本质上都是价值投资,而价值投资的根本就是估值;而估值的唯一正确模型是约翰·布尔·威廉姆斯 50 年前所著的《投资估值理论》中的价值计算公式,即任何股票、债券或公司的现在价值,取决于资产在整个剩余使用寿命期间,预期能够产生的、以适当的利率贴现的现金流入与流出的净额。

正是接受现金流量贴现估值法,让巴菲特实现从导师格雷厄姆教授那寻找便宜股到自己寻找超级明星股的升华。超级明星企业的价值在于其超出行业平均水平的盈利能力,这种盈利不是账面盈利,而且是真金白银。对于超级明星企业的估值,必须也只能用贴现现金流量模型,而最早提出股票估值应使用贴现现金流量模型的就是约翰·布尔·威廉姆斯。他在 1938 年出版了《投资估值理论》,认为当时流行的根据每股收益来估值的方法是不准确的,因为盈利波动频繁且容易操纵,相比而言股利非常稳定,进而提出股利贴现模型来给所投企业估值。威廉姆斯可以说是股利贴现模型的鼻祖,而现在通用的贴现现金流量估值模型正是在股利贴现模型的基础上发展出来的。从某种意义来说,威廉姆斯也可以说是贴现现金流量估值模型的鼻祖。这也是巴菲特非常推崇威廉姆斯这本投资名著的原因。

从约翰·布尔·威廉姆斯的《投资估值理论》可以看出,创业项目或企业的估值理论基础是:由于创业项目或企业最大的价值是在其成功以后所还回的巨大回报或现金流,因此对于风险企业的估值,应将其作为一个有机整体,依据其所拥有或占有的全部资产状况以及资产的整体获利能力,在充分考虑影响企业获利能力的各种因素,包括宏观经济环境、行业背景等,对企业整体的公允市场价值进行综合性价格与价值的评估。

总体上来说,估值不是一门数学,甚至不是一门科学,很多时候更像艺术。很多人可能会告诉你很多估值的方法,但你要永远记住:在天使阶段的投资最重要的就是感觉(不管是从投资人还是创始人的角度)。这有点像谈艺术品,你可以用很多客观的条件来评估,但最后的结论都是主观的。真实价值和市场价格是两个明显截然不同的事物,绝对不能混淆。

(二)风险投资估值的关键因素

影响风险企业价值的因素众多,在评估风险企业或项目的价值时,需要加以重点关注。

1.创业企业的融资要求

寻求风险资本的企业会通过商业计划书、约谈等形式对企业的主营业务、核心技术、经营情况、未来规划、风险资本的用途给出较为全面透明的介绍。风险投资家需要在这个过程中对创业企业进行初步的直观的判断。

2.创业企业领导者的素质

初创企业的成功与否和创业者的个人素质有很大的相关性,相关研究证实,风险投资家在诸多影响因素中最为看重的是创业者及管理者的素养。优秀的创业者具备扎实的专业知识、突出的经营管理能力、具有个人魅力和领导力、富有远见。这往往会让风险投资家感兴趣。创业者的素质一定程度上降低了投资风险,增加创业企业的估值。

3.技术能力

创业企业一般是高新技术企业,技术能力是企业建立的基石。投资者应了解技术的优势和成熟度,具备创新的、独特的、较难复制的技术会为企业增添可观的价值。

4.市场情况

企业最终目的是要把产品推向市场,销售出去,占据一定的市场份额,因此市场需求与行业规模对企业能否长期盈利有很大的影响。

在产业的集聚阶段和平衡与联盟阶段,内地市场结构趋于稳定,各个企业的市场份额和行业地位也趋于稳定。所以对于成熟期的企业,更应当看重企业的市场占有率,看重企业的行业地位。

5.财务状况

创投公司应当考察创业企业的财务状况,力图获取真实全面的财务数据并加以分析,这样有利于通过历史的财务情况来预测未来的收益。

6.核心技术

初创阶段和规模化阶段的行业,产业技术路线处于不稳定时期,缺乏技术创新能力的企业很有可能因产业技术路线变更被淘汰。越靠前期的投资,越应当看重企业的核心技术和技术的市场前景。

7.企业特有资源

企业特有资源包括产业链优势、区位优势、人脉资源、股东背景等。产业链优势是企业竞争力的重要组成部分。例如对于钢铁企业，拥有上游铁矿石资源的企业就具有较强的竞争力；对于家电企业，拥有下游自有销售渠道的企业也能享受较高的估值水平。

一些行业属于典型的"选址行业"，如连锁餐饮、连锁酒店、建材、物流等。这些行业中，区位优势是企业竞争力的关键因素。这些特有资源是企业发展和上市前景的重要影响因素，也是投资估值中要重点考虑的内容。

（三）风险投资估值存在的难点

1.财务估值与"投人"偏好

对于创业型企业来说，最为核心的资产是创业者本人，最大的风险也是创业者本人。因此，业内才有了"投资就是投人"这句话。同时，好的个人不等于好的团队，好的技术团队不等于好的经营团队。除了甄别创业者本人，评估创业团队也至关重要。对创业者的评估全靠投资人的经验，但仅仅依靠短时间的尽职调查很难保证不会"投错人"，不会"投错团队"。所以在"投人"的同时，还要重视财务估值。

财务估值是风险投资估值的基础，但财务估值又很难反映企业家才能这一最活跃的生产要素。显然，这是一个估值难题。

2.好行业 ≠ 好公司

行业分析是选择投资对象的基础，风险投资的行业偏好非常明显。从前些年追捧连锁酒店行业、太阳能光伏行业、网络游戏行业，到 2009 年追捧风力发电行业、教育培训行业，基本上是每两三年一个投资主题。这些行业都取得了快速发展，但未必行业中的每个企业都能从中受益。

以风力发电行业为例，2016 年以前行业产能以 50% 以上的速度剧增，但行业的平均利润率却在快速下降。在国外本是寡头行业的风电整机制造业，中国却已有多达 71 家企业。2016 年以来，行业增速下滑，行业洗牌非常激烈，缺乏核心竞争力的企业被淘汰，优势企业的市场份额进一步提升。只有具备核心竞争力的企业才真正享受到中国的风电盛宴。

好行业不等于好公司，主题投资行业高估值水平的背后，也伴随着被投资企业的高风险。那么如何在选择行业的同时，对具体的目标企业进行准确估值？这也是一个估值难题。

3.市盈率估值法的天然缺陷

目前业内普遍流行市盈率估值法，但这一方法存在着天然的缺陷。缺陷之一是市盈率法以净利润为计算基数。净利润一方面受行业周期影响，波动性很强；另一方面净利润这项财务指标很容易被操纵。缺陷之二是市盈率估值法的使用前提就是目标企业的利润稳态增长。对于除了 Pre-IPO 和并购以外的其他投资阶段，这一前提显然是不成立的。缺陷之三是合理市盈率倍数的选取依据难以确定。实践中通常是在行业基准倍数基础上"讨价还价"来确定市盈率倍数，但行业基准倍数未必是目标企业的合理市盈率倍数。那么应当采用什么方法进行估值？各种估值方法的适用性又如何？对于不同阶段的投资分别应当选择什么样的估值方法？如何将行业因素和企业核心竞争力因素都考虑进来？这都是摆在风险投资人面前的估值难题。

（四）常见估值方法

企业的估值方法常见的有 3 类,即资产基础法(成本法)、收益法与市场法,近几年针对风险投资的特征,又提出了期权法等新方法。本文就几种常见的风险企业的估值方法进行简单介绍。

1.期权估值法

期权估值法即期权估价法,是指充分考虑企业在未来经营中存在的投资机会或拥有的选择权的价值,进而评估企业价值的一种方法。该方法利用期权定价模型对具有期权特征的资产进行价值评估,是随着高新技术企业的发展而兴起的一种估值方法。

由于信息技术及相关产业的迅猛发展,企业在经营中面临越来越多的不确定性和风险,也面临大量的投资机会和发展机会,在此背景下出现的期权估价理论给企业价值评估提供了一种新思路,在此理论指导下建立起来的期权估价方法也为企业估价提供了一种有意义的工具。与传统估价方法相比,期权估价法由于考虑并计算了未来机会及选择权的价值,从而拓宽投资决策的思路,使企业估值更为科学合理。

但期权估价法在实际应用过程中还会受到许多条件的制约。例如,Black-Scholes 期权定价模型是在一系列前提假设的基础上建立和发展起来的,这些假设在现实中很少能够得到完全实现。该模型是对现实问题的简化和抽象,尽管对现实状况已尽可能相对地模拟,但仍很难做到与实际情况完全一致。此外,任何一种期权定价模型,在实际运用中都是十分复杂与烦琐的。

当然,期权估值法与传统估值法并不相互排斥。对于期权估价法是否会完全取代现金流折现法,现在还没有定论。但由于资产法的寻找"可比"资产,在实际操作中的困难和常被作为"次级"信息来使用,这使得该方法在实际应用中无法与现金流折现法一样受到推崇。收益法使用会计利润的致命缺陷和寻找在增长前景、风险性、财务结构具有可比性的上市公司市盈率的难度,同样限制了它在公司价值评估中的作用。对于目前广泛使用的现金流折现法,由于适合采用现金流折现方法(被估价资产当前的现金流为正,并可以比较可靠地估计未来现金流的发生时间,同时,根据现金流的风险性又能够确定恰当的折现率)的条件往往不能得到满足,使得使用现金流折现法进行估价遇到比较大的困难。

与传统估价法对比,期权估价法减轻了寻找"同比"指标的难度,并保留了现金流折现的长处,特别是具有对确定性的"自然适应性",解决了目前技术公司(如网络、生物公司)上市定价、公司并购估价等目前资本市场常见的难题。"即使是在传统估价方法适合的情况下,期权估价法仍提供了另一种有价值的视角。"而对于创业企业或项目,存在着未来回报不确定性、技术不确定性、管理不确定性等众多的风险因素,采用期权估值法来评估企业或项目价值更为合理。

实物期权理论经过 20 多年的发展和开拓,已经形成了一个相对完善的理论体系。下面对实物期权理论作一个全面阐述。

（1）实物期权的种类

实物期权主要有 6 类,具体如下:

①延迟期权。该类期权赋予管理者可以选择对本身企业最有利的时机执行某一投资方案。当管理者延迟此投资方案时，对管理者而言即获得一个等待期权的价值，若执行此投资方案也就牺牲了这个等待期权，其损失部分就是此投资方案的机会成本。

②延续性投资期权。企业的投资是一种连续性和阶段性的投资，而企业在每一阶段的投资，决定了下一期是否继续投资，这种决策的弹性可视为企业每一期的投资取得了下一次的投资机会，就像是一个复合式期权。这种可以决策是否继续投资的权利就是延续性投资期权。

③修正期权。在企业的生产过程中，管理者可根据市场景气的变化（如产品需求的改变或产品价格的变动）来改变企业的运营规模。当产品需求增加时，企业便可以扩张生产规模来适应市场需求，反之则缩减规模甚至暂停生产。这种情况下的选择权即为修正期权。

④放弃期权。若市场情况持续恶化，或企业生产出现其他原因，导致当前投资计划出现巨额亏损，则管理者可以根据未来投资计划的现金流量大小与放弃目前投资计划的价值来考虑是否要结束此投资计划，也就是管理者放弃期权。

⑤转换期权。当未来市场需求或产品价格改变时，企业可利用相同的生产要素，选择生产对企业最有利的产品，也可以投入不同的要素来维持生产特定的产品。管理者可根据未来市场需求变化，来决定最有利的投入与产出，也就是管理者拥有转换期权。

⑥成长期权。企业较早投入的计划，不仅可以获得宝贵的学习经验，也可视为未来投资计划的基础投入，这种计划的关联关系就如同计划与计划间的复合式期权。因此成长期权多应用于策略性产业，如高科技产业的研发、制药产业的研发等。

（2）期权估值的具体方法

期权的价格是指购买期权时的成本，而期权价值是指这项权利带来的收益。期权定价即对期权的价值进行评估，是期权理论的一个重要组成部分。由于实物期权定价的基本思路来源于金融期权，因此，实物期权定价的思路可以使用金融期权定价的基本思路。实物期权定量分析方法主要有3种：二叉树模型定价、Black-Scholes 期权定价以及蒙特卡罗模拟方法。二叉树模型定价和 Black-Scholes 期权定价这两个重要的金融期权模型也可以在经过适当改进后应用于实物期权定价中。

①二叉树模型定价

动态规划方法是用于多阶段投资决策的优化方法，它解决的是当前决策影响未来收益情况下的最优策略问题。动态规划方法采用向后递推模式解决最优策略选择问题，首先利用概率分布在资产价值的众多路径中确定最终状态，然后对未来现金流进行向前贴现确定前一期的状态，层层递推，进而得出当期的最优决策。

二叉树模型最早由 Cox、Ross 与 Robinstein 提出。首先，将期权的有效期分为多个小的时间间隔，并假设在一个小时间段后，资产价格向上移动用 u 表示，价格向下移动用 d 表示，上升的概率为 p，下降的概率为 $(1-p)$。经过时间段 Δt 内资产价格为：

$$se^{r\Delta t}=ps_u+(1-p)s_d$$

式中，s 为资产价格，r 为风险中性利率。

在时间 Δt,资产价格变化的方差为: $u = e^{-\sigma\sqrt{\Delta t}}\varepsilon$,且假设 $u = \dfrac{1}{d}$,则有:

$$p = \frac{e^{rt}-d}{u-d} \qquad \frac{\Delta s}{s} = \mu\Delta t + \sigma\varepsilon\sqrt{\Delta t} \qquad u = e^{-\sigma\sqrt{\Delta t}}$$

二项式直观易懂,可用于美式期权和欧式期权计算,但它需要大量的数据,即每个时点预期的价值。在多阶段二项式定价模型中,期权的估价从最后的时间点开始往前逐步推进到现在的时间点,每一个时点的期权价值都要被估计,因此计算量很大。

②Black-Scholes 期权定价

Black-Scholes 期权定价模型是用美国的两位经济学家 Black 和 Scholes 的名字命名的,是由两位经济学家于 1973 年根据无套利原则提出的。任何经济模型的建立都要依据一定的市场假设,Black-Scholes 实物期权定价模型也不例外,其基本假设如下:

a.无风险利率是一个已知的常数,不随时间而变化;

b.标的证券为股票,价格变化符合随机运动,其回报率呈对数分布;

c.期权合约有效期间不分红;

d.期权为欧式期权,只有合约到期日时才能行使权力;

e.交易过程没有交易费用;

f.没有限制卖空,投资者可以自由使用卖空所得资金。

根据 Dixit、Pindyck(1994)在 *Investment Under Uncertainty* 所提出的对实物期权应用于投资决策的理论模型[①]为:

$$C(S,t) = PN(d_1) - Ve^{-4(T-t)}N(d_2)$$

其中, $N(d_1) = \dfrac{1}{2\pi}\displaystyle\int_{-\infty}^{d_1} e^{-\frac{1}{2}s^2}\mathrm{d}s$

$$d_1 = \frac{\ln(P/V) + \left(r + \dfrac{1}{2}\theta^2\right)(T-t)}{\theta\sqrt{T-t}}$$

$$d_2 = \frac{\ln(P/V) + \left(r - \dfrac{1}{2}\theta^2\right)(T-t)}{\theta\sqrt{T-t}} = d_1 - \theta\sqrt{T-t}$$

式中,C 为项目的投资价值,P 为实物投资中的投资价值,V 为项目的投资成本,T 为项目出现到项目实施的时间段,θ 为项目每年收益率的标准差。

③蒙特卡罗模拟方法

蒙特卡罗方法又称统计模拟法、随机抽样技术,是一种随机模拟方法,以概率和统计理论方法为基础的一种计算方法,是使用随机数(或更常见的伪随机数)来解决很多计算问题的方法。将所求解的问题同一定的概率模型相联系,用电子计算机实现统计模拟或抽样,以获得问题的近似解。为象征性地表明这一方法的概率统计特征,故借用蒙特卡罗命名。

---

① 杨春鹏.实物期权及其应用[M].上海:复旦大学出版社,2005.

其基本原理是由概率定义知,某事件的概率可以用大量试验中该事件发生的频率来估算,当样本容量足够大时,可以认为该事件的发生频率即为其概率。因此,可以先对影响其可靠度的随机变量进行大量的随机抽样,然后把这些抽样值一组一组地代入功能函数式,确定结构是否失效,最后从中求得结构的失效概率。蒙特卡罗法正是基于此思路进行分析的。

设有统计独立的随机变量 $X_i(i=1,2,\cdots,k)$,其对应的概率密度函数分别为:$f_{x_1},f_{x_2},\cdots,f_{x_k}$,功能函数式为:$Z=g(x_1,x_2,\cdots,x_k)$。

首先根据各随机变量的相应分布,产生 N 组随机数 $x_1,x_2,\cdots,x_k$ 值,计算功能函数值 $Z_i=g(x_1,x_2,\cdots,x_k)(i=1,2,\cdots,N)$,若其中有 L 组随机数对应的功能函数值 $Z_i \leqslant 0$,则当 $N\rightarrow\infty$ 时,根据伯努利大数定理及正态随机变量的特性有:结构失效概率,可靠指标。从蒙特卡罗方法的思路可看出,该方法回避了结构可靠度分析中的数学困难,不管状态函数是否非线性、随机变量是否非正态,只要模拟的次数足够多,就可得到一个比较精确的失效概率和可靠度指标。特别在岩土体分析中,变异系数往往较大,与 JC 法计算的可靠指标相比,结果更为精确,并且由于思路简单易于编制程序。

2.现金流贴现法

现金流贴现法就是把企业未来特定期间内的预期现金流量还原为当前现值。由于企业价值的精髓还是它未来的盈利能力,只有当企业具备这种能力,它的价值才会被市场认同,因此,理论界通常把现金流贴现法作为企业价值评估的首选方法,在评估实践中也得到了大量的应用,并且已经日趋完善和成熟。

从理论上说,企业的内在价值是其未来现金流量的贴现值。从上市公司的股票的内在价值来看,由于预测未来的现金流比较困难,同时影响价格的因素较多,使得在股票价格通常表现出随机上下波动的特征,但是这种波动具有均值回归的特性,最终会受到股票实际可能提供的现金流的制约,回归到其内在价值附近。典型的例子是1999年以来美国华尔街的"互联网概念股"风潮,网络股的价格借助于新兴的概念节节升高,并且达到与其内在价值严重背离的程度,而进入2000年以来,随着各互联网公司亏损业绩相继公布,以及股票分析师更加合理地对现金流进行预测,使得互联网股泡沫最终破灭。

此外,美国 Mc Kinsey 公司有研究报告显示,现金流与公司市场价值具有密切联系,同时该公司的研究还显示会计利润跟股票的价格并不存在密切的联系,通过改变会计方法的手法无助于股票价格。对此,相比而言,贴现现金流估值更适合对公司的价值进行评估。

对于一般的上市企业而言,有 3 种现金流:股利(dividends)、自由现金流(free cashflow)以及剩余收益(residual income)。根据选取的现金流不同,现金流贴现估值模型可以分成以下几种:股利折现模型(dividend discount model);自由现金流模型,又可以分为企业自由现金流模型(free cash flow to firm model)和股权自由现金流模型(free cash flow to equity model);剩余收益模型(residual income model)。

股利折现模型是用企业未来的股利分红的折现值来估计股票内在价值的一种股票估值方法。一般来说,处在创业期和成长期的企业为了抓住快速发展的时机,会将大部分净利润投入扩大再生产的过程中,以期扩大企业规模和盈利能力,而较少会考虑为股东分红。因此,股利折现模型更加适用于处在成熟期的企业,因为处在此阶段的企业通常会稳定地分红,并且其红利水平与公司的经营状况和盈利水平相一致。

自由现金流模型,就是企业产生的、在满足了再投资需要之后剩余的现金流,这部分现金流量是在不影响公司持续发展的前提下可供分配给企业资本供应者的最大现金额。简单地说,自由现金流是指企业经营活动产生的现金流量扣除资本性支出的差额。自由现金流又可以分为企业自由现金流以及股权自由现金流。FCFF 是指从公司的经营活动产生的,在支付经营费用和运营投资(包括运营资本和固定资本)之后的可以分配给企业资本供应者(包括债权和股权)的现金流。FCFE 则只包括分配给企业股东的自由现金流。由于自由现金流可以从一定程度上衡量投资者投资企业可以获得的回报,因此也可以被用来对股票的价格进行评估。FCF 估值法可以应用于不分红或者分红不稳定的企业。

现金流折现法是评估机构对企业未来的现金流量及其风险进行预期,然后选择合理的折现率,将未来的现金流量折合成现值。使用此法的关键在于确定:第一,预期企业未来存续期各年度的现金流量;第二,要找到一个合理的公允的折现率,折现率的大小取决于取得的未来现金流量的风险,风险越大,要求的折现率就越高;反之亦然。在使用现金流折现法估值的实际操作中现金流量主要使用实体现金流量和股权现金流量。实体现金流量是指企业全部投资人拥有的现金流量总和。实体现金流量通常用加权平均资本成本来折现,加权平均资本成本在采用现金流折现法估值中为其不可或缺的一环,因此,其在 Zogenix 公司的估值披露文件中也被提到了与披露现金流折现法同等重要的地位。

现金流折现法从某种意义上讲需要"先知先觉",具体需要做到 3 点:一是后续开发经营期究竟多长要预测准确;二是各项收入、支出在何时发生要预测准确;三是各项收入、支出发生的金额要预测准确。

由于存在着众多的未知因素和偶然因素会使预测偏离实际,准确预测是十分困难的。而且又由于必须要对许多的有关市场、产品、定价、竞争、管理、经济状况、利率之类做出假定,准确性因而也会相应减弱。

当然,也不会因为以上缺点而完全否决该方法在估值中的应用,现金流折现法是金融市场上是应用最广泛的方法之一。主要原因有以下几点:

①现金流折现法是资本投资和资本预算的基本模型,被看作企业估值定价在理论上最有成效的模型,因为企业的经济活动就表现为现金的流入和流出。由于有坚实的基础,当与其他方案一起使用时,现金流折现法所得出结果往往是检验其他模型结果合理与否的基本标准。

②现金流折现法的原理比较简单,它是通过权衡为收购而投入的现金量这一投资所有未来能产生的净现金量和时间(扣除折旧、营运需要等)来计算的。这一计算可得出内部收益率(IRR),即现金流入量现值等于现金流出量现值时所得到的内涵折现率。

③未来现金流量也能折算成现值并与原始投资比较。这一计算得出的是净现值(NPV),即在现值条件下支出和预期金额之间的差。

3.市场法

市场法的基本原理:在公开市场上寻找正在交易或交易完成的一些资产,这些资产和准备要估值的资产具有相似性,以相似资产的交易价格为参照物价值,对它们之间的差异性和相似性进行分析比对,再对参照物价格做出适当调整,最终确定待估值资产价值的估值方法。

市场法主要是对与现行市场上有相似经营模式、业务结构的企业成交价的风险项目或企业进行估值时采用。可比公司法和可比案例法是在市场法中通常会使用的两种方法。

可比公司法是以上市公司对外报告的财务数据为依据,并对其进行整理分析,计算价值比率,对目标企业与上市公司进行对比分析,最终确定目标企业的价值。在该方法中所选择的企业是已经上市且其股票可以正常地在市场是流通,同时也需要考虑到流动性因素会影响到企业价值评估的结果。

可比案例法,则是通过对可比公司所进行的并购案例资料的分析,来计算获得价值比率。在使用可比案例法的时候,需要考虑到交易案例与目标企业的差异会影响到价值评估的结果。

在国际上大量的并购实践活动中,主流的估值方法是收益法和市场法,而市场法的使用率占到50%左右。市场法的优势在于:①可直接使用可比公司的估值乘数对企业进行价值评估,从而省去了对于企业的折现率的估计,以及省去了对于企业未来自由现金流量的评估,通过与具有相似经营状况的企业的市场价值进行比较,实用方便;②对企业的价值评估是依赖于市场产生的实际的交易价格,相比对企业未来收益的预测更为准确一些。

该方法的不足之处在于,市场法是参照类似公司交易价格进行估值,如果全行业的估值存在偏差的话,那么估值结果就不准确。同时,该方法忽略企业之间管理水平、产品质量之间的差异,也会影响估值的准确性。

4.相对估值法

相对估值法包括市盈率法、市销率法和市净率法3种。

(1)**市盈率法**

市盈率(P/E)就是股价/每股净利润。市盈率法属于相对估值方法的一种,通常被用于对未公开化企业或者刚刚向公众发行股票的企业进行估价。市盈率的大小可以衡量上市公司的盈利能力,也可以理解为每单位的净利润所支撑的市场价值。这里用作风险投资决策的方法,是风险投资者根据创业企业的行业特点或技术类别,在资本市场寻找"可比较企业"的市盈率值,根据取值来预期未来风险企业所能获得收益,依此做出是否投资的判断。

基本公式为:企业价值=可比较企业的P/E×目标企业的可保持收益

使用市盈率法的关键是确定未来收益和市盈率两个指标。未来的收益要依据最近一年或两三年的利润状况,尽量避免经营周期或环境变化带来的波动性,要能真实地反映企业的现状和前景。由于创业公司还没有上市,选取市盈率只能寻找参照物,需要仔细分析判断才能得到一个较为准确的值。

(2)**市销率法**

市销率(Price-to-sales,PS)是证券市场中出现的一个新概念,又称为收入乘数,是指普通股每股市价与每股销售收入的比率。市销率越低,说明该公司股票目前的投资价值越大。

它不会出现负值,对于亏损企业和资不抵债的企业,也可以计算出一个有意义的价值乘数;它比较稳定、可靠,不容易被操纵;收入乘数对价格政策和企业战略变化敏感,可以反映这种变化的后果;它不能反映成本的变化,而成本是影响企业现金流量和价值的重要因素之一;且只能用于同行业对比,不同行业的市销率对比没有意义;而且目前上市公司关联销售较多,该指标也不能剔除关联销售的影响。

其公式为:P/S=总市值/主营业务收入 或 P/S=股价/每股销售额

(3)市净率法

市净率指的是每股股价与每股净资产的比率。市净率可用于投资分析,一般来说市净率较低的股票,投资价值较高;相反,则投资价值较低。市净率能够较好地反映出"所有付出,即有回报",它能够帮助投资者寻求哪个上市公司能以较少的投入得到较高的产出,对于大的投资机构,它能够帮助其辨别投资风险。

市净率的计算公式为:每股市价(P)/每股净资产(Book Value)

市净率的优势在于解决了市盈率只看一个会计周期的问题,对于需要进行市价调整的金融机构也解决了历史成本的会计问题。不过对于非金融性企业,账面价值因为资产负债表的本质往往不能准确地反映真实的权益价值。在出现负净资产账面价值(受到巨额历史亏损影响发生)的情况下不具参考意义。

相比市盈率,市净率更依赖于公司所属行业的性质,因此,该方法适用的行业主要有银行业、制造业以及其他资产密集型的企业,对轻资产及外包型项目或企业则要慎用。

在使用市净率法时,要注意以下几点:①对净资产产生重大影响的无形资产(如商誉)需减记净资产;②对无形资产的处理需考虑行业特点;③需要考虑会计准则对资产账面价值的影响,如FIFO/LIFO、表外资产、租赁、存货等,使净资产被管理层操纵。

5.成本法

成本法的基本原理:针对将要估值的资产,计算其重置成本,并进一步分析可能存在的贬值情况,这些贬值情况有实体性的、功能性的、经济性的,之后用前面计算的重置成本中减去资产的贬值,算出评估资产的价值,再合理估算负债的价值,进而确定企业价值。

成本法是在评估基准日,以建立一个相同的企业所需要的成本来对企业价值进行评估。其优点在于:估值从企业的经营历史状况出发,依据的客观的市场与企业的财务数据,减少了人为主观因素的影响,进一步减少了不确定性的成分,使得风险也进一步降低。资产的折旧、摊销会在成本法中被扣除,从而保证了公司资产的保值性。如果进行估值的公司不具备可以进行有效对比的数据,而此时能够对公司所拥有的资产的公允价值或重置成本进行科学的评估,资产的公允价值或重置成本与资产的盈利能力之间有着紧密的联系,此时通过成本法可以得到近似的企业价值。

成本法的局限在于该方法仅仅考量了企业的单个资产价值,而没有将所有的资产结合起来所产生的盈利能力进行评估,更是忽略了没有在财务报表上表现出来的资产。所以,对公司的价值进行评估需要考虑公司连续经营的假设的话,该方法一般会和其他几种估值方法联合使用。成本法更多的是考虑资产重置时的价格,所以,对于像高科技类型以及服务类型的这样轻资产经营的企业不是很适用。

6.博克斯法

博克斯法是由其创造者美国人博克斯的名字而命名的,是一种对初创期企业进行价值评估的方法。典型做法是对所投企业根据下面的公式来估值:

一个好的创意:100万元

一个好的盈利模式:100万元

优秀的管理团队:100万~200万元

优秀的董事会:100万元

巨大的产品前景:100万元

将以上各项全部加起来,一家初创企业的价值即为100万~600万元。

这种方法的好处是将初创企业的价值与各种无形资产的联系清楚地展现出来,比较简单易行,通过这种方法得出的企业价值一般比较合理。

7.风险估值的调整

在选择了适宜估值方法后,就可以解决风险投资中的估值问题。但是由于目前很多行业都处于初创阶段和规模化阶段,企业本身面临着各种风险,既包括现有技术路线被新技术路线替代的技术风险,又包括创业者个人或创业团队的管理风险,还面临着行业竞争的市场风险。企业生存前景面临诸多不确定性,所以要对财务估值结果进行调整。尤其是初创阶段的产业,被投资企业面临的技术风险非常高。如太阳能产业中,前些年风险资本投资了大量的多晶硅企业,而目前多晶硅技术很有可能被非晶硅技术替代。那么这些多晶硅生产企业就可能因技术路线错误被淘汰出局。所以在风险投资中,企业的真实价值要能够综合反映企业的各种风险。企业的核心竞争力能反映企业应对各种风险的能力。

因此,在财务估值的基础上,用企业核心竞争力因素对估值结果进行调整,就可以较为准确地反映企业的真实价值。企业的核心竞争力主要包括企业家才能、人力资本、核心技术、市场占有、特有资源等。核心竞争力不仅决定着企业的成长性,更决定着企业的生存能力。对具有较强核心竞争力的企业,应当在基本财务估值基础上适度调高估值水平。对于核心竞争力较弱的企业,应当在基本财务估值基础上适度调低估值水平,使风险估值更加趋向一个合理的水平。

在进行财务估值之后,是运用企业核心竞争力因素对财务估值结果进行调整。对于初创期的企业,重点考虑企业家才能和核心技术两项因素;对于成长期的企业,重点考虑人力资本、核心技术、产业链等因素;对于成熟期的企业,则应重点考虑市场占有、行业地位、产业链、股东背景等因素。

(五)基于产业演进阶段与行业周期性的估值方法选择

产业演进通常经历4个阶段:①产业演进的初创阶段。企业主要靠技术创新或商业模式创新驱动,没有形成稳定市场需求,企业利润和现金流均难以预测。加之产业技术路线尚未确定,单个企业面临较大风险。②产业演进的规模化阶段。新技术或新的商业模式获得市场认可,产业进入快速增长期,大量企业进入行业淘金,供给大幅上升,行业竞争加剧,行业洗牌逐步展开。这一时期,企业为谋求快速发展,通常采用低分红政策,抢占行业资源,提升行业地位。由于行业竞争激烈,企业利润和现金流量较不稳定。③产业演进的集聚阶段。经过规模化阶段剧烈的行业洗牌,产业集中度和行业进入门槛均大幅提高。由于产业的技术路线和市场需求都趋于稳定,企业的利润和现金流量都比较稳定且可预测。④产业演进的平衡与联盟阶段。产业已经形成了比较成熟市场和竞争结构,产业演进到了寡头竞争的格局。这一时期,行业成长性降低,企业通常采用高分红政策。因此针对处于不同产业演进阶段的行业,我们可以有针对性地选取相应的估值方法。处于初创阶段和规模化阶段的企业,很少有分红也没有稳定的现金流,只能使用经济增加值贴现法进行估值;处于集聚阶段的企业一般具有较为稳定的现金流,具有高成长低分红的特征,不适用 DDM 法,而适用股权自由现金流贴现法;处于平衡与联盟阶段的企业普遍具有低成长高分红特征,所以适用红利贴现法估值。

第六章 风险投资的增值管理

一、案例综述

案例6-1 盛大网络:软银的增值服务助推上市

1.盛大网络集团介绍

盛大网络集团(上海盛大网络有限公司)是由陈天桥与陈大年于1999年11月创建。公司以41万元起步,整个团队不到20人,拥有盛大游戏、盛大文学和盛大在线,早期主要从事网络游戏业务,2001年引入《传奇》游戏,使其在中国游戏市场上迅速发展。在2003年,引入软银亚洲(即软银赛富)的风险投资,2004年在美国纳斯达克成功上市。历经多年发展,已成为互动娱乐媒体的领先企业,是一家资产达数百亿元的大型投资控股集团。盛大主要业务涉及互联网、传媒、科技、出版、金融等领域,同时积极发展文化相关产业,主要有盛大游戏、盛大文学、盛大在线、酷6视频等业务。

2.融资及发展过程

1999年9月,盛大创立者陈天桥倾其所有,用50万元作为启动资金创立了盛大,以陈天桥为首的创业团队开始了他们的创业生涯。他们创立的stame.com网在短短几个月的时间就聚集了上百万人,吸引了100万左右的注册用户,并且公司网页的点击量以几何倍数增长。这样的爆发式增长,陈天桥非常欣喜,但也让他为公司的快速增长需要大量资金、人力以及技术等方面的支持而头疼,因此在网络投资的热浪中,陈天桥也做出了牵手风险资本的计划。而当时的网络公司正是风险资本青睐的对象,中华网公司在网络泡沫发展的巅峰之际,从互联网的海洋中找到了正在烧钱的盛大。中华网公司当时是亚洲最大并在全球享有盛誉的互联网公司,是第一家在纳斯达克上市的中国概念的互联网公司。找到盛大这样一个潜力股后,中华网公司于2000年1月向盛大注入300万美元风险资金。这笔在盛大看来是巨款的资本,让盛大解了燃眉之急,并拥有了扩充人员、壮大团队的资本,盛大网络因获得了梦寐以求的资本而进入了高速发展阶段。

在得到中华网公司的300万美元风险投资后,盛大看准了中国的游戏市场,开始与韩国上市公司ACTOZ(游戏公司)积极接触。而ACTOZ当时正在开辟中国市场,寻找其公司游戏《传奇》的中国运营商,二者各取所需,便于2001年6月末达成授权协议,盛大网络用30

美元的入门费和27%的营收分成获得运营权。ACTOZ公司向盛大注资30万美元,虽然资金很少,但盛大充分利用了这笔钱,当年就代理了《传奇》游戏,开展了游戏业务,将整个公司建立了起来,为将来的发展奠定了基础。

3.风险投资对盛大网络的影响

2001年11月《传奇》正式上市,并迅速引爆中国游戏市场,迅速登上各软件销售排行榜首,获得了市场的巨大认可。2003年,盛大网络已成为中国网络游戏的巨头。但此时的盛大与ACTOZ却因《传奇》的版权和游戏外挂问题而产生不和,并最终以合作破裂而终结。虽然二者合作破裂,但可以说ACTOZ成就了盛大,因为没有《传奇》的引入,也许盛大并不会获得之后骄人的成绩。

盛大与ACTOZ的合作终结,使得盛大再次遭遇危机,盛大需要注入新的力量来助力公司的发展。而在盛大网络与ACTOZ发生争执的整个过程中,软银亚洲投资基金作为旁观者对盛大网络进行了深度考察,并协助盛大参与了双方的谈判,时任软银亚洲中国区董事总经理的黄晶生,则花了大量的时间精力和韩国的董事总经理Don Han一起将盛大和ACTOZ一次次拉到谈判桌前,甚至直接代表盛大去韩国与ACTOZ谈判,最后终于促成了盛大与ACTOZ的和解,于是最终化解了这个投资盛大的最大风险。通过系列分析,软银亚洲看到了盛大网络的前景,其优秀的产品、当下的成绩、领导团队的素质、巨大的发展潜力及其他重要因素,都使得软银心动,再加上盛大风险的存在,软银亚洲认为正是廉价购买股权的好时机。而刚刚进入亚洲市场的软银亚洲,也正在寻求好的投资对象。因此,在接触不到3个月的时间里,双方就达成了合作,软银亚洲就做出了投资盛大的决定。于2003年两次向盛大网络投资共计4 000万美元,获得24.9%的股权,这是当时互联网企业中最大的单笔投资,盛大网络也因此成为了软银在亚洲的首期投资对象。软银资本的注入对盛大来说无疑是久旱甘霖,虽然先后付出了共计24.9%的股权,但得到的远比付出的要多。盛大2004年5月在美国纳斯达克的成功上市,充分证明了软银对盛大的重要意义。

4.风险投资的增值管理

(1)中华网公司助盛大向规范化发展

中华网公司在2000年1月向盛大投入300万美元后,开始参与盛大的管理。由于中华投资盛大的目的主要是希望通过盛大的人气能在短时间内为其吸引大量用户资源,因此要求盛大转型建设动漫网站,并在技术上给予了盛大一定支持,帮助盛大组建了管理团队,使盛大公司走向规范化,同时也为中华网带来了30%的网页浏览量。双方由于经营方式和理念的差异于2000年6月终止合作。虽然合作时间短暂,但中华网给盛大资金支持,使盛大的管理向规范化发展,为盛大进一步发展奠定了基础。

(2)软银亚洲的增值服务助盛大成功上市

软银赛富在2003年向盛大投资4 000万美元,获得盛大股权24.9%,在董事会5席中占2席,拥有对公司重大问题决策的投票权与否决权。软件赛富为盛大的发展壮大提供了许多增值服务。首先,软银赛富高管的周志雄和周东蕾花了大约20个月的时间,几乎天天泡在盛大,帮助盛大重新调整了组织架构、管理架构,完善管理团队,制订了管理层回报机制、财务预测与财务监控制度,还在技术与服务、发展规划、运营指导、股权变更等方面给予了盛大极大的支持和建议。

其次,帮助化解盛大与 ACTOZ 的危机。当时,软银亚洲中国区董事总经理的黄晶生花了大量时间与精力,将 ACTOZ 和盛大多次拉到谈判桌上沟通协调,甚至直接代表盛大去韩国与 ACTOZ 谈判,对盛大与 ACTOZ 最终和解起了很大作用,这既解了《传奇》游戏运营的后顾之忧,又为盛大的上市避免了诉讼。

另外,软银赛富和盛大一起制订横向和纵向的发展战略,推进一系列收购、兼并,寻求欧美游戏代理战略合作,开拓国际市场,促进国际合作,为公司海外上市奠定基础。

在软银赛富的帮助下,盛大于 2004 年 5 月 13 日在纳斯达克成功上市,软银亚洲投资的 4 000 万美元变为 5.6 亿美元,收益率达到了 14 倍。

[注:案例材料根据《盛大网络的海外资本运作研究》(危玮)、百度文库"盛大网络风险投资案例分析"等材料编写。]

案例 6-2　蓉胜超微线材:广东风投增值蓉胜

1.蓉胜超微线材有限公司简介

广东蓉胜超微线材股份有限公司,前身为珠海蓉胜电工有限公司,创建于 1985 年珠海经济特区,2007 年 7 月 20 日公司股票成功登陆深圳证券交易所。公司专业研制、生产与电子信息、家用电器和国防科技配套的微细及特种漆包线,目前已成为拥有 11 368 万元注册资本,销售额近 5 亿元的中国最大的专业微细漆包线生产基地。公司注重产品的技术创新,1996 年即被广东省科学技术厅认定为"广东省高新技术企业";公司位于三灶科技园的"163 项目"被列入 2003 年度省技改导向计划,并于同年被评为"珠海市优秀技改项目";2005 年被评为珠海市十佳民营企业;2006 年入选"德勤中国高科技、高成长 50 强";2007 年,公司技术中心还被省经贸委认定为"广东省省级企业技术中心";2009 年公司再次被评为珠海市十强民营企业。此外,公司主导产品微细及特种漆包线还曾荣获"广东省科技进步三等奖","155 级聚氨酯漆包铜圆线"获广东省优秀新产品二等奖。公司在高技术方面取得的优良业绩,为公司长远发展创造了良好的技术条件。

蓉胜超微线材公司最初是一家从事专业化生产各种规格的漆包线的小型企业。在企业创办的最初几年中,它经历了引进设备、技术,进行消化、吸收,维持企业生存的艰苦创业和探索阶段。从 20 世纪 90 年代初期开始,企业的经营管理不断改善,适销对路产品的开发和市场开拓逐步取得成效,销售收入和利润实现稳定的小幅度增长,进入了平稳的良性发展阶段。但在步入 90 年代中期之后,其年销售收入连续几年在 4 000 万~5 000 万元徘徊,利润水平也在 300 万~500 万元波动。

2.引进风险投资的过程

如何实现融资以促进企业再上新台阶,成了"蓉胜"股东和管理层关注的核心问题。在经过充分论证的基础上,"蓉胜"于 1999 年提出了新一轮的扩产发展计划,其核心内容是依靠技术进步,充分发挥本企业在微细漆包线领域多年积累的经验和技术优势,改善产品结构,在超微细和特种漆包线的开发和生产上加大投入,增加高技术含量品种的比重,对1996年国家级火炬计划项目"0.03 mm以下微细和特种漆包线"进行规模化、产业化开发,并替代当时大量进口的同类产品。

这一扩产计划的技术和市场的条件已基本具备,但所需资金成了难以解决的问题。由于当时的珠海蓉胜的负债率已达到70%,依靠银行债务融资已不可能,企业自身积累短期内难以见效,但如果贻误时机,将会错过微细线市场发展的大好机遇。因此,在2000年年初,珠海蓉胜向广东省科技风险投资有限公司(以下简称"广东风投")提出合作意向,希望通过风险投资的介入,加快实施公司产业升级的发展战略。

广东风投组建了由投资和财务人员参加的项目专责小组,对"蓉胜"项目进行系统、全面的可行性调研和评估、论证。项目组经过与蓉胜超微线材公司的多次交流、磋商,认为蓉胜的优势比较明显,具有投资价值。因而在2000年11月,广东风投董事会做出对蓉胜投资的决策。

广东风投的投资及时地解决了蓉胜扩产所需的资金问题,为蓉胜赢得了宝贵的时间,使专用设备的引进、超微细及特种漆包线新产品的投产得以按计划实施。对风险投资的及时参与,用珠海蓉胜总经理诸建中的话说是"雪中送炭",对企业的发展起到了"及时雨"的效果。资金对蓉胜毫无疑问是非常重要的。拥有广东风投的投入资金,珠海蓉胜能将原来的高达70%左右的负债率降低为50%左右。为了促进企业更加规范化地经营,为将来上市融资、谋求企业更大的发展创造条件,广东风投积极帮助珠海蓉胜公司推进其股份制改造的进程。2002年8月23日,"广东蓉胜超微线材股份有限公司"创立大会召开,10月10日完成了全部股改申报、审批及变更手续,珠海蓉胜正式变更为股份有限公司。

3.企业价值增值

风险投资公司进入后,由于扩产计划的顺利实施和产品结构的改善,2001年,蓉胜公司的经营业绩明显提高,开始步入快速发展的轨道:年销售收入达到8 715万元,实现利润858万元;2002年又再创佳绩,年销售收入首次突破1亿元,实现利润1 210万元;2003年,蓉胜的销售额预计将有20%以上的增长。在技术创新方面,2001年7月,珠海市政府对依靠技术进步促进企业发展,并取得优异成绩的企业实行奖励,珠海蓉胜公司的超微细及特种漆包线产业化开发项目荣获"珠海市科技进步特等奖"。

另外,珠海蓉胜公司随后拟订了新的发展规划,并开始分步实施:先是在珠海西区国家高新技术工业园区内,动工新建占地100亩的现代化生产基地;在其后两至三年的时间内,再次实现产能翻番;同时,不断加强和完善自身的管理,依靠技术进步和新产品开发,增强市场竞争力,通过规范运作、规模化经营、品牌战略和经营业绩,打造现代制造业新秀,并朝着在世界超微细漆包线领域占有一席之地的长远目标迈进。珠海蓉胜于2007年7月20成功上市。

(注:案例材料根据广东蓉胜超微线材股份有限公司公司简介、百度文库"中小企业融资案例汇总"等材料编写。)

案例6-3　东江环保:3家风投助香港上市

1.东江环保简介

深圳市东江环保股份有限公司创立于1999年,是一家跨地域、综合性环保企业。公司的业务主要有:工业和市政废物的资源化利用与无害化处理;配套发展水治理、环境工程、环境检测等业务;构建完整产业链,铸造以废物资源化为核心的多层次环保服务平台;为企业的不同发展阶段定制和提供一站式环保服务;为城市废物管理提供整体解决方案等。公司于2003年1月29日在香港联合交易所有限公司创业板上市。

自成立以来,东江环保凭借自身先进的技术优势和资深的行业经验,先后被评定为广东省及国家环保骨干企业、"国家资源节约与环境保护重大示范工程"单位、"国家首批循环经济试点单位"和"国家高新技术企业"等。此外,公司在2005—2009年连续5年入选《福布斯》"中国潜力100榜",并于2017年荣获国家科学技术进步二等奖。

目前,东江环保具备44类危险废物经营资质,拥有危废处置能力近170万吨,在全国危废行业领先优势明显。公司下设70余家子公司,业务网络覆盖中国珠三角、长三角、京津冀、环渤海及中西部市场等危废行业核心区域,服务客户超2万家。2017年,公司实现营业收入31亿元,同比增长18.44%;实现归属于上市公司股东的净利润4.6亿元,同比增长22.23%。在"十三五"期间实现跨越式发展,并最终将东江环保打造成"以技术创新为导向,以危废为基础的一站式综合环保服务提供商"。

2.引入风险投资原因

20世纪90年代中后期,深圳工业高速发展,国家对环保不断重视,形成了政府、企业都对工业环保有较大需求的市场氛围。东江环保抓住这一契机,投资500万元成立了以提供工业环保综合解决方案为主营业务的东江环保技术有限公司,希望集中精力将东江环保做大、做强,成为中国境内同时具有规模和竞争能力的环保管理集团。

随着公司规模的扩大,业务量的不断增加,原来靠经验、凭感觉、家长式的经营管理模式越来越不能适应公司的发展需要。如人才的引进,在快速发展过程中,人才是制约企业发展的主要瓶颈,公司通过多种渠道招聘人才,但一直无法招到好的人才,有的人才进来后发现公司管理结构无法保证他们的利益,便相继离开,诸如此类的问题一直困扰着企业。而要谋求大的发展,不但要改善经营管理,更重要的是改变公司的股权结构,通过股权的结合,使更多的有识之士进入公司决策层,共同帮助公司发展。

这个思路确定以后,接下来就是引入怎样的外部投资。通过反复比较,东江环保发现风险投资应该是比较理想的选择,因为他们不同于一般的股权投资,而是集合了一批有知识、有经验、懂得现代管理和资本运作的风险投资家,他们除了资金投入,还有知识、经验、能力和品牌等多种资源的投入,而后者正是其迫切需要的。

3.引入风险资本

经过不断谈判,东江环保最终与中投、上海联创、深圳高新3家国内风险投资企业合作。3家风险投资公司共同出资1 200万元,换取东江环保24%的股份。东江环保之所以选择这

3 家企业,主要是看中他们和企业共同发展的投资理念、各家所拥有的丰富资源和为企业提供互补增值服务的能力,并且在地域分布上也对东江环保未来的业务扩展有益。

事实证明,如果没有 3 家风险投资公司的加盟和鼎力相助,东江不可能有这么快的发展,也不可能有这么广阔的前景。风险投资在东江反复地调查,把整个企业像篦头发似地篦了几遍,而东江则始终抱着非常坦荡的态度,既充分展示其优势,也毫不隐瞒问题和缺点,甚至有些问题是主动亮出,目的是请风险投资方当参谋、出主意。东江环保的态度是不怕问题太多把他们吓跑了,恋爱不成朋友在,请朋友帮忙诊治企业,结不了婚也是值得的。正是这样的坦诚最终赢得了 3 家风险投资的青睐,也正是这种信任给双方在投资后带来了顺畅的沟通和解决问题的渠道。风险投资给东江除了提供资金以外,还在帮助企业成长,通过引入新的管理方法和理念而为企业带来更好的收益。在这种相互信任、理解、尊重的氛围下,双方紧密结合在一起,形成了良好的互动,共同实现企业的增值。各方合作以后,2002 年已经开始给它们分红。

4.企业价值增值

风险投资除了资金投入,还有知识、经验、能力和品牌等多种资源的投入,为东江环保带来了许多无形价值,主要体现为:

(1)带来了先进的设计理念

风险资本的引入优化了东江环保的发展战略、形成了独特的业务模式。对于东江环保,风险投资商提出:企业要立足于国民经济的产业链。这种观念摒弃了过去一味"赚钱"的经营理念,在这一经营理念的指导下,公司形成了"废物处理为业务主轴,通过将废物的处理处置、资源化利用和环境工程及服务相结合,铸造完整的环保服务业务链,形成工业和市政废物综合管理与资源循环的全能固废处理服务平台"的发展战略,积极完善业务链和区域布局,使公司逐步成为综合性固废处理环保服务商。此外,投资商还提出:作为循环经济项目,要注意自身技术,不能造成二次污染,变废为宝以及转化的效率尤其重要。在这种思路的指引下,企业资源在利用的循环经济意识开始逐渐成形。此后,东江环保一直致力于推进工业废物资源的综合利用,最大限度地利用其他企业的生产过程产生的各种"废物—资源再利用—产品"独特的业务模式和产业链。

(2)改善经营管理

在投资方帮助下,东江环保不仅建立了比较规范的法人管理结构,而且通过各种手段整合企业的内在资源,使其原有的资质、技术、商业模式等得以发挥更大的作用。自从东江环保引入风险投资之后,公司管理制度便开始积极与国际接轨,大批引进各类高级人才,公司管理结构也变得规范和透明。在风投结构的帮助下,公司改变了原有的家族企业管理模式,过去单一的股权结构也有了很大改善。通过股权的结合,形成有效的激励机制,吸引和留住了人才,进一步增强了企业竞争力。

(3)拓展业务范围

3 家投资商分别处于上海、北京、深圳,这是 3 个中国最发达的城市,也是东江环保业务发展的重点地区,地域分布上为东江环保的业务扩展提供便利。在上海联创的帮助下,2001年11月,东江环保成功进入上海浦东市场,与清华博士组建上海新禹环保有限责任公司,成为目前上海最大的民营废物处理企业。此外,通过风险投资,东江环保还在四川成都成立了成都市危险废物处理中心有限公司,这是成都唯一一家从事危险废物处置及资源利用的环保企业。风投企业的帮助推动了东江环保各项业务的区域拓展和市场布局。目前,东江环保的运营网络已经覆盖了广东省、长江三角洲和华中的众多工业发达城市,通过规模扩张,始终保持在中国工业废物的无害化处理和资源化利用业务的龙头地位。

（4）引进社会资源

作为"技术桥梁",风险投资公司不仅是投资者,而且是科研机构和生产企业之间的桥梁,某种程度上起到技术中介的作用。在风投企业的牵引下,东江与多家环保机构、学院组成策略性联盟,其中包括法国农业科学技术研究院、天津大学及中南大学,并且与多个地方政府成立了应对相关突发事件的专业小组,还与多家知名高校及企业展开了合作,如清华大学环境学院、法国威立雅。这些策略性联盟及合作不仅为有利于增强企业的研发能力,也为集团提供最新的行业发展信心,扩张了产品渠道的同时也有利于提升品牌形象。

（5）提高企业效率

风险资本进入前,公司的总资产为3 300万元,净资产为2 800万元。两年后,东江环保总资产达到1.2亿元,净资产已经超过1亿元。风险资本进入前的2000年,税后利润为90万元;而2002年年末,税后利润达到2 100万元,增长超过20倍。

［注:案例材料根据《中国风险投资年鉴2003》（中国风险投资研究院,中国香港）、《风险投资对环保产业的推动——以东江环保为例》（徐扬,2014）、《环保技术产业风险投资的发展问题研究》（范旻,2015）等材料编写。］

案例6-4　无锡尚德应用风险投资

1.无锡尚德背景介绍

2001年1月,无锡尚德太阳能电力有限公司成立。无锡小天鹅集团、山禾制药、无锡高新技术风险投资有限公司等8家企业共同融资600万美元,而施正荣投资40万美元的现金和价值160万美元的技术参股,共同组建了中澳合资无锡尚德太阳能电力有限公司。专业从事晶体硅太阳能电池、组件,硅薄膜太阳能电池和光伏发电系统的研发、制造与销售。

2002年9月,无锡尚德第一条10兆瓦太阳能电池生产线正式投产。当年尚德还在亏损,2003年就盈利90万美元,2004年业绩翻了20倍。3年实现"三级跳"。

2005年,在无锡市委书记的帮助下成功完成企业私有化,原先占尚德股份75%的国有股获益十几倍后,相继退出。同年年底,尚德海外公司向高盛、英联、龙科、法国Natexis、西班牙普凯等国际著名投资基金共私募了8 000万美元的资金,完成了对尚德所有国内股东的股权收购,使尚德成为一个海外公司百分之百控股的外资企业。

2005年12月14日,无锡尚德（NY:STP）在美国纽约证券交易所挂牌。

2005—2007年,无锡尚德销售收入从2.26亿美元增长到13.48亿美元,年复合增长率

144.2%;净利润从 3 060 万美元增长到 1.71 亿美元,年复合增长率 136.5%;2007 年产量达到 540 MW,是 2002 年的 54 倍。目前,无锡尚德在全球光伏产业排名升至第二,仅次于日本夏普(Sharp)。

2.无锡尚德应用风险投资过程

（1）首轮融资

随着全球性的能源紧张,太阳能发电日益受到关注。师从国际级权威、世界太阳能之父马丁·格林教授的施正荣博士,于 2000 年学成后归国创业。当时,他除了十数项专利和几页商业计划书外几乎一无所有。为凑足 800 万美元的资本金,他曾在投资人门口苦坐 3 个小时,希望能得到投资方的青睐,成立合资公司。但是等待了几个月,一分钱都没有融到。

一个偶然的机遇,无锡市风险投资公司投资部经理张维国发现了施正荣的项目。经过一番仔细考察,施正荣的人品、技术和团队得到风险投资公司的认可。于是双方经过一番协商,决定共同成立一家太阳能电池生产企业。在无锡市政府的鼎力支持下,以及在张维国的带领和劝说下,无锡小天鹅集团、山禾制药、无锡高新技术风险投资有限公司等 8 家当地知名企业纷纷出手,融资 600 万美元,施正荣则以 40 万美元现金和价值 160 万美元的技术参股（施正荣占 25%股份,其中 20%作为技术股,另外 5%以现金支付）,成立了无锡尚德太阳能电力有限公司。施正荣出任总裁,张维国担任副总裁。2002 年 9 月,第一条生产线投产运行,尽管产品性能优异,但仍然卖不出去,由于当时国内没有足够的市场需求,施正荣只好紧盯海外市场。2003 年的扩产,对尚德来说非常重要:没有当时的投资,他们就不可能抓住 2004 年的黄金市场。德国通过《新能源法》给了他们另一个机遇。市场的变化使尚德迅速结束了初创期。

经过 3 年的创业,公司开始步入成长期,尚德与其他高新技术企业一样,在快速发展过程中,也遇到了资金"瓶颈"。由于前期有了风险投资的鼎力相助,无锡尚德在前两年获得了巨大的发展空间。但同时负债比例也比较高,虽然短期内不融资,该企业也能保持稳步的发展态势。但由于国际同行业间竞争日益激烈,现有资产状况已经无法满足公司高速发展的需求。2005 年年初,无锡尚德扩张速度太快,依靠银行融资解决不了问题,必须另寻新的融资渠道。然而国内资本市场是矛盾的:一方面,民间游资不断增长,担保公司、典当行、证券商、信托投资公司、银行等各类投资机构的资金规模也日益庞大,急于寻找投资途径;另一方面,企业却普遍反映没有合适的融资渠道,有很多人希望找投资,但不知道这门朝哪儿开,也不知道其他的 VC 在哪儿,投资者与经营者之间缺乏有效的联系纽带。另外,我国资本市场现有的制度安排也不适用高科技企业的融资需求。

首先,现行发审制度不便于高科技企业进入资本市场。企业上市周期长、成本高、程序复杂。IPO 一般需要 2~3 年,而且充满不确定性。企业上市后再融资必须间隔 1 年,再融资的发行审查基本等同 IPO,同样无法适应高科技企业产品生命周期短、技术更新快的特点。

其次,现行发审标准强调企业过去的经营业绩和盈利能力等硬性指标,较少注重高科技企业的高成长性等软性指标。

最后,资本市场层次单一,中小板规模有限,无法满足高科技企业的融资需求。因此成为影响我国高科技企业应用风险投资的最大瓶颈。据尚德控股向美国证监会(SEC)提交的Fl 表格(上市招股说明书)披露,无锡尚德 2002 年亏损 89.7 万美元,2003 年利润仅 92.5 万美元,这样的业绩水平根本无法满足国内的上市标准,所以不得不放弃国内上市,另寻海外上市。

(2)融投资双方的沟通及公司整合

在无锡尚德的创业初期,风险投资公司就看中了这家公司。第一个签字的机构投资者——法国的 NBP,在项目处于初级阶段就介入了,当时国有股还没有退出,包括小天鹅,施正荣占的股份相对较小,只有 20%左右。公司的毛利率在 30%以上,2004 年已经有近 2 000万美元的净利润,行业也是新兴的行业,然后在技术壁垒上,国内当时是没有的,独此一家。短期内国内没有人能够赶得上。当时主要是了解一些无锡尚德的市场,尚德的产品以及客户,还有出口情况,包括整个市场的发展前景,整个价格趋势,以及无锡尚德为什么能做这个。用 80%的时间在做市场调查,拜访了不少于 5 家德国客户,由此法国 NBP 成为当时最了解太阳能行业的投资机构。

另外,西班牙的普凯敢投,主要是看到了 3 点:首先,尚德的获利能力非常强,而且有很大增长空间,另外,施博士是从澳大利亚留学回来,专门研究太阳能,他的团队也很优秀。他们都看好无锡尚德的发展潜力,许多目光敏锐的投资人很早就发现尚德电力的前景广阔,盈利空间惊人。但是当时困扰着无锡尚德的主要因素是尚德当时的股东中有 8 家国有企业,但是对这些海外机构来说,国有企业的管理制度和公司治理结构往往令他们对公司发展抱有怀疑态度,而一个由施正荣个人控股的股权结构显然有吸引力得多。

尽管太阳能产业有良好的成长空间,但是无锡尚德最初国有股占有大部分,令所有的外资望而生畏,犹豫不前。当时众多 VC/PE 机构迟迟未敢做最终的投资决定,考虑到如果国有股东没有退出,对尚德海外上市会有影响,所以对公司进行整合重组便提上了议事日程。国内企业海外上市最重要的准备工作之一就是引进海外战略投资机构。将无锡尚德重组成为一个由海外公司百分之百控股的外资企业。

为便于海外上市,施正荣 2005 年 1 月设立了"尚德 BVI"公司,开始对"无锡尚德"进行私有化。借助"百万电力"提供的 6 700 万港元过桥贷款为收购保证金,"尚德 BVI"开始协议收购"无锡尚德"的国有股权。除直接从发起人股东手中收购 44.352%的股权外,"尚德BVI"还收购了一家 BVI 公司"欧肯资本",后者从两家国有股东手中受让了无锡尚德24.259%的股权。最终,其他国有股退出,VC 公司进入。国有股的回报率非常高,都在 10～20 倍,即当初投资了 1 000 万元,走的时候有些股东拿了 2 亿元。同时,海外投资机构出资8 000万美元,以 6 倍市盈率溢价入股"尚德 BVI",并为规避风险设计了一份"对赌"协议。由于施正荣属于澳大利亚籍,无锡尚德重组后变身为完全的外资企业。

在此轮融资后,无锡尚德除了获得海外风险投资机构出资 8 000 万美元外,更重要的是高盛等机构在进入后,重组了尚德的组织结构与财务结构,并帮助尚德建立了国际化、规范化的现代企业管理模式,提高了企业的综合管理能力,进一步提高了企业和产品的国际知名度,为企业进一步拓展国际市场创造了有利的条件,且帮助企业设计一个能被股市看好的、清晰的商业模式,这正是风险投资的贡献之一。

2005年12月14日,注册了开曼群岛的尚德电力控股有限公司(股票代码:STP,简称"尚德控股")以美国存托股票(ADS)形式在纽约证券交易所挂牌上市,受到投资者的热烈追捧,尚德控股此次发行共出售2 638万股,融资近4亿美元。

[注:案例材料根据《我国创业风险企业的资本结构研究——以无锡尚德为例》(封化,2008)、百度文库"无锡尚德应用风险投资的案例分析"等材料编写。]

案例6-5 风险投资在"博客网"遭遇滑铁卢

1.博客网及创始人介绍

博客网,译自英文Weblog/blog(也译作"网络日志""网志"或"部落格"等)原名博客中国,是IT分析家方兴东先生于2002年8月发起成立的知识门户网站。作为第二代互联网门户,博客网是中立、开放和人性化的精选信息资源共享平台。2003年年底,博客网已经成为全球中文第一博客网站。2005年7月,博客中国正式更名为"博客网"。

博客的繁荣,标志着以"信息共享"为特征的第一代门户,开始正式过渡到以"思想共享"为特征的第二代门户,开始真正凸显网络的知识价值,标志着互联网发展开始步入更高的阶段。第一代门户由于仅仅是信息的门户,它虽然可以有多层的链接,都是信息之间的链接,还是属于"平面的""单维的"的门户。第二代博客门户由于"以人为本",它不仅仅有博客的人和机构的门户为基础,还有博客的人和组织之间的多种关系,及多种关系构成多种多样的错综复杂的博客圈。这样,第二代的门户保护就从"平面的""单维的"门户发展到"立体的""多维的"门户了。由于博客门户的以人和机构为基础导致的功能的多样化,使博客门户向着"虚拟社会"的方向演化。

方兴东作为创始人,董事长兼CEO,是中国第一家专业互联网研究和咨询机构——互联网实验室(Chinalabs)共同创始人,全球第一大中文博客网站——博客网(原名博客中国)共同创始人,"博客"中文概念共同创造者。1987—1994年就读于西安交通大学,获工学学士、硕士学位,1996年进入清华大学攻读博士。

自2002年创立博客网以来,他一直致力于博客理念的推动和发展。博客网从个人博客网站成功转型为博客门户,将博客应用从网络日志转变成"个人传播,深度沟通,娱乐休闲"全方位的互联网新应用。2004年11月15日,"博客网"网站进入Alexa全球500强网站,2005年5月,"博客网"网站在全球排名里首次突破前100名,成为中国互联网2.0时代的倡导者和领导者。

王俊秀是博客网的创始人兼总编,毕业于中国政法大学法律系,是信息社会转型问题专家,国内首家互联网咨询机构互联网实验室联合的创始人,中国国家互联网景气指数的首席架构师,曾任多家媒体的总编辑,是将IT技术引入大众传播领域的先驱者之一和"博客"中国概念的创造者之一。

2002年,方兴东创建博客网的前身(博客中国),之后3年内网站始终保持每月超过30%的增长,全球排名一度飙升到60多位,并于2004年获得了盛大创始人陈天桥和软银赛富合伙人羊东的 50 万美元的天使投资。2005 年 9 月,方兴东又从著名风险投资公司 Granite Global Ventures、Mobius VentureCapital、软银赛富和 Bessemer Venture Partner 等风险投资公司融资 1 000 万美元,并引发了中国 Web2.0 的投资热潮。

2.引入风险投资及失败过程

2005 年 7 月,"博客中国"更名为"博客网",并宣称要做博客式门户,号称"全球最大中文博客网站",还喊出了"一年超新浪,两年上市"的目标。于是在短短半年的时间内,博客网的员工就从 40 多人扩张至 400 多人,据称 60%~70% 的资金都用在人员工资上。同时,还在视频、游戏、购物、社交等众多项目上大把烧钱,千万美元很快就被挥霍殆尽。博客网至此拉开了持续 3 年的人事剧烈动荡,高层几乎整体流失,而方兴东本人的 CEO 职务也被一个决策小组取代。到 2006 年年底,博客网的员工已经缩减恢复到融资当初的 40 多个人。

博客网不仅面临资金链断裂、经营难以为继,同时业务上也不断萎缩,用户大量流失。为摆脱困境,2008 年,博客网酝酿将旗下博客中国和 bokee 分拆为两个独立的公司,而分拆之后分别转向高端媒体和 SNS。但同年 10 月博客网又卷入裁员关闭的危机之中,宣布所有员工可以自由离职,也可以留下,但均没有工资,此举被认为与博客网直接宣布解散没有任何区别。

其实,早在博客网融资后不久,新浪就高调推出其博客公测版,到 2006 年年末,以新浪为代表的门户网站的博客力量已完全超越了博客网等新兴垂直网站。随后,博客几乎成为任何一个门户网站标配的配置,门户网站轻而易举地复制了方兴东们辛辛苦苦摸索和开辟出来的道路。再后来,Facebook、校内、51 等 SNS 社交网站开始大出风头,对博客形成了不可低估的冲击,网民的注意力和资本市场也开始离开博客。

另外,无论是方兴东自己还是熟悉他的人,都一致认为他是个学者或文人,而绝非熟谙管理和战略的商业领袖,没有掌控几百人的团队和千万美元级别资金的能力。博客作为 Web2.0 时代的一个产品,无疑是互联网发展过程中的一大跨越,引领互联网进入了自媒体时代,博客本身是成功的。但对于博客网,它让投资人的大把美元化为乌有,从引领 Web2.0 的先驱成为无人问津的弃儿,无疑是失败中的失败。

[注:案例材料根据《资本笼罩下的博客迷局》(徐龙建,2006)、《博客网:选对了跑道,选错了运动员》(叶蓁,2008)、《中国博客吸引风险投资》(刘嘉偌,2008)等材料编写。]

二、案例讨论

1.结合上述案例,分析讨论风险投资机构为风险企业提供的增值服务包括哪些内容以及风投的增值服务的重要性。

2.案例 6-2 中,广东风投认为珠海蓉胜的优势是比较明显的,所以选择了投资。如果你被广东风投派去珠海蓉胜考察珠海蓉胜电工有限公司,你会重点考察企业的哪方面品质?

3.如果说创业企业是千里马,风险投资家就是伯乐。一个创业企业能否成功引进风险投资,取决于多种因素。从上述 5 个案例中,你认为创业企业的哪些优势能让自己一马当先,吸引伯乐的目光?

4.有人认为风险投资机构投资"博客网"是"选对了跑道,选错了运动员",结合案例分析讨论影响风险投资成败的关键因素有哪些? 你认为博客网的失败是否与方兴东直接挂钩吗? 你认为作为创业的领导者应该具备哪些才能或素质?

三、案例点评

风险投资机构对博客网的投资选对了跑道,引领互联网进入了自媒体时代,但遗憾的是博客选择把大部分资金用在人员工资上和视频、游戏、购物、社交等众多项目上,没有将核心业务做大做强,无疑选错了运动员。从上述几个案例上不难看出,博客的失败与盛大网络、珠海蓉胜、东江环保、无锡尚德的成功相比较,最大的不同就是风投没有引导博客网专注于业务,没有在发展战略与管理方面提供有效的增值服务。由此看来,有无增值服务对于企业引进风险投资具有重大意义,不同的过程可能导致企业风险投资结果的不同。

1.盛大网络风投案例分析

盛大网络进行了共计 3 轮的风险投资:第一轮为中华网公司 300 万美元的注入,中华网的投资对于陈天桥的意义是重大的,他让陈天桥在多元化的道路上饱尝失败的痛苦,获得了运营一个互联网企业最初的经验;第二轮为 ACTOZ 公司 30 万美元的注资,虽然资金很少,但盛大充分利用了这笔钱,并代理《传奇》,开展了其游戏业务,将整个公司建立了起来,为将来的发展奠定了基础;第三轮为软银赛富 4 000 万美元的投资,软银的介入,不仅为盛大带来了资本和先进的管理技术,改善了盛大网络的公司治理结构,还为盛大带来了重要的社会资源,使得盛大的发展步入正轨,可以说软银赛富在盛大的发展中扮演了无可替代的重要角色。

同时,从盛大网络的案例中,为了更好地实现企业的价值增值,实现上市,公司可从以下几方面加以改善加强:

①形象再造和规范运作。企业要重新塑造形象,以一个全新的面貌出现在境外市场并得到投资者的认可。一方面,在民营企业进行股份制改造、申请上市的过程中,尽量聘请一些规范、有经验的机构对公司进行专门审计、审核,完善企业各项相关资产证明、财务信息记录等,为企业上市计划的推行扫清障碍。另一方面,企业在公开披露信息时应确保信息的真实性和准确性,提高信息的透明度和可信度,规范企业信息披露。此外,还应该根据企业自身的运作特点,选择真正了解企业、具有较强运作能力以及在境外市场有一定信誉度和影响力的分销商,以保证分销工作的顺利进行。

②选择优秀的投资者。从盛大的案例中我们可以发现,软银亚洲基金的投资在盛大上

市过程中起到至关重要的作用。优秀的基金投资公司或私募投资者在这过程不仅能给企业予资金上的帮助，还能为企业的战略发展提出宝贵的指导性建议，对企业境外上市起到一定的助推作用。此外，在风险投资的过程中，投资和融资双方还应建立相互信任，以确保风险资本的运作达到最理想的效果。对于投资者而言，在不越俎代庖、干预投资对象企业正常经营的情况下，建立好顺畅的沟通渠道，尽心尽力地为其出谋划策，提供各项增值服务。

③充分了解境外上市的责任风险和法律要求。企业在充分认识境外上市所能获得的种种益处的同时，还应清楚上市后即将面临的各种风险和挑战。其中，董事及高级管理人员的责任风险便是其中较为突出的一种，即公司董事在履行职务时由于各种原因导致公司或第三者经济损失，他们将面临依法承担赔偿责任的风险。这种风险的存在，是由企业上市所在地的有关法律所决定的，因此，企业应该遵守本国以及上市地国家对境外上市的相关法律法规，做到合法、合规经营。

2.蓉胜超微线材风投增值案例分析

广东风投与蓉胜超微线材电工的合作是传统行业的新技术改造引入风险投资的一个典型案例。

首先，蓉胜超微线材经过长期的发展已经初具规模，企业已经具有稳定的盈利能力。这主要是基于对未来市场的开拓和现有市场的竞争压力所进行的技术改造所致，但企业进一步发展所需资金，因其较高的负债率不能从银行融资。由于企业具有先进的技术和良好的市场开拓能力，如获得资金注入，会迅速发展壮大，因此类似企业比较容易获得风险投资。

其次，广东风投很好地解决了合作中的分歧。蓉胜超微线材这样的企业，许多风险投资机构往往都乐于投资，但双方之间的分歧却仍需要及时调和解决，来达到认识一致以利于企业高速发展。这种情况下，企业往往认为自身拥有良好的技术基础和市场开拓能力，企业具有良好的知名度，即具有无形资产，因而在引入资金换取股权时，就认为单纯以现有资产作为股权确认的基础对创业企业不公平。广东风投采用回购方式较好地解决了此问题，使得创业企业既能有效吸引风险资本，又能尽量多地享有原有经营成果。另一方面，风险资本也能以一个确定的收益退出部分股份，降低了投资和管理的风险。

再次，风险投资对蓉胜超微线材的资金监控，确保了资金流向最初协商的目的。风险投资采取派驻财务总监的方式，严格控制了该项投资的资金流向。这确保了资金投入预定领域，在一定程度上规避了投资风险。

最后，风险投资机构因势利导，为投资企业提供了企业股份制改造过程中的一系列服务，推动了企业进一步在规范管理的基础上尽快进入资本市场，为企业尽快构筑一个新的发展平台。

3.东江环保引入风险投资的案例分析

东江环保是一个典型中国高科技民营企业在风险投资的助力下海外上市的事例。中国的高科技民营企业在初期往往很不规范，企业的发展往往依靠创业者的热情、经验以及灵光一闪式的感觉，企业在短时间抓住市场，创业者有着非凡的勇气在市场中竞争，而整个企业的管理往往因为只是最传统、最简单的管理方式。创业者凭借自身的努力，将企业从初创时期带向成长期,取得了成功,企业要再发展,面临的问题就接踵而来。如同东江环保一样,这些企业往往有一些通病,要认识到这些症状根本所在,从而加以解决。

首先,东江环保规模扩大后缺乏活力,究其根本,是股权结构单一造成的企业缺乏良好的激励机制。激励机制缺乏,企业难以留住高素质人才,尤其是决策层单一,往往使企业重大决策理性不足。改变股权结构,实行公司改造是一个效率非常高的手段,而引入风险投资,既能满足企业发展的资金要求,又能帮助企业更好地制订发展战略,可谓一举两得。

其次,当企业规模扩大后,东江环保出现管理水平低下、企业整体效率不高的现象。东江环保初创时期,由于其规模较小,因此没必要对企业组织进行详细规划,这时的企业组织往往是松散的;企业规模扩大后却不能建立有效的组织结构,使得团队作用无法发挥,这成为制约东江发展的又一因素。引进风险资本的同时,东江也向风险资本投资家学习其科学的企业管理方法,精简机构,提高效率。

最后,正如张维扬先生所说,东江每年赚些小钱是没问题,不过要做大事业,凭他的个人经验和感觉是不行的,也要面临较大风险。东江环保引入风险资本,在开拓市场方面也有了很好的帮手,这些无形的价值对东江环保来说,作用甚至更大。

4.无锡尚德应用风险投资的案例分析

无锡尚德的上市模式对国内民企极具借鉴意义,但尚德又有其独特的发展背景。尚德所处的光伏产业不仅增长迅猛,而且允许外商全资控股。对于一些仍然受到国家产业政策限制的企业,国有资本是否应当完全退出,重组上市能否效仿尚德模式,仍需具体情况具体分析。

尚德的资本运作模式,是具有一种鲜明民营企业特色的融资模式。对于国内高科技企业而言,引入风险投资有利于摆脱企业成立之初的融资困境,满足企业业务快速发展对资金的渴求。

同时也要看到以高盛为代表的国际风险资本入主尚德的条件是相当苛刻,一旦尚德的成长达不到预定要求,就可以控制尚德。那时尚德的管理团队将面临失去公司控制权和整个企业的风险。因此我国相对弱势的高科技企业在与国际私募投资机构合作时,需要在保持自身独立性与获得投资之间寻找到一个平衡点,争取实现与风险投资者的双赢。

另外在选择海外上市前,必须深入分析企业自身的融资需求;慎重选择海外上市地点及境外上市方式;把握住企业海外上市时机;慎重选择实力雄厚的财务顾问。并且遵循一定的运作模式,这样才会收到事半功倍的效果,才能成功引进风险投资。

5.风投在博客网遭遇滑铁卢的案例分析

从本案例来看,风险投资在博客网上的投资失利是由多种原因所致。首先,博客网作为一个新生事物,人气大涨,在2002—2005年,用户每年以30%的速度增加,但其实它没有一个清晰的盈利模式,软银等投行在互联网企业风投的成功经验如新浪网等,使其看到博客网的投资价值,在业务模式不清、团队不强的情况下投入巨资,盈利模式的缺失是其失利的重要原因。

其次,管理不规范。博客网获得1 000万美元的风险投资以后,迅速招兵买马,员工从

40多人快速扩张到400多人,人员工资就花费了所融资金的很大一部分,且管理没有跟上,内部结构混乱无序,内斗严重,人员纷纷离职。之后,博客中国又经历了大幅裁员。管理混乱、人心不稳、内耗严重是失败的内因。

另外,博客网的掌舵人为了迎合风险资本快速发展的推动,业务发展过快过杂,软银等风险投资机构没有很好地引导博客中国把核心业务做大做强,在管理规范与发展战略方面没有提供有效的增值服务是失败的原因之一。并且,公司在经营模式与发展战略没有很好规划的情况下,就高调宣布与新浪等门户网站竞争,过早树立起强劲对手,如到2006年年末,新浪、搜狐、网易等门户网站的博客力量已完全超越了博客网等专业博客网站,对竞争对手与自身实力缺乏清醒认识,是其失利的又一主因。

四、实践参考

(一)风险投资管理的概述

风险投资管理是指风险投资公司与创业项目或企业在签订投资协议以后,风险投资公司积极参与创业项目或企业的经营管理,为其提供增值服务并实施监控等各种活动的总称。它是从投资协议签订起到风险投资退出为止的整个阶段,涵盖了投资后风险投资公司对创业项目或企业所实施的监督、控制、各种增值服务。这主要是由于两方面原因:一方面许多创业项目或企业在公司规范化管理、未来发展战略、资本运作等方面缺乏经验或资源,通过提供增值服务促使企业规范发展,以降低投资风险;另一方面就是投资方与创业项目或企业之间存在委托代理问题,适当的监管可以降低道德风险与逆向选择风险。

风险投资机构对创业项目或企业的管理主要具有以下特点:

①风险投资管理主体是风投公司。从风险投资的角度来说,风险投资管理是风投公司针对创业项目或企业的实际情况,如何进行适当监控与提供增值服务,因此管理主体是风险投资公司或风险投资家。对创业项目或企业来说,风险投资机构的管理并不取代创业者与公司管理层对创业项目或企业的经营管理,风险投资家的管理服务只是协助创业企业的管理层规范公司的管理,提供创业企业管理层所不具备的服务,以引导创业企业更好地发展壮大。

②风险投资管理重点是创业企业的战略和策略。风险投资家通过在公司董事会占有席位来影响创业项目或企业的重大决策,如提供技术、产品、原料或资本市场方面的帮助;如风险企业管理不规范,会提供管理规范化上的优势帮助企业发展,一般不会过多涉及企业日常管理。

③风险投资管理的方式以间接方式为主。风险投资公司主要是通过与创业企业的高层管理层的沟通与交流,提供先进的经营管理理念,或协助完善公司管理结构,制订公司管理

规章,不会对风险企业的基层管理直接干预。

④风险投资管理目的是实现企业增值。风险投资家利用专业知识为创业企业提供增值服务,一方面是为了最小化代理风险,保障投资者权益;另一方面则通过对创业项目或企业进行适当监督或提供增值服务,包括协助制订管理规程、发展战略及资本运作等,最主要的目的还是为了防范投资风险,实现创业企业的价值增值,达到高额投资回报的预期。

(二)风险投资管理的内容

风险投资家介入所投项目或企业的经营管理主要依据投资对象的情况、双方协议条款等方面确定管理的具体内容。不同的风险企业,同一企业不同发展阶段,风险企业管理规范性不同,合约控制权分配条款不同,风险投资家对风险企业经营管理的介入深度会存在很大差异。一般来说,风险投资管理主要涉及管理规范化、发展战略规划、技术产品市场与资本市场等资源服务、风险控制等,可归为增值服务与监督控制两类(胡峰,2006)。

1.风险投资管理的依据

风险投资机构(风险投资家)参与所投项目的经营管理及其介入深度主要取决于以下几个因素:

(1)投资对象的发展阶段

创业企业的金融周期包括初创期、早期发展期、快速发展期、持续成长与成熟期,在不同的时间,创业企业管理团队的经验有差异,公司的组织结构、规章制度的完善程度不同,风险投资家介入创业企业管理的方式与深度就会有所不同。比如在创业企业的初创期与早期发展期,创业企业管理团队不健全,管理经验缺乏,规章制度不完善,各种社会关系网络如产品销售网络、资本市场运作网络等尚待建立,此时就需要风险投资家的积极介入,且需要应用自身优势引导创业企业走向完善与快速发展通道。前面盛大的案例中,因盛大游戏处理发展初期阶段,软银赛富深度介入盛大的管理,对其成功上市具有十分重要的推动作用;软银等风险机构对博客网的管理没有做好引导,使得管理混乱是博客网投资失败的重要原因之一。

(2)投资金额与持股比例

风险投资机构投入资金换取创业企业的股权,对所投企业形成剩余资产索取权。一般来说,所投金额越多,持股比例越大,剩余索取权越多,风险投资机构所承担的风险越高,介入所投项目的经营管理的动机越强,介入深度会越深,介入管理的方式也会越深。

(3)投资对象的行业特征

风险投资公司所投资的标的公司的行业特征不同,行业生命周期发展阶段不同,未来所面临的风险不同,则风险投资公司参与创业企业经营的管理的方式与深度会存在很大差异。如果所投企业属于高新技术行业,未来不确定性很大,风险投资公司参与的程度会较深;如果所投行业属于早期阶段,风险投资公司也会介入程度较深,否则可能面临投资的失败。如前面博客网的案例,博客这种技术或经营模式属于新兴产业,还没有弄清其盈利模式,软银等风险投资机构没有引导博客网的管理层做好核心业务,使业务杂,公司管理混乱,最终导致投资失败。

(4)投资对象的经营状态

风险投资机构尽管所投企业是申请投资项目数的 1%,但因为风险投资家由于专业等限制,人员有限,其管理精力也有限。所以,如果所投企业的运行正常,经营状态良好,则风险投资家介入程度就会很浅。相反,如果创业企业遇到困境,经营出现困难,风险投资机构就会利用其优势与资源,支持创业企业走出困境。如果风险投资家无法解决所投企业的危机,则会积极采取措施减少损失。

(5)控制权分配

创业企业的控制权包括剩余索取权(如剩余财产分配权、未分配利润分配权等)、剩余控制权(重大决策参与权,如投票权等)。所投企业的控制权在风险投资机构与创业企业家之间如何分配,是依据创业企业的行业特征、发展阶段、投资金额、持股比例等因素,由双方谈判结果所决定的。因此,创业企业所处的状态不同,风险投资机构与创业企业家之间的控制权分配与转移情况就会不同。如果创业企业经营发展状态良好,风险投资机构会将企业控制权转移给风险企业的管理层,因此这对创业企业家来说鼓励其努力工作的隐性激励措施。

对于风险投资机构来说,人员与精力有限,如果创业企业能很好地实现风投剩余索取权回报的最大化,风险投资家是不会介入或轻度介入创业企业的管理,让企业家自主经营。因此,为了能减少介入创业企业的经营管理,同时又能达到控制风险的目的,风险投资机构在与创业企业进行交易合同构造谈判时,会就相关条款如分阶段投资、创业企业家股票延期套现、非竞争规定及使用可转换证券作为交易工具等措施,来保护投资利益。

2.风险投资管理的内容

风险投资机构对创业企业的管理主要分增值服务与监督控制两类。

(1)增值服务

风险投资机构针对创业企业的不同情况,可以提供的增值服务主要包括:①发展战略规划,主要是对创业企业的重大战略决策,如经营计划、市场定位等提出建议和参考决策;②社会资源网络支持,即利用风险投资机构众多投资企业的经验与关系网络,为所投企业的技术与产品开发、供应与销售等提供服务,或是利用其资本市场丰富资源与经验提供后续资金的融资计划与安排,以及运用并购或上市等方式实现投资退出;③协助创业企业规范化管理,帮助创业企业组建管理团队,优化组织结构与管理流程,利用风险投资机构的人力资源优势,提供高级管理人员、财务专家、技术专家等支持企业的发展;④信息沟通与咨询服务,通过定期或不定期地与企业沟通,掌握企业的经营动态与发展方向,针对管理层没有注意到的重大问题,利用风险投资机构的敏锐的洞察力与行业经验,提出意见建议或提供咨询服务。

(2)监督控制

风险投资机构为了促进所投企业发展壮大,实现预期投资目标,会对投资对象进行监督控制管理。按照监督管理的方式不同,又分为直接监管与间接监管两种。

①直接监管。风险投资公司通过参与风险企业的重大表决等方式,直接对投资对象的经营管理与发展动态进行监督管理,是保护投资利益实现投资目标的重要措施。直接监管的措施主要有以下几种:一是参加董事会。这主要利用交易协议条款所获得的表决权与董事会席位,对公司重大决策问题进行表决权来监管公司运行,掌握公司发展信息,以便及时发现企业发展过程中存在的风险并采取有效的应对措施。

二是分阶段投资与追加资金。根据创业企业所处的生命周期阶段的不同,投入创业企业的风险资本可分为种子资金、导入期资金、第一轮资金、第二轮资金、第三轮资金和第四轮资金。风险投资机构在投资创业企业时,会根据风险企业所处阶段的不同,分批次注入资金,即分阶段投资。由于种子资金的资金量不大,一般低于一百万,从几万到几十万不等,越到后期,所投资的资金量越大,因此分阶段投资对创业企业形成了强有力的控制机制,即如果企业经营不善,风险投资机构将会放弃后续投资,企业将面临资金窘迫的困境,对创业企业管理层形成有效的约束与激励。另外,对风险投资公司来说,一方面,减少了信息不对称所带来的利益损失,增加了风险投资公司对创业企业的控制权;另一方面,降低了投资中的不确定性,形成了投资中断机制,这有效地预防了创业企业家的单向承诺问题,即如果前期所做承诺没有兑现,则后期将不会再有投资,单期投资创业企业家的承诺无效性问题就从制度上得到解决。

如果创业企业行业前景好,或企业在技术或产品方面有优势,但在管理或未来战略方面与风险投资机构有很大分歧,可通过追加资金获得更多的董事会席位与表决权,强化对创业企业的控制权,因而追加资金也是直接监控的措施之一。

三是人事与财务干预。即对不称职的重要管理人员进行更换,降低逆向选择与道德风险,实现风险投资的预期目标。通过查看企业的财务报告、审查账簿、巡查工作场所、查看机器设备等监控企业的财务工作,确认企业发展动态。

②间接监控。风险投资机构可通过完善创业企业的治理结构来降低委托代理关系所带来的信息不对称的道德风险与逆向选择。风险投资家可帮助通过完善组织结构、规范管理规章,建立起有效的激励机制与约束机制,协调创业企业管理层与风险投资机构的冲突,保证投资者的利益。一般管理层激励机制主要包括管理层持股计划、管理层聘用与考核机制、风投所持股权为可转换优先股等,以使创业企业管理层能主动发挥积极性,减少风险投资公司监控成本。

(三)风险投资管理的方式

创业项目或企业处于生命周期早期发展阶段,本身比较脆弱,又面临着管理问题、技术问题与产品问题、市场问题等多重困境,未来发展变数大,风险投资机构与创业企业之间的信息不对称问题就更加严重,因此,风险投资机构需要通过多种方式对创业企业实现监督控制管理,以便有效保护投资者利益,实现预期投资回报。

1.参加风险企业董事会

风险投资机构通过出资获得了风险企业的一定董事会席位和表决权,而风险企业董事会则对企业的经营状况负责,如聘任或解雇企业总经理、开发某个新产品或投资某个新项目等。风险投资机构通过参加企业董事会,对重大决策问题提出自己的意见建议,影响创业企业管理层的决策,行使自己的表决权等,以促使风险企业健康发展,投资利益得到保护。

2.审查风险企业经营报告

风险投资机构对所投资的风险企业的经营报表定期进行审查,掌握企业的生产经营情况,密切关注企业经营报告中的异常情况,如报表数据不如预期,销售、存货与订货等出现异常变动,风险企业管理层不愿沟通接触,报告报送延迟,管理层人员变动等,发现这类问题就应实地调查了解情况,及时掌握异常的原因,分析未来恶化的可能性,及时采取有效措施防范与化解风险。

3.电话联系或会晤风险企业管理层

沟通加深了解。风险投资家可通过打电话或直接会晤的方式与所投企业的高层进行沟通,一是了解高层特别是最高管理者对企业发展的战略方向、经营理念的想法,及早发现双方战略与理念之间的差异,通过沟通,引导协调双方利益与冲突,实现双方共赢;二是了解企业生产经营情况,对相关问题提供指导或咨询服务,促进企业快速发展。

第七章 风险投资的风险管理

一、案例综述

案例7-1 广州"蒙特利"：高特佳创投的风险管理

2001年7月，深圳市高特佳创业投资有限责任公司（以下简称"高特佳"）第一次接触广州蒙特利实业有限公司（以下简称"蒙特利"），了解到该公司为了满足公司不断发展壮大的战略需求，扩大生产规模需引进4 000万元的投资。从2001年的7月8日开始做初步的调查到同年12月15日签订投资协议，双方经历了5个月的调查、沟通与分析。虽然这只是一个比较常规的风险投资过程，但其中的曲折过程也颇耐人寻味。这个过程启发我们去思考我国中小企业引入风险投资时，投融资双方需要共同面对的问题以及解决的方法。

广州蒙特利实业有限公司是一家研究开发、生产销售新型化学建材和精细化工产品的高新技术企业。公司成立于1995年10月，由归国留美博士龚学锋先生和广州芳村茶窖经济发展公司合作经营。总部设在广州，在全国各地设立了十几家分公司。公司目前主要生产和销售复合高分子实体面材系列产品和不饱和聚酯树脂等产品。产品销售覆盖全国，且公司拥有自营进出口权，产品销往美国、澳大利亚等国家和地区。

龚学锋先生是广州蒙特利材料科技股份有限公司董事长兼总经理。1989年10月，龚学锋以优异的成绩获美国南加州大学高分子科学与工程博士学位，后任职于英国石油公司，先后担任资深化学师、资深研究员、产品开发小组主管，是公司的技术骨干。虽然在国外的生活很安逸、方便，但在获得多项技术专利后，创业意识很强的龚学锋决定回到发展中的祖国开创新的事业。1994年，他回到了广州这片改革开放的热土，广州芳村区领导对他带回来的项目非常感兴趣，芳村区茶窖村立即表示愿意投资。

1995年年底，龚学锋博士携带其研发的复合高分子实心板材项目（1997年获广东省新产品三等奖，1998年该项目被认定为国家级新产品，并获农业部乡镇企业局科技进步一等奖）以技术入股，与茶窖村合作办起了蒙特利实业有限公司。公司创立后取得了较大的社会效益和经济效益，公司产销和利税每年大幅度增长，并且改变了实体面材依赖于进口且价格居高不下的局面，还将产品直接打入国际市场，实现了出口创汇。2002年以来，国外著名实体面材厂家或经销商（如杜邦公司、LG公司等）纷纷到"蒙特利"洽谈业务，希望"蒙特利"为其进行贴牌生产,为此"蒙特利"有望成为实体面材的世界加工厂,实现出口突破性增长。

当龚学锋回到阔别10年的祖国时,他手里除了一张美国洛杉矶南加州大学的博士证书外,还有几项处于世界科技前沿的专利技术。时隔数年,他依托专利技术发展起来的"蒙特利",年产值超过3亿元。同时,龚学锋博士也担任了多项职务并获得了多项荣誉称号。

1.项目介绍

"蒙特利"欲扩大生产规模,拟通过风险融资的渠道筹集资金。它的产品主要为实体面材,俗称"人造石",是一种新型的建筑装饰材料,可广泛用于家庭橱柜装修、洗脸台、营业柜台、楼梯扶手、户内和户外的墙体、台面的装饰等,是国家重点鼓励发展的建材产品之一。"高特佳"对"蒙特利"的评鉴:

(1)优势

"高特佳"通过对"蒙特利"为期一周的初步调查,发现公司项目的优势在于:

①产品有一定的技术含量。"蒙特利"的技术是公司总经理龚学锋博士在美国从事科研的基础上,经过二次研制、开发和改进后而形成的公司专有技术。

②产品性能良好。"蒙特利"的产品兼具可塑性与坚硬性;质量轻,加工性能好,拼接无缝,可随意弯曲;结构紧密,表面无毛细孔,与天然石材相比耐污性能强、无辐射、易清洗;美观大方,颜色均匀性好,搭配可随心所欲;抗老化性能极佳,并具有阻燃的性能。

③市场前景良好。近年来,我国装修工程呈直线上升趋势,2000年就达到了2 000亿元,家庭橱柜、卫生间、厅房的装饰墙体对实体面材的需求空间约有200亿元。此外,实体面材在商业上的用途越来越广,其空间将超过家庭装修的空间。从国际市场看,美国、韩国、澳大利亚、中国香港等发达地区,实体面材的增长也越来越明显。

④经营稳健。公司从1997年正式开始批量生产以来,年年盈利,并呈稳步上升趋势,2001年上半年净利润650万元,同比增长15%。

⑤销售网络分布较广,也比较完善,已经建立起11个分公司,渠道遍布除西藏之外的所有地区。

⑥已经具有了一定的品牌。"蒙特利"品牌已被同行业确立为该行业第一品牌。

⑦公司的生产管理比较规范,已通过了ISO 9001—2000的认证。

(2)劣势

①市场刚刚启动。目前每年现实的需求还达不到200亿元,市场还需要宣传,消费还需要引导。

②市场竞争混乱。假冒伪劣产品充斥市场,严重扰乱了竞争秩序。加上该产品的品质仅从外观上较难辨别出来,需经一定使用年限,因此,劣质产品具有较强的混淆欺骗性。

③市场进入壁垒低。由于国家对该产品目前还没有一个统一的标准,造成各种小厂或个人纷纷上马,但质量却难以保证,产品极易出现断裂、变色、色差的问题,影响整个行业的信誉。

④用人问题。现在各分公司经理都是创业的老员工,这些人文化程度不高(大部分为高中),人力资源方面已经跟不上公司的发展。

⑤国外厂商的竞争问题。目前,"蒙特利"的产品价格比杜邦等国外产品的价格低许多,但杜邦会不会也在国内设厂以降低成本,从而也以较低的价格参与国内的竞争呢?

2."高特佳"的进一步调查

这次调查他们着重两个方面:

一是,他们实地考察了广州、深圳等市主要建材市场,以及大型的橱柜销售商场,确认"蒙特利"确是国内同行业品质最好的,同时也是国内销售规模最大的企业,与国内第二名的销售量相差 5 倍。

二是,他们实地访问或电话访谈了"蒙特利"的 11 个分公司的总经理,确认了"蒙特利"在北京、上海、武汉等大城市的销售确实排在前列,并核实了今年销售计划的完成基本没有太大问题。另外,他们对公司基层员工进行了较广泛的了解,发现大部分员工对公司的前途较有信心。

为了确保调查的可靠性和进一步了解实情,他们咨询了广州市科技局和相关技术管理部门,得知"蒙特利"正与国家新材料标准研究所共同制定产品标准,2002 年年初可送审,2002 年年底可批准。如果有了行业标准,市场的整顿就有法可依,以后将会有较大的改善。

3.双方沟通与共识

经过上述调查和核实,"高特佳"的投资专业人士又和"蒙特利"的管理团队进行了广泛深入的沟通和交流,最后就项目的前景和双方合作的基础形成共识:

①项目市场还没有完全启动,消费还需要引导,这正说明了"蒙特利"产品具有更大的市场潜力。

②关于进入门槛低的问题,可以通过制定行业标准逐步解决。

③关于国外厂商在国内设厂的问题,经过调查和分析,国外厂商主要面向高档消费,价格昂贵(目前国内销量极少),在此状况下,是不会在一个还没启动的市场来参与竞争的,相反,还极有可能与"蒙特利"采取 OEM 的方式进行合作;即使在国内设厂或与国内厂商合资,也将是 3~5 年以后的事了,届时"蒙特利"依靠其品牌的优势、完善的销售渠道和对国内市场多年的了解,在竞争中也不至于落败,特别是当市场需求大幅度增长的时候,也是大家共同发展的时候。

④"蒙特利"在国内同行业内具有较强的竞争优势,无论是在产品技术、研发实力、销售网络等,"蒙特利"都比其他厂家强很多。

⑤在投融资双方合作过程中,最重要的一点就是融资方企业的管理团队是否将诚信和创新视为公司的准则。经过"高特佳"的调研,发现"蒙特利"的团队基本具备这一合作的基础。特别是其创始人龚学锋先生,把"蒙特利"当作自己的事业。

4.投融资双方的合作

经过以上分析,"高特佳"认为,该项目具有一定的投资价值,风险比较小。但是,为了进一步降低投资风险,"高特佳"通过相关渠道联系了一家海外上市的大型房地产企业下属的投资公司("下称 B 公司")共同投资"蒙特利",该公司与"蒙特利"在产品链上有一定的关联度。这样,"高特佳"一方面降低了投资风险,另一方面也为今后的退出埋下了伏笔。同时，"蒙特利"也赞同这一做法：这样既可以为其自身的后续阶段融资带来更多的后备资源，也可以带来更多的经验和商业联系以协助公司发展壮大。2001 年 12 月 15 日，各方签订了投资协议，投资资金也于 2001 年 12 月 20 日到达"蒙特利"的账上。

5.投资项目的后续发展

2001 年 12 月公司成功引进 4 家风险投资公司，注册资本增至 3 520 万元人民币。2002 年 6 月公司顺利进行股份制改造，注册资本增至 7 800 万元人民币，更名为"广州蒙特利材料科技股份有限公司"，公司顺利进入上市辅导期。2002 年湖北分公司筹建，第一期工程建成后（2003 年 4 月已投产）具有年产 12 000 吨各种矿石粉等原料的深加工，年产 50 万平方米工程石板材、年产 10 000 吨不饱和聚酯树脂的合成能力。公司凭借自身研发力量研究开发出的代表国际先进技术水平的雅克力型实体面材，目前已实现大规模连续化生产。同时，2002 年出口有了新的突破，出口总额达 2 000 万元。2002 年，"蒙特利"的经营结果基本达到了预期。2003 年 5 月，"高特佳"为实现公司的战略转型，与 B 公司达成了股权转让协议：以一定的溢价将所持"蒙特利"的股权全部转让给 B 公司，最终实现了完全退出。广州蒙特利化工材料股份有限公司的股权投资方案和退出机制设计被深圳市创投公会列为 2002 年资本运作经典案例。

［注：案例材料根据《中国风险投资年鉴 2003》（中国风险投资研究院，中国香港）等材料编写。］

案例 7-2　铜陵精达：中关村创投的风险控制

2002 年 8 月 28 日，北京中关村青年科技创业投资有限公司（以下简称"中青投"）投资的铜陵精达特种电磁线股份有限公司（以下简称"铜陵精达"）在上海证券交易所成功地发行了股票，发行价 9.9 元，发行市盈率 19.8 倍，并受到市场资金的热烈追捧，超额认购 2950 倍，创历史新高。9 月 11 日公司股票成功地在上海证券交易所上市，开盘价 21.47 元，收盘价 23.18 元，当日收盘涨幅高达 134.145%。该公司是"中青投"投资的首批登陆国内主板市场的风险投资项目之一，是"中青投"经过长期调查、专家论证、投资决策、协议谈判等风险投资项目规范化运作后，投资并取得良好成果的案例。

1.公司和行业背景

本案例中的项目投资方是北京中关村青年科技创业投资有限公司。"中青投"是由北京中关村科技发展股份有限公司、中华人民共和国科学技术部火炬高技术产业开发中心、北京清华科技园发展中心等单位联合出资设立的风险投资机构。公司成立于 2000 年 1 月 5 日，首期注册资本为 8 000 万元人民币，系国内首家采用"孵化器+风险投资"的运作模式的专业风险投资机构，并与国内外众多知名金融投资机构建立了长期稳定的合作伙伴关系。本案例项目中的融资方是铜陵精达特种电磁线股份有限公司，是经安徽省经济体制改革委员会和安徽省人民政府批准，以铜陵精达铜材（集团）有限责任公司为主发起人，经多方共同投资，于 2000 年 7 月 12 日正式成立的股份有限公司，注册资本 4 000 万元人民币。公司为科技部认定的 2000 年重点高新技术企业，国家重点技术改造项目承担单位。

2."中青投"对"铜陵精达"的评鉴

经过"中青投"对"铜陵精达"的初步调查,"中青投"发现其优势在于:

一是管理团队成熟稳定,具有良好的专业背景和丰富的管理经验。"铜陵精达"虽为国有企业,但创业初期国家并未投入太多的资金,靠贷款起家并依赖滚存利润发展。历经数年,通过开发适销对路的产品并成功占领市场,创业小厂发展成为稳定增长的成熟业,并历练出经验丰富的管理团队。该公司核心管理团队与核心技术联系紧密,在国有企业中更是难得。

二是产品具有较高的技术含量。"铜陵精达"的技术是公司总经理王世根率领全体科研人员经过反复研制、开发和改进后形成的公司专有技术,核心技术与产品均拥有自主知识产权,整体技术水平处于国内领先水平,部分达到国际先进水平。其产品 180 级聚酯亚胺漆包铜圆线、直焊性聚氨酯微细漆包铜圆线和 HFC134a 压缩机用漆包铜圆线等产品荣获多项奖励和荣誉称号。

三是产品性能良好。公司为科技部认定的 2000 年重点高新技术企业,国家重点技术改造项目承担单位。公司主要生产设备、检测仪器从意大利、德国、奥地利、美国、丹麦等国家引进,自动化程度高,具有当代国际先进水平。"铜陵精达"的产品具有优异的热稳定性、耐化学性能、耐冷冻剂性能及较高的机械强度和电气性能,适用于 H 级、C 级电机、电器的绕组,是制冷系统的理想漆包线。"铜陵精达"是国有企业,并且连续 3 年以上盈利,符合国家主板上市的基本要求,具备 A 股市场 IPO 等资本运作的可能性。

四是公司内部管理规范,成本控制有力。2000 年,公司通过 ISO 9002—2000 质量体系的认证,并在全公司范围内开展 5S 管理活动,进一步强化预算编制和预算执行的监督、考核管理,使公司的生产管理水平更上了一个台阶。同时,公司成立了先进的计算机网络管理中心,建立了 ERP 管理体系,实现了采购、生产、库存、财务、成本核算等工作的综合管理和办公自动化。此外,公司与国际知名同行企业的全方位、多角度、深层次的大量合作,吸收了国际领先者先进的管理理念和成本控制手段,进一步提升了公司迎接新时代国际化挑战的经营管理实力。

五是市场占有率高,且市场前景良好。近年来,随着人民生活水平的提高,家用电器的产销量越来越大。"铜陵精达"生产的漆包线产品由于应用广泛,具有较好的耐热性、耐刮性、耐溶性、耐化学性能和良好的电气性能,有着广阔的市场前景。"铜陵精达"产品优良的品质和具备竞争力的价格,使得该公司在短短几年内迅速成为业内销售额位居第二的专业提供商。

六是经营稳健,客户稳定,业绩持续稳定增长。公司从 1999 年正式开始批量生产以来,在市场上已经具有一定的知名度,在消费者中间有着良好的口碑,并由此发展了一批忠实稳定的客户,客户销售回款信誉良好,经营状况优异,企业年年盈利,并呈稳步上升趋势。1999年实现净利润 1 012 万元,2000 年基本能实现净利润 1 400 万元,增长幅度在 40% 左右,已经呈现出良好的发展势头。

当然,"铜陵精达"也存在某些方面的不甚完美,概括起来主要是:

"铜陵精达"处于传统行业,整个行业虽然持续发展但不具备像互联网、软件或通信行业那样的爆炸性急速增长的大环境;"铜陵精达"所在行业内生产企业众多,规模大小不一,产品良莠不齐,使得竞争较为激烈,产品的毛利率不高,很难获得高额的垄断利润;潜在的国外厂商竞争威胁。虽然目前"铜陵精达"的产品和国外同等产品相比,由于廉价劳动力成本优势而在价格上很有竞争力,但如果国外大公司采取在华直接投资的方式,产品成本就会有所下降,如果"铜陵精达"不能与时俱进,面对国外大公司时现有的价格优势将有所降低。

鉴于对"铜陵精达"公司的上述认识,"中青投"又进行了进一步的第二轮调查。首先,他们实地考察了北京、上海、广州、成都、武汉、西安、沈阳等全国主要电缆线市场,确认"铜陵精达"的产品确是国内市场中的稳定优质产品,同时"铜陵精达"公司还是国内专业电缆线生产领域为数不多的大型综合产品提供商,国内市场占有率居第二位,具备明显的规模优势和技术优势。其次,他们还实地(或电话)访谈了"铜陵精达"公司的多个销售渠道或销售终端,核实了该公司相对完善的市场营销体系和近期销售计划,调查数据表明当年销售正在按照规划的速度实现,2000年很有可能实现计划中的增长。最后,他们还与公司基层员工进行了较广泛的直接接触,发现该公司员工士气高昂,精神状态良好,对公司的前途充满信心。

为了确保调查的可靠性和进一步了解实情,他们咨询了科技部和相关技术管理部门,得知中国电缆电线协会正在制定行业标准,2002年年初可送审,2002年年底可批准。如果有了行业标准,市场的整顿就有法可依,市场进入门槛将有所提高,市场竞争格局将会向有利于正规大型企业的方向倾斜。

3.投融资双方的沟通与共识

经过上述调查和核实,"中青投"的投资项目组再次和"铜陵精达"的管理团队进行了广泛深入的沟通和交流,最后就项目的前景和双方合作的基础达成了以下共识:

项目目标市场容量巨大且远未饱和,并且还在持续增长,这说明了"铜陵精达"产品具有广大的市场潜力。关于进入门槛低和市场竞争激烈的问题,即将通过的行业标准将使市场向有利于正规大型企业的方向倾斜。

关于国外厂商潜在威胁的问题,经过调查和分析发现,国外厂商主要面向高档需求,产品价格昂贵,在国内销量极少。在这种情况下,国外厂商很难在一个还没大规模启动、现实高档消费需求量远未达到规模经济水平的市场盲目投入大量资本。相反地,事实表明国外厂商最佳的选择是与国内同行业正规大型企业广泛合作,以求在国内市场占据桥头堡和为未来大规模进入中国市场做好品牌的宣传。退一步来讲,即使国外厂商在国内独资设厂,那也将是3至5年以后的事了,届时"铜陵精达"依靠其品牌的优势、完善的销售渠道、对国内市场多年的了解和在对外合作中积累的战略资源,竞争力将会有大幅的提高,企业将在成熟的市场环境中获得更大的发展。

"铜陵精达"在国内同行业内具有较强的竞争优势。在产品技术、研发实力、管理理念、成本控制、销售网络等方面,"铜陵精达"与其他厂家相比都具有明显的特色和一定的比较优势。

在决定投融资双方合作成败的诸多因素中,极为重要的一点就是融资方企业的管理团队是否将诚信和创新视为公司发展的准则。经过"中青投"的调研,发现"铜陵精达"的团队基本具备这一合作的基础。特别是其创始人王世根先生,兢兢业业,恪尽职守,把"铜陵精达"当成自己终身为之奋斗的事业。王世根先生有着丰富的管理经验和领导团队精诚合作的能力,在公司广大干部和普通职工中享有很高的威望,其本人还获得了多项荣誉称号。

4.合作与发展

经过以上分析,"中青投"认为该项目具有较大的投资价值,并且风险较小,决定对该项目进行投资。

2000年7月12日,铜陵精达铜材(集团)有限责任公司、北京中关村青年科技创业投资有限公司、安徽省科技产业投资有限公司、合肥市高科技风险投资有限公司、铜陵市皖中物资有限责任公司共同发起成立铜陵精达特种电磁线股份有限公司。2000年,"铜陵精达"实现净利润1 448.89万元,比上年增长43.17%。2001年,"铜陵精达"实现净利润1 984.43万元,比上年增长36.96%。

2002年是"铜陵精达"发展过程中重要的一年。公司抓住股票发行上市的契机,加大技术改造的投入,扩大特种电磁线的生产规模,增加市场需求产品的生产能力,产品销量大幅度提高,在行业中的地位进一步巩固与加强,在国内特种电磁线市场的占有率由第二位跃居为第一位,综合市场占有率达到30%左右。

为了长远发展,"铜陵精达"与美国里亚公司在广东合资建设电磁线生产公司,在生产工艺技术、产品开发、质量管理和成本控制等方面开展广泛而深入的合作。2002年全年共完成特种漆包线电磁线产量18 230.7吨,销量16 878.5吨,实现销售收入42 968万元,主营业务利润为7 674万元,净利润2 133.43万元,产品销量、销售收入和净利润分别比上年增长47%、35.86%和7.49%。

[注:案例材料根据《中国风险投资年鉴2003》(中国风险投资研究院,中国香港)等材料编写。]

案例7-3　败走麦城的中创

1.生涯:辉煌而悲壮的篇章

中国新技术创业投资公司(简称中创公司)是我国首家风险投资公司。在中国经济的跌宕起伏中,中创公司度过了13个年头。风风雨雨中,中创公司从其产生到其消失都是历史的选择,也是外在因素的影响。中创公司的倒闭,责任在谁,问题根源是什么,这些问题都值得我们深思和反省。

中创公司于1986年1月成立,注册资本是4 000万元人民币,中创公司建立伊始,并不是一个完全的国有公司,国家科委注资2 700万元人民币,其他资本是从财政、五金矿、中信、船舶等各业筹集而来。中创公司是一个不完整的股份制公司,从它的产生与发展来看,中创公司是我国风险投资业的先驱。中创公司是定位于专营风险投资的全国性金融机构。它也是中国第一家获得金融权的非银行金融机构,中创公司的主要业务是通过投资、贷款、租赁、财务担保、业务咨询等为科技成果产业化和创新型高新技术企业提供风险资本。中创公司的建立、运作和发展一开始便定位于试验田,这无疑是带给中创无限的发展机会,但同时也意味着中创公司这一新兴事物在市场激烈的竞争和极大的风险面前开始了它举步维艰的成长历程,也为其最终的惨败而埋下了伏笔。

中创公司自谕为是"第一个吃螃蟹的人",也就是说,中创公司有可能淘出神州大地风险投资事业的第一桶黄金。同时,也有可能从此泯灭成为风险投资发展的垫脚石。中创公司早期大量的风险资本注入在长江三角洲和珠江三角洲,中创公司对乡镇企业、中关村科技一条街的发展做出非常重要的贡献。

中创公司在"八五"期间参与过许多火炬项目,并对其进行资金管理和项目管理,在这批火炬项目中,中创对他们的贷款达 2.3 亿元,参与近百个项目。中创公司发展的速度非常快,在前 5 年内,资产规模不断扩大,近乎 20 个亿。1991 年,中创公司先后在珠海、深圳投资 3 500 万人民币;1992 年,信托存款增加 142%,扩大在长江三角洲和珠江三角洲的投资额。在 1992 年年底,中创公司在这些地区的营运资本高达 41 亿元。此外,中创公司还在外汇、股票等金融市场上大量投资,中创公司还投资了"上海万国证券公司",与他人联手收购了大众国际投资有限公司。中创公司迅猛的发展使得中创公司在中国封闭多年的刚刚复苏的市场上光芒四射,给了人们无限的希望。

市场是善变的,当中创企业面对 1993 年的市场风云突变,其遭受了前所未有的危机:资金紧张、负债比例失调、呆账、坏账不时突出来,于是中创公司开始拆东墙补西墙,穷于应付。一方面,宏观背景恶化,通货膨胀日益加重;另一方面,企业内部权力纷争,上下失撑、内部矛盾使得中创公司两面夹击,腹背受敌,于是,中创公司在大势所趋之下,走上了一条不归之路。有人说,"中创的关闭是一个悲剧"。

中创企业主要投资项目高达 90 几个,主要从事贷款、债券回购等银行业务,高息揽储就是中创公司被关闭的一个缘由,中创公司在关闭时总债务达到 60 亿元。中创公司在中国的改革中几起几落,为中国风险投资创业积累了丰富的经验,而中创公司的倒闭便是其代价。中创公司从其成立、发展到倒闭演绎了一场风险投资中的悲壮故事,中创公司曾经辉煌过,曾为中国风险投资业立下汗马功劳。最终还是因其先天不足和环境恶劣而难逃一死,终成千古绝唱。

2.背景:这里不都是蓝天

中创公司成立于 1986 年。1986 年的中国刚刚开始刮起改革的春风,万事俱在酝酿中。中国基本上还是维持计划经济体制,市场经济观念才刚刚触及,整个中国经济处于计划经济向市场经济转变时期。各种行为准则、各种法制约束还没有充分建立起来。在转型期间经济主体行为也刚刚开始调整和转换,在这样的宏观背景下,中创公司建立的目的是引进国外的风险投资方式,促进中国科技转化和中小企业的发展。但是,风险投资运作是市场选择,市场淘汰的运作,没有完善的市场,风险投资的商业行为和市场行为便产生了一种扭曲。因此,中创公司在这种特殊的背景下进行风险投资运作,有点像受了几千年传统教育的老先生说起了现代西洋话剧。那种潜在的不协调以及各种行为方式的背离最终带给中创公司的是一杯苦涩的酒。

　　有人说,中创公司的失败不是一个简单性的失败,它是在错误的时间和错误的环境中做了错误的抉择。但这也是历史的抉择,是市场规律发展和变化做出的抉择。中创公司作为风险投资公司进行运作在中国市场上缺少相应的文化氛围,风险投资公司追逐的是高收益,但必须承担高风险。在国外一个创意、一个点子,只要它有潜在的发展前景,即便埋在土里,也会被敏锐的风险投资家挖掘出来。因为,有可能在 100 个项目中,只要有几个成功,便会抹平所有的损失,前提是要有承担风险的准备,但这种近似于豪赌的行为在国人眼里是离经叛道的,风险投资的高风险、高收益的游戏在中国市场就失去了它原来的韵味。

　　此外,中国的各种投资主体和参与主体还没有充足的风险意识,无法承担这样巨大的开天辟地的差异。在这样的文化背景下,中创公司,这个中国国土上第一个风险投资公司的命运便可想而知。

　　中创公司作为风险投资公司在尚不完善的中国资本市场上运作缺乏相应的法律保障,在美国等西方国家的风险投资的发展中,制定了相应的法律、法规,对风险投资业进行相应的制约和保证。美国出台的一系列税收优惠政策,政府为中小企业信用担保制度,投资基金法等成套的系统的法律、法规支持风险投资的发展。而中国改革进程中,法治建设配套相对滞后,法治观念薄弱,面对新兴的风险投资业,面对新创建的中创公司,国内法律、法规对其行为产生了一种传统的束缚,使得中创公司在其发展中离开其建立的初衷,不得不转向其他业务,这是带来中创公司最后灾难的潜在原因。

　　中创公司作为中国第一家风险投资公司缺乏相应的独立性,政府的行政参与问题,也毫无疑问地体现在中创公司身上。不过,它仅代表了其中的一个缩影,但也体现出中创公司倒闭是改革矛盾无法转嫁的产物。

　　中创公司的最后消亡还在于内部经营、运作、管理、决策等方面的问题,在各种体制因素、各种政策因素的作用下,中创公司一直未能以真正的风险投资公司进行运作。中创公司只在期初阶段进行过风险投资活动,而后便类似于信托投资公司,从事储蓄等银行业务。在历史背景下,在客户对资产的需求下,从事高息揽储、违规经营、管理层腐化也是导致中创走向灭亡的原因之一。

　　中创公司退出历史舞台是中国体制问题最明显的见证。中国的经济体制、科技体制、金融体制、人才体制由不完善向逐步完善过渡。中创公司在中国各项体制尚不完善的时候诞生,又在中国各项体制日趋完善时毁灭。这说明了一个问题:世界在变,而中创公司未能跟上时代变化的节奏,因此,对中创公司倒闭只能叹一声悲壮。中创公司在其 13 年风风雨雨的起伏中,创造了辉煌,归于悲壮。其旧去不完全在于自身,更在于外在环境的影响。如果说,将中创公司曾设想为一朵美丽的鲜花,但可惜的是,它在暴风雨中绽放后,却在日趋明朗的天空下凋零,因为这里并不都是蓝蓝的天。

　　(注:案例材料根据百度文库《败走麦城的中国新技术创业投资公司》等材料编写。)

二、案例讨论

1.结合广州"蒙特利"与铜陵精达的案例，比较两家风险投资机构在风险管理中的异同，分析讨论风险投资应如何进行风险的事前控制。

2.结合上述案例，风险投资的风险主要有哪些？与一般投资相比，风险投资的风险有哪些独特之处？

3.在上述中创案例中，你认为中创失败的原因有哪些？从此案例中你获得了哪些启示？

4.结合上述案例，对比高特佳创投、中关村创投与中创的风险管理，分析讨论风险投资机构应该如何进行风险投资的风险管理。

三、案例点评

风险投资作为一种投资风险系数较大的直接股权投资活动，其运作过程是一项涉及诸多因素、诸多层面的比较复杂的社会经济活动。规范风险投资公司运作，在风险投资过程中，管理监控和风险控制是风险投资微观操作和运行机制中最重要、最核心的内容。从一定意义上讲，风险投资的运作从投资决策开始，到风险企业的最终确定，以致最后风险投资公司从风险企业中退出，实现资金的回收增值，在这一过程中面临着许多风险，因而，通过有效的制度安排以控制风险是保证风险投资成功的关键。

在风险管理工作中，确定风险大小的任务一般分为两个方面：一是对企业的风险因素进行综合评价；二是在分析方法的基础上，拟订一个基本风险标准，以此衡量企业风险的临界值。有效的风险管理是风险投资产业取得成功的根本保证。中创公司的失败提醒我们市场是无情的，任何不尊重市场规律的行为最终都会被市场淘汰。风险投资将资金投向市场前景看好、高成长的风险企业或风险项目，以期获得高额的资本增值回报。

1.高特佳风险投资案例分析

在本案例中，"高特佳"创业投资公司分别从技术风险、市场风险、财务风险和管理风险几个方面对融资公司进行评价。在管理方面，它拥有一个具有诚信和创新意识的团队，具有投融资双方合作的基础。考虑市场风险时，"高特佳"不仅注意当前的状况，他还将重点放在影响其长远发展的核心因素上。如产品的市场需求潜力是否巨大，这是企业能否做大的基础，是否拥有自己的专利技术和强大的研发团队，这是企业能否持续发展的关键条件。至于项目评估中的因素是否重要，一是要看问题的影响程度有多大，二是要看其能不能通过其他办法来解决。

为了进一步降低风险，投资项目一般都会组建辛迪加共同投资，"高特佳"就通过相关渠道联系了一家海外上市的大型房地产企业下属的投资公司共同投资"蒙特利"，这对"高特佳"和"蒙特利"双方都有好处。首先，这样既能够为"蒙特利"的后续阶段融资带来更多的后备资源，也可以带来更多的经验以帮助公司发展壮大。其次，对于风险资本家来说，在放弃控股地位的同时，原来集中于自身的风险也被分散了。

2."中青投"投资铜陵精达的风险管理

在本案例中，风险投资机构作为一名机构投资者，十分关注其投资的风险与收益。风险是在风险投资过程中客观存在的，它存在于生产运营的全过程。具体的风险类型包括技术风险、市场风险、财务风险和管理风险。在这些风险中，调查、分析被投资企业将重点围绕市场与管理这两个方面。"中青投"通过几轮的调查，对"铜陵精达"公司进行了全面而透彻的分析，发现该公司经过多年的发展后，历练出了一个经验丰富的管理团队，其公司内部管理规范、成本控制有力，有国际先进的管理理念。

另外，"中青投"根据市场总风险，分解出若干子项目逐项进行了仔细的分析，这一点是值得国内其他风险投资企业借鉴的。根据分析，"中青投"认识到"铜陵精达"虽然处于传统行业，但与国内同行业相比较，在产品技术、研发实力以及市场竞争方面都具有一定的优势，市场前景良好且业绩将持续而稳定的增长，是一个值得投资的项目。

从案例还可以看出，"铜陵精达"是由北京中关村青年科技创业投资有限公司、安徽省科技产业投资有限公司、合肥市高科技风险投资有限公司等共同发起成立的，这使得多家风险投资机构合作为创业企业提供融资和服务。因为从风险投资者的角度考虑，风险投资企业必须严格控制并尽量降低投资风险，而寻找战略合作伙伴正是降低风险的一种非常好的方式。一方面，战略合作伙伴会从不同的角度来考察项目，可以减少项目考察方面的疏漏；另一方面，战略合作伙伴分担了一定的投资额，从而降低了单个投资者的投资风险。

3.中创的投资风险管理分析

中创投资失利导致关闭，是值得风险投资公司对风险管理的重要性深思与警醒。

①规范风险投资公司运作。无规矩不成方圆，中创公司的失败让我们明白，只有遵循游戏规则，才有赢的可能，规范运作要有各方面的制约，制度的保障、法律的保障、自主约束机制的形成等是保障风险投资公同规范运作的前提。

②要给风险投资公司定好位。中创公司的经历提醒我们风险投资公司主要为科技产业化服务。风险投资面向的对象一般集中在新兴的、中小型的企业方面。从事风险投资的风险企业应不允许炒股、拆借等违反金融规定的活动，从而保证风险资本为科技成果转化提供保障，不得挂羊头卖狗肉。

③风险投资发展中政府的角色很重要。政府在中创公司的发展中起到了举足轻重的作用，这对于企业自身的发展却是致命的。政府在风险投资业中的作用是不可磨灭的和取代的，但政府应作为一种支撑系统，给予风险投资业一定的优惠政策，合理构架市场层次，提供部分风险资本的来源。但有点值得注意，就是政府不要过度参与风险投资公司、风险企业的具体运作，否则政企不分的种种弊端都会使风险投资化为泡影，最终血本无归。

④遵循市场规律是风险投资成功的基础。中创公司在最不具备条件的市场上诞生与成长,却在日益完善的市场上关闭,说明市场在不断地完善,而中创公司却没有能赶上和遵循当前市场规律的能力,最终只能被淘汰出局,成为历史上的一个悲剧。

有人说,悲剧是将真实的事实打开给人看,看过之后总有一种感慨,同时也是一种激励。揭开失败的原因,不是为看到伤口有多深,而是修正行为,防止重蹈覆辙。中创公司倒下了,却留下了无限的叹息;中创公司倒下了,风险投资业却不断发展,吸取经验和教训本身就是对风险投资业的一种推动。

四、实践参考

(一)风险的概念

在风险理论中,最基本的问题是美国经济学家奈特(Knight)于1921年提出的风险与不确定性的关系问题。他认为,若一经济行为者所面临的随机性可用具体的数值概率来描述,则可称这种情况为风险;若其对不同的可能事件不能或没有指定具体的概率值,就认为是不确定性。在现实生活中,"风险"一词是人们运用得非常广泛的概念,对风险的含义与特征的解释有多种,且莫衷一是。如风险是指某一行动结果的不确定性,风险是发生损失或失败的可能性,风险是实际结果与预期结果发生背离的可能性等。

风险投资面临的风险各种各样,有动态的、有静态的;有的可控性较高,有的则难以控制;有的可预测性大,有的则模糊性很大。风险的可控性、可预测性不仅与风险性质有关,还与人的认知能力有关。特别是面对远期不确定性、事件模糊性会更强烈地增加对风险的认识难度,人们对风险、模糊性的容忍差异影响其对风险的识别与决策。

风险投资的风险是由很多因素共同作用的结果,这些导致风险投资风险产生并使之发生变化的因素称为风险因素。影响风险投资风险的因素错综复杂,既涉及政策、经济形势、社会文化、科技技术等宏观因素,又涉及具体的技术、产品、市场、企业家及其管理团队等微观因素;既有风险投资公司组织管理因素,也有创业企业的项目因素。所有这些因素相互交错,互相作用,构成了一个错综复杂的系统。

(二)风险投资的风险类型

风险投资所面临的风险众多,根据不同的分类标准可分为不同种类。根据风险来源可分为技术风险、市场风险、管理风险、再融资风险、道德风险、逆向选择风险等。根据风险发生的阶段不同,可将风险投资的风险分为筹资阶段风险、投资阶段风险、退出阶段风险3种。

1.筹资阶段风险

筹资阶段是风险投资活动的起始阶段。一般投资是将资本直接投入到拟建立的企业。

而创业投资则不同,先要筹集到创业资金,然后再投入到创业企业。筹集阶段的风险就是在创业投资公司筹集过程中,由于多种原因而引起的风险,包括资金风险和决策风险。

(1)资金风险

由于风险资金的主要来源于退休基金、捐赠基金、保险公司、投资银行等不同方面,不同来源资金的流动性、利率水平、规模以及所有者投资意愿不同,必然限制风险资本的规模、流动性、筹资成本以及投资方向,即可能给处于资本筹集阶段的创业投资公司带来资金风险,因此,资金风险是这一阶段面临的首要风险。但是,对于风险投资而言,由于筹资成本相对高额且投资的风险高,因而,决定资金风险的主要方面是来自各种渠道的资金的流动性、规模及其所有者的投资意愿。以美国为例,其风险资金来自于私人权益资本市场,私人权益资本市场的资金由风险投资和非风险投资构成,主要包括养老基金、捐赠基金、银行、控股公司、保险公司、投资银行、富有家庭和个人及外国投资者等。

①养老基金

养老基金的投资动机大都是出于追求高回报率且分散投资的目的,是美国创业资本的主要机构投资者,包括公司养老基金和公共养老基金。据统计资料表明,1980年以来,美国大约有25%的风险资本来源于公司养老基金(Corporate Pension Funds)。而公共养老基金(Public Pension Funds)在1990年前后超过了公司养老基金,成为创业资本的最大供给者。两者合计保持在30%以上,1998年高达55%,两者投资的目的都是获取高额的资金回报率,但由于公共养老基金涉及广大公众的切身利益,它更侧重于短期投资以规避风险。对于某些需要长期投资的风险项目而言,公共养老基金就是有极高的资金流动性风险。也就是说,公司养老基金的资金风险对于风险投资公司来说是较小的。

②捐赠基金(endowments/founds)

捐赠基金是风险投资的最早投资者之一,大多都是通过合伙制的形式参与风险投资的,但也有一些大学的捐赠基金,有直接投资计划。从供给的规模上看,捐赠基金在风险投资中的比重1980—1985年为8%,1986—1994年为12%左右,1999年达到18%,由此可见,和养老基金相比,捐赠基金的规模要小,其投资的目的主要用于项目的早期开发及市场化。虽然捐赠基金数量较小,但作用却非常重要,并且由于捐赠是无偿的,所以不存在流动性风险,因而,捐赠基金的资金风险非常小,是最佳的风险投资者。

③银行控股公司

银行控股公司参与风险投资的目的是获得介于私人资本投资和其他商业银行之间的经济上的好处,而并非出于财务上的考虑,即它们一方面可以与某些对其进行私人资本投资的大公司签订协议,另一方面通过投资于私人资本合伙人向其合伙公司提供资金。正因为如此,它们不断发生分化,投资缺乏稳定性,因此,对于风险投资公司来说,银行控股公司作为投资者,其资金的风险性大于退休基金。

④保险公司

20世纪80年代,保险公司是美国风险投资的一支重要的力量,其所提供的资本一直保持在10%~15%,到90年代,保险公司在美国风险资本中占的比例大幅度下降,1998年仅占美国风险资本总量的1%,保险公司参与风险投资多是为了其融资活动创造交易流,并非出于财务上的原因,因此目前规模不大,但由于保险公司资金的稳定性和可靠性,以及各种相对于它的管理制度的改变使其更适合私人合伙投资,因此,保险公司的资金来源越来越重要,其资金风险也低于银行控制公司,略高于退休基金。

⑤投资银行

20世纪80年代中期,美国投资银行发起有限合伙人制,对于处在后期阶段的创业企业以及如杠杆收购等非风险投资项目进行融资。也就是说,投资银行的加入往往是风险投资的退出阶段,虽然如此,投资银行的资金仍然是非常重要的,并且投资银行往往同时代理创业企业的上市活动,因而,对于风险投资公司而言,投资银行的资金来源风险较小。

⑥富有家庭或个人

富有家庭或个人在美国风险投资初期是美国风险资本的主要来源。20世纪70年代后,由于养老基金等机构投资者大幅度进入创业投资,富有家庭与个人在风险投资资本结构中的比例有所下降,80年代所占比例为15%,90年代为10%左右。这类投资的投资目的一般也是为了追求资金的高额回报。他们投资的时期较长,而且愿意投资于一些初始设立的基金,所以它们的流动性小,对于风险投资公司来讲,来自这部分资金的风险很小,甚至要低于退休基金。

⑦外国投资者

外国投资者的投资动机和方式差别很大。在美国市场的外国投资者主要是碍于本国市场的不发达而投资于美国的风险投资基金的,他们的目的是追求高投资回报,当然对来自不同地区的投资者目的也有差别。但他们大多是通过直接或参与发起风险基金,流动性较小,因而风险也较小。

通过以上分析可以看出,在风险投资公司的筹资阶段面临的风险与资金筹集规模、来源渠道及其构成状况直接相关。依据风险从大到小的资金来源,可作如下排序:银行控股公司基金、投资公司基金、保险公司基金、公共养老基金、公司养老金、外国投资资金、富有家庭或个人基金、捐赠基金等。

（2）决策风险

风险投资公司在资金筹集过程中由于人的因素带来的风险就是筹集阶段的决策风险。因为人是一切社会生产活动的决定因素,无论是单位或者是个人,其活动过程中都存在决策行为,但由于决策者的能力、素质、采用的决策方法等因素的影响,存在造成决策失误的可能性。风险投资公司在资金的筹集阶段风险的大小一方面与资本市场上客观存在的资金状况有关,另一方面还取决于风险投资公司管理层的管理决策水平。在资本市场上现存资金来源渠道的情况下,风险投资公司面对激烈的市场竞争,采用何种筹资策略吸引资金、扩大筹资的规模、降低资金风险也是一项重要的工作。

2.投资阶段风险

投资阶段的风险是指在投资过程中由于各种原因造成的无法收回投资或收益低于期望收益的可能性。投资风险存在于两个层面,一是整体投资风险,即把风险投资公司用于投资的所有资金作为整体来考查其收益情况,发生亏损或低于正常收益水平的可能性;二是项目投资风险,即针对某一具体投资项目,发生亏损或低于预期收益水平的可能性。由于整体风险是由具体投资项目风险决定的,在风险管理控制过程中,创业投资公司主要对投资项目的风险进行分析、评估和控制,以便做出正确的投资决策。从第二个层面进行分析主要包括以下风险。

(1)环境风险

由于风险投资是处在不断变化的环境之中,社会、经济、法律及金融环境的变化会给投资家的项目投资带来的风险。

①政策法规风险。政策法规风险是指国家对风险投资有关的经济政策导向不明确、法规不健全可能给风险投资带来的风险。同时,政策和法规的调整变化也会给风险投资家带来风险。

②宏观经济形势与经济波动风险。宏观经济形势与经济波动风险是指宏观经济走势及经济波动所产生的风险,如经济发展水平、通货膨胀、通货紧缩等。

③金融资本市场风险。金融资本市场风险主要受利率与汇率的变动、金融市场的完善程度、资本市场的规模与规范程度等因素的影响而产生的风险。

④文化风险。文化风险受价值观念、思维方式、教育水平、宗教信仰等因素影响而带来的风险。

(2)创业企业内部风险

创业企业内部风险是指风险投资公司由于对创业企业的技术、产品、市场、管理等因素估计不足,或者难以有效控制,从而造成技术创新活动失败或经营活动失败的可能性。

①技术风险。技术风险是指技术开发和转化为生产过程中发生失败的可能性。在这个过程中,有诸多不确定性都可能导致技术风险的发生。这些不确定性具体表现为:技术成功的不确定性、技术前景的不确定性、技术生产的不确定性、技术效果的不确定性、技术寿命的不确定性等。

②管理风险。管理风险是指创业企业在创新过程中,因管理不善而导致的创新失败所带来的风险。它在创业企业经营中处在十分重要的地位,主要包括企业家与管理团队的特征、企业内部组织结构不合理等。

③市场风险。市场风险是指企业因产品或市场的不确定性而发生损失的可能性。创业企业技术与产品的创新性决定了其面对的市场具有潜在性的特点,企业产品能否被市场接受,除了与产品本身的因素有关,还受市场接受能力的不确定性、市场接受数量的不确定性、竞争激烈程度的不确定性、市场开拓能力的不确定性等因素的影响。

④财务风险。主要是创业企业的组织财务活动过程中由于多种因素而造成的投资回报的不确定性,包括财务管理能力的不确定性、融资与风险能力的不确定性、投资预期回报的不确定性等。

(3)风险投资公司的管理风险

风险投资公司的管理风险是指由于公司内部管理不善而带来的风险投资主体发生损失

的可能性,主要包括公司组织风险、投资决策风险、人力资源风险。

委托代理关系是现代经济生活中非常普遍的现象(Arrow,1985),存在于一切组织,一切合作性活动中,存在于企业的每一个管理级上(M. Jensen & W.Meckling,1976)。委托代理关系本质上是市场参与者之间信息差别的一种社会契约形式,它是掌握较多信息的代理人与掌握较少信息的委托人之间展开的一场博弈。

在风险投资运作过程中,投资者、风险投资家和创业企业家等作为相对独立的利益主体,他们为了达到各自利益最大化的目的,通常存在着机会主义行为倾向,存在着信息的不对称,从而形成风险投资体系中的双重代理风险,这种委托代理风险具体表现为合作双方在事前信息不对称条件下产生的逆向选择和在事后信息不对称条件下产生的道德风险。在投资阶段,存在着风险投资家和创业企业家之间的委托代理关系,当然也同样存在逆向选择和道德风险问题。

①逆向选择风险。风险投资家对创业企业的选择在很大程度上依赖于创业企业家提供的关于企业状况方面的信息,特别是处于创业期的企业。但是,由于企业家所提供的以往经营业绩、技术信息、业务计划书等有助于风险投资家对风险企业的了解,但仅靠这些,只能对风险企业未来的发展情况进行大致的预测。

同时,由于创业企业家存在"自治"心理,使其不愿意及时与他人分享全部信息,因而,一些真实信息可能不会及时准确地传递给风险投资家。风险投资家与创业企业家之间存在的这种信息不对称,也可能导致创业企业家的逆向选择。风险投资家为避免投资于过多的劣绩项目,降低投资风险,有可能提高投资条件。正如 Wright 与 Robbie(1998)所说,许多成功企业在早期被风险投资拒绝的主要原因就是信息高度不对称,这也是风险投资对早期创业项目投资很少的主要原因。

②道德风险。创业企业家在吸收融资获得了企业发展所需资金的同时,也失去了对企业的完整控制权,丧失了对企业的部分剩余索取权。因而,创业企业家有很多机会以风险投资家的受损为代价让自己获益,出现内部人员控制现象,吞食投资者的利益,从而产生隐蔽信息或隐蔽行为的道德风险。

3.退出阶段风险

风险投资的退出风险是指由于外部环境与内部管理等因素的影响,使风险投资在从投资项目中退出时可能遭受的损失。风险投资培育风险企业的目的,不是为了长期持有企业股权,从企业的经营中不断获取收益,而是到一定的时候,出让全部或大部分股权,实现投资收益,也就是说,风险投资存在股权退出问题。这主要涉及两种情况:一种是创业企业没有发展前景,风险投资家决定放弃继续投资,需要及时清理,以避免遭受更大的损失;另一种是创业企业已经基本成熟,可以为部分或社会公众所接受,需要选择合适的方式,将股权以私下或公开的方式出让。无论是破产清算,或是出让股权,都存在能否顺利完成退出的风险。影响风险投资退出风险的因素包括资本市场的发育完善程度、退出的方式、退出的时机及管理者素质等。

风险投资家专门从事具有挑战性的创业企业的投资培育工作,在创业企业经过一段时间的经营管理的培育之后,选择一种合适的退出方式实现投资收益。风险投资家选择何种方式退出,什么时候退出需要"审时度势",及时决策。

风险投资的各个阶段是相互联系,相辅相成。风险投资要想取得成功,必须注意对每个环节风险的控制,注重公司内部的管理。风险投资公司的内部管理主要涉及结构的设计、投资策略的制定、投资管理流程的设计及内部人员的激励、管理风险与组织制度的合理性、管理人员的能力及道德程度等。

(三)风险投资的风险特征

风险投资是一个比一般资本市场具有更高风险的市场,这是由风险投资市场中创业企业的不确定性特点所决定的,也是和市场中新生企业的信息不透明密切相关的。风险企业与一般企业相比,具有高风险、高收益的特点。高新技术企业是典型的风险企业,高新技术具有独创性和开拓性,但也因此具有不成熟性和不稳定性,因而也具有很大的风险性。同时,由于风险投资市场中的企业多数是处于发育成长早期的新生企业,它与一般资本市场上规模较大,发育成熟的企业相比,信息透明度较低,因而会带来投资决策和管理上较大的盲目性,同时也增加了市场的风险性。因而风险投资的风险与一般投资风险相比,具有很大差别,主要特征可归纳如下:

1.动态性

风险投资是一种中长期的市场经济行为,由高风险来寻求高收益,既是对市场机遇的把握,同时也要接受市场和其他因素给予的挑战。由于市场、技术、环境及利益都是不断发生变化的,因此给予风险投资的机遇与挑战也是在不断发展变化的,这决定了风险投资是动态的选择行为。风险投资的风险既有使风险投资家招致损失甚至破产的可能性,迫使其谨慎决策,又有给风险投资家带来巨大经济效益的可能性,促使风险投资家积极参与创业企业的经营管理,提高增值服务与风险的监控。因此,风险投资体系中各环节的风险都体现为动态风险和投资风险。比如技术风险、市场风险、管理风险、代理风险等,都是典型的动态风险与投资风险。

2.联动性

风险投资的风险是由多种不同的具体风险构成的,这些具体的风险不是相互独立的,而是相互联系、互为影响的。各种风险要素综合作用的结果就构成了风险投资的整体风险。风险投资体系中多种具体风险的联动性表现在两个方面:

①从纵向看,若前一阶段的任何一个具体风险的变动都会引起后一阶段的风险的变化,呈连锁反应,最终导致整体风险的变化,如在筹资阶段,由于资金风险会使投资风险加大,投资风险的提高也会影响到退出阶段的风险,从而加大风险投资的整体风险,这反过来又会影响到筹资风险,使资金风险提高。

②从横向看,处在同一层面上的具体风险之间相互影响、相互作用,如在投资阶段的风险中,技术风险的变化会影响到市场风险、财务风险、管理风险的联动,从而加大风险投资的整体风险。

3.时滞性

风险投资的风险阶段分为筹资、投资、退出3个阶段,每个阶段都包括一些具体的步骤,特别是在投资阶段,要经过投资项目的获得、筛选、评价、签约、投资后管理等一系列复杂的程序,在每一阶段和每一步骤都会形成不同的风险,但其中很多风险的结果不是在短期内所能表现出来的。有的可能将前一阶段的风险移到下一阶段,表现为时间的滞后性。如风险投资公司选定投资项目完成签约后,风险投资公司的项目风险就要由主要投资企业的发展情况来决定,因而项目风险就可能需要很长时间才能表现出来,再如对于高技术创业企业,当技术开发阶段基本完成后,已经历了技术风险进入生产阶段和市场阶段,但并不是说技术风险就不存在了,它仍然在生产阶段出现。

4.分散性

在风险投资的循环过程中,风险投资的三大参与主体——创业投资者、风险投资公司和创业企业之间形成一种自上而下的资金投入关系,风险投资者不会把全部资金投向一家风险投资公司,风险投资公司也不会把全部资金投向一家风险企业,这样特定风险企业因风险而造成的损失只能会影响创业投资公司的一部分收益。

5.累积性

考查风险投资循环的特定环节,特别是对具体投资项目的投资阶段,风险损失具有累积性。因为,随着被投资的创业企业的发展,创业投资公司对其投入的人力和资金都是逐渐增加的,投入的递增也意味着风险损失的递增,因而风险程度也在递增。

(四)风险投资的风险管理

1.风险管理的概念

风险投资的风险管理是指通过风险识别、风险衡量、风险评价和风险控制,采用多种管理方法、技术和工具,对融资、投资与退出整个活动过程中所涉及的各种风险,实施有效的控制和管理的机制与措施的总称。因此,风险投资机构采取主动行动控制和管理风险,尽量使风险事件的有利效果最大,消除或降低风险发生的可能性,以及将风险发生所导致的不利后果降到最低,以最少的成本保证整个风险投资的顺利流动,实现风险投资的预期目标。

2.风险管理的原则

风险投资机构为了避免风险事件发生或消除与减少风险事件发生所带来的损失,在风险管理中需要遵循以下几项原则:

①经济性原则。风险控制和管理机制与措施的制订,应以总成本最低为总目标,即在风险管理中也要考虑成本,以最合理、最经济的方式实现安全保障目标。这就要求风险投资家对各种效益和费用进行科学分析和严格核算。

②整体性原则。风险投资家需从风险投资整体各环节来考虑影响风险投资成功的各项风险因素。风险投资机构在进行融资、投资与退出决策时,要对其所涉及的全部内容有充分的了解和把握,深入分析影响整体活动的各项风险因素及各风险因素之间的互相关系,特别要对其所选择的创业项目或风险的风险特殊性有全面的理解与认识,全面预测整个投资期

间这些风险因素变化可能造成的损失,充分考虑自己的最高风险承受能力,选择合适的投资对象,并采取合适的风险管理策略。同时,整体性原则要求风险管理不能局限于一时一事的风险,而应从风险投资的内容和时间的整体性上来把握风险因素及其变化。

③全程管理原则。由于在风险投资的不同阶段,具体的风险因素是不同的。因此,风险投资家需要时刻关注风险,针对不同的风险因素采用不同的风险管理方法。一般来说,在融资阶段,从投资者的风险偏好、投资额度、投资分散程度等方面综合考虑投资者提前撤资的可能性,以及投资风险管理可以分为3个阶段:第一阶段确定初始投资目标,目标确定,风险管理范围也随之确定;第二阶段确定相应投资策略,投资策略的每一步都与风险管理相关;第三阶段是操作过程中的风险管理。

3.风险管理的过程

风险投资的风险管理的过程主要包括风险识别、风险衡量与评价、风险监控3个步骤。

（1）风险识别

风险识别是对风险的感知和发现,是风险投资家进行风险管理的第一个环节,也是投资风险衡量的前提与基础。风险投资机构运用相关知识与方法,系统、全面和连续地感知与发现风险投资活动中所面临的各种潜在风险来源,确定风险发生条件,描绘风险特征,评价风险事件影响因素与影响过程,判断风险事件未来可能走向。因此,风险识别是风险投资机构进行风险管理的首要步骤,只有全面、准确地感知、发现、识别出潜在风险,才能衡量风险与控制风险。

风险投资家的风险识别具有以下几个特点:

①风险识别是一项复杂的系统工程。风险无处不在,无时不有,从风险资本的融资、投资到退出,都属于风险识别的范围;同时,为了准确、全面地感知、发现与识别风险,风险投资家需要密切关注国内外的宏观政治经济环境、产业政策与规划、技术与产品前景等方面的动态变化,还要与风险投资者、创业企业等方面密切联系,掌握其发展动态。

②风险识别是一个连续的过程。一般来说,风险投资活动及其所处的环境随时都处在不断地变化中,所以,根据风险投资活动的变化适时、定期进行风险识别,才能连续不间断地识别各种风险。

③风险识别是一个长期过程。风险是客观存在的,它的发生是一个渐变的过程,所以在风险发展、变化的过程中,风险投资家需要进行大量的跟踪、调查。对风险的识别不能偶尔为之,更不能一蹴而就。

④风险识别的目的是衡量和控制风险。风险识别是否全面、准确,直接影响风险管理的质量,进而影响风险管理的效果。识别风险的目的是为衡量风险和控制风险提供方向和依据。

风险投资机构可以采用专家个人判断法、头脑风暴法、名义小组技术（Nominal Group Technique,NGT）与德尔菲法等方法识别整个风险投资中的潜在风险。

（2）风险衡量

风险衡量是在风险识别的基础上,通过对大量的、过去损失资料的定性、定量分析,估测风险发生概率与可能造成的损失程度。风险衡量是以损失频率和损失程度为主要预测指标,并据此确定风险的高低或者可能造成损失程度的大小。

风险投资机构在风险衡量中,先是在风险识别的基础上,增加信息与数据资料的收集,建立风险衡量的指标体系,然后运用主观或客观的方法确定每个风险衡量指标的数据值,再进行衡量其风险发生的概率以及损失程度。风险衡量方法主要有以下几种:

①主观估计量化法,即将风险投资家或专家们的估计结果加以量化。这个方法的重点就是根据风险投资家或专家在专业、学历、知识和经验、成熟、地位、认真程度以及风险偏好程度等方面的差异,给每位打分者确定权重,再加权平均得出风险衡量结果。

②概率分析法,即利用已获得的历史数据信息或者主观判断与近似方法所得出的概率分布,使用概率公式或决策树的方法计算出风险大小。

③情景分析法,运用假设、预测、模拟等方法,在企业目前的各种数据基础目上,对未来的情况进行情景设计,再分析在各种不同情景下对目标所造成的风险大小。

④压力测试法,分析在极端事件发生的情况下,风险投资的安全性或目标实现的可能性。它主要关注的是单个事件或活动在极端的情况下会对风险投资的目标产生多大的直接影响,因此不同于一般的情景分析主要关注的是正常情况下的变化所产生的影响。

⑤层次分析法,即根据风险投资中各风险因素的分析,确定评价准则,建立起风险衡量的指标分析结构框架体系,再通过比较每一层各指标之间的相对重要性确定出每层每个指标的权重,构造出判断矩阵,进而概括各指标的实测值与权重测算出风险高低。

⑥蒙特卡洛数字模拟法,是以概率论与数理统计原则为基础,通过反复随机抽样,模拟影响方案经济效果的不确定因素的变化,计算分析经济效果指标的概率分布,从而可以对风险进行详细的估计或衡量。

随着风险度量技术的发展,还有敏感性分析、风险价值法(VAR)、模糊分析法等。

(3)风险评价

风险评价是对各类风险事件识别与衡量的基础上,把损失频率、损失程度以及其他因素结合起来,综合考虑分析总体风险程度,并确定其严重程度顺序。风险的严重程度不同,所采取的控制措施就不同。风险衡量与风险评价有时同时进行,有时分开进行。风险投资机构在对风险进行评价时,一方面需要对宏观的政治经济环境、产业政策等进行定性分析;另一方面需要考虑自身对风险的容忍程度,来确定风险控制措施的选择。

风险评价根据不同的分类标准分成不同的种类。按风险评价的阶段分为事前评价、事中评价、事后评价与跟踪评价;从风险评价的角度来分,又分为技术评价、经济评价与社会评价3种。

风险投资机构可使用风险度、检查表、直方图、矩阵等评价法对风险投资中的风险进行评价,通过风险坐标图、风险带等排序法对风险进行综合排序,以便后续的风险控制。

(4)风险控制

风险控制是指在风险投资家对风险进行识别、衡量与评价以后,选择适当的应对策略和方法来进行风险管理与控制。风险应对策略选择的原则是选择所付费用最小、获得收益最大的管理方法和策略。风险投资机构需要跟踪已识别风险的发展变化情况,并根据风险的变化情况调整风险管理或控制的相关措施,从而有效地防范与化解风险。风险投资机构可采用的风险控制的措施主要有:

①风险预防与回避。预防就是最好的风险管理,如果能防患于未然,让风险事件不发生,则是最成功的风险管理。为此,风险投资机构可以通过建立高效的组织方式和利益分配制度,如风险投资机构有限合伙制,可有效地降低有限合伙人的风险,同时,制定尽可能完善的总体筹资策略规划,从而预防风险资本的融资风险。

另一方面,风险投资机构在选择投资标的时,对所投标的企业进行详细、仔细的调查与了解,从宏观、中观到微观对所投项目的收益与风险进行细致的识别、衡量与评价。同时项目选择尽量采用专业化投资与组合投资策略,尽可能地减少项目选择失误风险。

在选定投资对象后,风险投资机构应设计出一套有效预防风险的交易合约条款。比如设计将创业企业管理层的收入与企业成长挂钩的激励机制,通过补充条款如与创业企业家签订反稀释条款、保密协议、不竞争协议、业绩条款、清算条款、退出条款等约束机制,预防道德风险与逆向选择风险。通过董事会席位与表决权,预防信息不对称风险与其他重大风险。选择合适的金融投资工具,如可转换债券或可转换优先股。项目的投资可采用联合投资、分阶段投资等方式预防与分散风险。

②损失控制。加强投资后的监督与管理,在损失发生前,全面地消除风险损失可能发生的根源,并竭力减少导致损失事件发生的概率,以使损失在发生后减轻损失的严重程度。当风险严重时,利用合约业绩条款、清算条款与退出条款等保护风险投资机构的损失,保护风险投资者的利益。

③风险转嫁。风险投资机构将风险可能造成的损失,通过合同的方式,有意识地转移与其有相互利益关系的另一方承担,风险转嫁最重要的形式是保险。

④风险自留。由风险投资机构自行设立损失准备基金,在所投企业的经营恶化情况无法逆转时,果断终止项目投资计划,通过转让或清算等实现退出,自行承担投资失败所造成的损失。

风险投资的风险高于其他一般性投资,成功率很低,风险管理是降低风险、获取高额回报的重要保障。因此,风险管理对风险投资来说显得尤其突出。风险投资家的主要工作都是在为降低投资风险,提高投资成功率而努力。

第八章　风险投资的退出

一、案例综述

案例8-1　蒙牛浮业的风险资本退出：香港IPO

1.蒙牛引入风险资本的背景

蒙牛乳业（集团）股份有限公司成立于1999年8月，总部设在内蒙古自治区呼和浩特市和林格尔县盛乐经济园区，是国家农业产业化重点龙头企业、乳制品行业龙头企业。蒙牛以18年逾1 400倍的销量增长速度，经过近20年的发展，已拥有液态奶、冰淇淋、奶粉、奶酪等多样的产品矩阵系列，以及特仑苏、纯甄、优益C、未来星、冠益乳、酸酸乳等明星产品，已成长为中国领先的乳制品供应商和全球乳业10强。

但蒙牛在成立之初，注册资本仅1 380万元，通过各种方式筹集到的这1 000多万元资金连建厂都不够，只能靠包租其他企业的生产线进行生产。当时需要的一台液态奶设备价值2500万元，对蒙牛来说是一笔庞大资金。股权资本缺乏，又没有合适资产抵押，蒙牛很难从银行贷款，在创业伊始就遭遇到融资困难。

从蒙牛创建开始，牛根生就引入了多元化的股权结构，希望通过上市融资以满足资金需求，在试图国内股票市场上市失败后，又尝试民间融资，但民间资本苛刻的融资条件也未成行。在2002年年初，当时考虑到香港二板市场上市，但因二板市场流动性差，企业再融资会困难也放弃，因此，蒙牛需要寻找新的合作伙伴。

2.风险投资引入过程

蒙牛在经过谨慎研究后，听从了摩根士丹利等私募股权基金的意见，在2002年6月，摩根士丹利（美国）、英联（英国）与鼎晖投资（中国）准备联合对蒙牛进行风险投资。

①第一轮融资。摩根、英联和鼎晖3家联合向蒙牛公司注入了2 597万美元（折合人民币约2.1亿元），同时取得49%的投票权和90.6%的股权。在第一轮融资过程中，在境外建立了壳公司，并且投融资双方签下了"对赌协议"。第一轮融资完成后，蒙牛公司的股权结构见表8-1。

— 151 —

表 8-1　蒙牛浮业第一轮风险资本融资后的股权结构（2002 年 10 月）

股东	持有股票数额/类型	股权比例	投票权比例	分红权比例
蒙牛（金牛，银牛）	5102 股/A 类股票	9.43%	51.02%	9.40%
风险投资机构（MS Diary，CDH，CIC）	48980 股/B 类股票	90.57%	48.98%	90.60%

数据来源：根据《私募股权与中小企业融资创新探讨——来自"蒙牛"的案例研究》（李静筠，2008）整理。

②第二轮融资。在 2003 年 10 月，摩根、英联和鼎晖 3 家第二次向蒙牛注入 3 523 万美元（折合人民币 2.9 亿元），购买了 3.67 亿份蒙牛上市公司可转债，约定未来换股价格为每股 0.74 港元。另外签了第二份"对赌协议"。为了第二轮融资，在 2003 年 9 月，蒙牛将已发行的 A 类、B 类股票赎回，并重新发行 900 亿股普通股，加 100 亿股可换股债券，每股面值均为 0.001 美元。第二轮融资完成。牛根生以不竞争条款、授出认购权两个条件从 3 家风险投资机构手中获得 8 716 股开曼公司普通股，占全部开曼公司股本的 6.1%。经此调整以后，公司的股权结构见表 8-2。

表 8-2　蒙牛公司上市前的股权结构

公司名称	银牛公司 （蒙牛）	金牛公司 （蒙牛）	牛根生 （蒙牛）	MS Dairy （摩根）	CDH （鼎晖）	CIC （英联）
持股比例/%	44.8	21.1	6.1	18.7	5.9	3.4

数据来源：2004 年蒙牛香港上市的《招募说明书》。

3.风险投资的退出过程

2004 年 6 月 10 日，蒙牛乳业登陆香港股市，公开发售 3.5 亿股（2.5 亿股为新发，1 亿股来自 3 家风投公司的减持），在香港获得 206 倍的超额认购率，一次性冻结资金 283 亿港元，共募集资金 13.74 亿港元，全面摊薄市盈率达 19 倍。在此次上市出售的 1 亿股，套现 3.925 亿港元。

2004 年 12 月，摩根士丹利、鼎晖投资和英联国际 3 家公司分别将自己分别持有蒙牛的 11 227 万股、3 562 万股、2 034 万股，共计 16 823 万股配售，配售价为每股 6.06 港元，3 家公司共套现 10.2 亿港元。

在 2005 年 6 月的配售中，摩根士丹利、鼎晖投资和英联国际 3 家共出售 1.94 亿股，蒙牛管理层及其员工出售 1.21 亿股，售价为 4.95 港元/股，共套现 16 亿港元。3 次套现总额达 26.125 亿港元，3 家风险投资公司的投资回报率近 500%。

［注：案例材料根据《私募股权与中小企业融资创新探讨——来自"蒙牛"的案例研究》（李静筠，2008）、《"对赌协议"在我国私募股权融资中的应用探讨——以蒙牛公司为例》（李琦钰，2017）、《摩根士丹利、鼎晖、英联投资蒙牛——私募促成国内行业领袖》（资本市场，2008）等材料编写。］

案例 8-2 大族激光的风险资本退出：管理层收购（MBO）

1998 年,学激光制导的高云峰创办了"大族激光",专门生产激光雕刻机。创业时高云峰把自己的房子、车子都算进了公司,注册资本只有 100 万元。在深圳上步工业区 200 平方米的办公室里,他和 20 多个员工想做中国激光雕刻机市场的主人。

当时,大族激光实业公司在经济上遇到了困难,找到了以担保为主要业务的"高新投",但因为其净资产只有 100 万元。按规定,"高新投"无法对其提供担保,但在双方的接触中,"高新投"的决策者发现,这是个好项目,因为这个产品有一个扩张性的市场。而且,大族具有技术上的核心竞争力——拥有自主知识产权的软件。经过详细地调查和分析,"高新投"终于"动心"了。

如果 1998 年年底"高新投"就投资 200 万元给高云峰的话,那么他可以占公司 51% 的股权,但到 1999 年 4 月正式投资的时候,为了占 51% 的股权,"高新投"必须投资 438.6 万元,4 个月的时间大族激光的市场价值就增加了 200 多万元。最后经过慎重研究,"高新投"还是将资金投给了大族激光。

这笔风险资本虽然数量不多,但恰如及时雨,对大族激光的发展起到了至关重要的作用。投资当年,大族激光就在产品开发、生产和销售等方面呈现出飞速发展的势头。到 2000 年,全年销售额突破了 6 000 万元人民币,2001 年销售收入更是突破了亿元大关。

鉴于大族激光已经进入成熟期,"高新投"决定退出,以便将变现的资金资助更多嗷嗷待哺的高新技术创业企业。

然而,如何退出成为"高新投"决策者们面临的难题。IPO 在当时显然还遥遥无期,而且上市公司股票不能完全流通的规则也阻碍了股权变现;虽然可以考虑 MBO 或者转售,但没有可以参考的价格,变现收益难以保证。最终,"高新投"决策者决定在深圳市产权交易中心挂牌交易,让市场为大族激光定价。

2001 年 4 月 4 日,随着拍卖师的一声锤响,深圳"高新投"拥有的 46% 的大族激光股权,由大族激光创始人以 2 470 万元人民币的价格成功回购,投资回报近 6 倍。回购完成后,"高新投"仍保留了 5% 的股权。

"高新投"退出后,仍然为大族激光提供了总计 4 000 多万元的贷款担保。但这时的大族激光已经不再为资金发愁,不仅股东多了起来,融资渠道也越来越宽,诸如中小企业担保中心、银行等都纷纷为其担保或直接贷款。2001 年 9 月,大族激光成功实行了股份制改造,吸纳了红塔集团、华菱管线、招商局集团等机构投资者。2004 年 6 月 25 日,大族激光成功在深圳交易所上市,成为深圳中小企业板开市以来首批上市的 8 家企业中的一员(002008)。

［注:案例材料根据《深圳奇迹之资本篇:"大族激光:风投助飞"》(木子,2003)等材料编写。］

案例 8-3 重庆莱美药业：创业板上市

1.莱美药业简介

重庆莱美药业股份有限公司是一家集科研、生产、销售于一体的高新技术医药企业,公司成立于1999年9月,2007年10月股改完成,现注册资金6 850万元,总资产近3亿元。公司总部位于重庆,在茶园新区和长寿化工园区拥有生产基地85 000平方米。该公司多次被评为"重庆市诚信纳税先进企业",多个品种被评为"重庆市高新技术产品""重庆市重点新产品""重庆市名牌产品""重庆市知名产品",2007年被评为"重庆市高新技术企业创新十强"。

莱美药业以研发、生产和销售新药为主,产品主要涵盖抗感染类和特色专科用药两大系列,主要产品有喹诺酮类抗感染药、抗肿瘤药、肠外营养药等。

2017年年末,公司总资产30.97亿元,注册资金8.12亿元,下辖多个子公司,现有员工近1 500名。莱美药业具有突出的创新能力、坚实的技术基础、丰富的产业化经验,以及强大的营销网络,是国内最早通过GMP、GSP认证的企业之一,其新药申报量名列重庆前茅。

2.公司引入风险投资

邱宇1989年从华西医科大学(现并入川大)毕业后,被分配到成都医科院输血研究所工作,待到1994年。

1995年邱宇回到母校,准备考研深造。"你脑子好使,干脆出去做生意吧。"考研辅导员、华西医科大学医学院副院长张志荣一番话,让彷徨的邱宇下定了决心。更重要的是,邱宇已经注意到,民企可以介入医药市场,这是能够创造财富的机遇。

1996年,邱宇与大哥邱炜凑了10万元,成立了集体所有制性质的"成都高新医药研究所"。"公司成立后3年,新药研发转让产值,我们就已经做到了1 000多万,国内一些上市公司的新药,都是我们研发后转让的。"邱宇自豪地说。

1999年,"成都高新医药研究所"更名为"成都药友发展有限公司",变身为一家民营企业,邱宇成为公司总经理。他的大哥和父亲都拥有部分股权,这个公司实际上成为邱宇的家族企业。

(1)成渝联手组建莱美制药

1999年年初,邱宇到重庆药友制药有限公司转让一个新药,闲聊中,他了解到重庆药友有块中外合资的药厂资质牌子——"莱美制药",正在找人合作建厂。邱宇立马找到重庆药友董事长陈景秋表明合作意向。1999年9月,邱宇的成都药友出资650万元,重庆药友出资350万元,共同组建了"重庆莱美药业有限公司"。

"那天是9月6日,我一辈子记得。公司开张,没搞仪式也没放鞭炮,我和公司的几位高管站在办公室,看见公司的牌子挂上去后,几个人相视一笑后,转身开始工作。"邱宇说,当时公司租借了重庆药友的厂房(位于渝北龙溪镇)。

在公司成立之初,邱宇每年多花4~5倍的费用,请来四川华兴会计师事务所,按上市公司的要求管理公司财务。他说:"从莱美药业创办开始,就是奔着上市这条路走的。我是搞科研出身的,我不想受财务问题困扰,影响公司的长远发展。"

2004年,由于城市改造,莱美药业龙溪厂房拆迁,公司在南岸茶园用5 000多万元买地26亩,建起了真正意义上的生产基地。但购地建厂房,也花掉了邱宇家族大部分的积蓄。

2006年12月底,邱宇找到重庆银行,准备贷款1 000万解决公司流动资金。这一时期,中国的风险投资也正好进入全面开花的发展阶段。

（2）抱着纳税单据"征服"风投

重庆银行建议邱宇引进风投，2007 年年初，在石桥铺的科园三路莱美药业的销售部办公室里，邱宇手里拿着两样东西与重庆科技风险投资有限公司一负责人见面，一是企业成立以来的纳税账本，二是核心技术员工的基本情况。正是这两样东西，让重庆风投对莱美"一见钟情"。

邱宇解释说，企业纳税情况最能说明公司的经营状况。莱美药业的研发团队全部来自华西医科大学 83—86 届毕业生，自成立以来，莱美 50 多名核心研发人员没有一个离开莱美，这是创新性公司的核心竞争力。

"当年投资时，我们冒了很大风险。"重庆科技风投副总赵春林说。在 2006 年的下半年，因为国家食品药品监督局负责人出事，全国医药行业整体低迷，选择莱美药业，公司里每个人都捏着一把汗。为什么看好莱美药业？赵春林解密说，经过审慎的投资调查，他们发现莱美药业是一个正在快速成长的企业，具有研发实力强、产品剂型全、产业链完整、财务透明、诚信纳税、团队实干稳定等特点。"尤其是清晰的财务状况和诚信的纳税记录，打动了我们。"赵春林说，莱美药业当时已连续多年自己聘请专业会计师事务所对公司进行独立审计，让投资者颇为放心。

重庆科技风投投资经理王榆是本次投资的直接参与者，他说，莱美药业为 2008 年 4 月《高新技术企业认定管理办法》实施以来重庆市首批高新技术企业，主要产品有喹诺酮类抗感染药、抗肿瘤药、肠外营养药等。经过重庆科技风投决策委员会研究，在自有资金紧张的情况下，2007 年 3 月，重庆科技风投决定对莱美药业进行了 2 000 万元风险投入，在股份制改造后，持有该公司股份 1 717.6 万股，占比 25%。赵春林说，在投入资金的同时，重庆科技风投还继续对莱美药业提供企业治理、战略规划等多方面的增值服务，并继续为其到银行融资提供各种支持。

2008 年，莱美药业与券商国金证券（企业上市必须由券商向证监会保荐）签订合作协议，从财务、送审材料等方面，全面接受国金证券的上市辅导。

（3）接受券商辅导，企业上市

莱美药业在 2009 年 9 月 17 日通过了中国证监会的各项审核，成功上市。据市科委介绍，挂牌上市的莱美药业，成为我国首批创业板 7 家高新技术企业中唯一的中西部地区代表，是创业板上市企业中重庆地区唯一的企业，同时也是国有风险投资参股比例最高的一家，莱美药业此次开创了重庆市中小企业在我国创业板上市的先例。

投资莱美药业，回报率 24 倍，创造这个"神话"的重庆科技风投，走进了公众的视线。莱美药业在创业板的成功上市，不仅极大促进企业自身的快速成长，带动重庆医药行业综合实力的提高，同时也将有力增强重庆市科技风险投资能力。莱美药业上市，将激发更多资本关注重庆的科技型中小企业，这为重庆市中小创新企业的发展、重庆产业结构的调整，以及打造长江上游金融中心等多方面带来良好的示范效应。

重庆科技风投投资经理王榆谈道：我们投资初创型的企业，尤其是科技型企业，有三成投资属于投资失败，有一半是见不到收益。第一是他们的管理团队出了问题，第二是作为初创型企业，他们没有经受住市场的考验。虽然我们投资有很多失败的案例，但是我们投资正大软件学院、海扶聚焦刀等项目，进展也是顺利的。莱美药业成功上市是一个转折点，仅这笔投资，就可以将以前投资失败的钱全部找回来，而且还能继续把资金放大。

[注：案例材料根据《重庆风投投资莱美药业，2 000万元暴涨24倍变身4.8亿弘毅投资案例》（周睿，2009）、"重庆莱美药业股份有限公司"网页等材料编写。]

二、案例讨论

1.结合上述案例，分析风险投资退出的主要原因有哪些？

2.结合案例，查阅相关资料，与国外风险投资退出机制相比，请分析我国风险投资退出存在什么问题，如何改进？

3.从上述3个案例可以看出，除上述方式外，风险投资退出的方式还有哪些？请比较分析各种退出方式的优缺点与适用范围。

4.结合上述案例分析，蒙牛和大族激光分别选用了哪种退出方式？并概括地分析这两种方式的优缺点。

三、案例点评

犹如一个恰当的比喻，风险投资业如同一个有机体，风险资本就是该有机体的"血液"；如果将政府对风险投资业的资金扶持比喻为风险投资业肌体的"输血"，那么风险投资的退出机制就如同肌体的造血机制，以及血液循环的重要环节。如果退出机制不健全，就会产生肌体贫血甚至缺血。单靠外部的输血（如政府扶持），其成本不但高而且不可持久；如果血液循环出现"栓塞"，就会危及肌体的存在。因此，健全的退出机制使得风险投资业风险资本供应机制得以健全，风险资本的增值得以实现，风险资本的运行环节得以畅通，风险投资业才能健康发展。因此，退出机制对风险投资业的发展起到举足轻重的作用。

在创业投资中，风险资本进入到创业企业的目的是通过企业的高成长换取投资资本的快速增值。因此，风险资本必须选择合适的方式退出创业企业，即把投入到创业企业的资本变现后退出企业。如果没有退出，风险投资就没有意义。一般而言，退出的方式主要有协议转让、管理层回购、上市和破产清算4种。退出方式决定风险资本增值的幅度即投资收益率的大小，上市的收益率最大，协议转让和管理层回购次之，破产清算一般会导致风险资本受到损失，收益率最小。因此，风险资本家首先选择上市，其次选择协议转让（并购）或管理层回购，万不得已时才选择破产清算的退出方式。

在案例 8-1 中,蒙牛乳业在香港上市,获得了 206 倍的超额认购率,共募集资金 13.74 亿港元。在上市后的几个月里,几家具有外资背景的风险投资迅速减持蒙牛乳业的股票,减持量占公司总股本约 12.3%,持股比率由 31.2%降低为 18.9%,这次几家风险投资总计套现 10多亿港币。并且在此之后,也不排除会继续减持蒙牛乳业的股票的可能。蒙牛乳业的上市,让风险投资得以顺利退出,并且获得了巨额投资回报。

具有外资背景的创业投资资本支持的中国公司倾向于选择海外上市退出的途径,而有内资创投背景的中国公司公开选择海外上市退出的案例不多。这主要是因为我国资本市场尚未全部对外开放,国际风险资本要在中国大陆顺利退出存在着较大的障碍。但许多国际风险资本敢于进入中国大陆市场,就在于他们在做出投资决策时已为自己设计好了退出渠道,即采用海外上市的方式退出。尽管国际风险资本进入中国市场的时间不是很长,很多项目都还处于投资期,尚未达到退出阶段,但已经有一些有国外风险资本背景的国内公司到海外上市(如搜狐、新浪、亚新、网易等)并实现了退出。

而国内的创投资本受限于外汇管制、资源、资本和经验的原因,不可能大张旗鼓地从事海外上市活动(尤其是需要大量外汇的买壳上市),绝大多数的国内创业投资资本仍然以在国内上市作为上市退出的首选,从 2004 年中小板和海外市场创投资本支持的公司数目占总上市公司数目的比重来看,中小板比例为 28.9%,海外上市比例为 25.6%,基本相当,说明中外创投资本在选择国内和海外上市上各有偏好,基本上形成"大路两边,各走一边"的格局。

对于案例 8-2,创业投资作为一个循环过程,投资与退出相互影响、相互作用。从一般的投资逻辑上看,创业投资是遵循着"投资—管理—退出"这种模式运作的。但是,按照这种运作模式,如果不预先对未来的退出做出规划与设计,退出将难以保证。这也正是"高新投"为何在初期投资时就确定退出策略的原因。

因此,为提高退出的绩效,创业投资机构应从投资的第一天开始就进行有效的计划,将退出收益作为创业资本管理的最终目标。在国内资本市场发育不全,缺少退出渠道的情况下,大族激光股权转让的成功操作就显得十分难得。

①转让时机:其一,当时创业投资兴起热潮,产权交易的市场价格处于高位;其二,投资方战略退出及变现的业务要求。

②转让方式:国有股权的转让方式与普通的股权协议转让方式不同,转让必须经指定的产权交易所采取公开方式进行。本次的股权转让前后历时近半年,虽然耗费不少精力,但由于采取了市场公开挂牌交易方式,实际获得了超出协议转让价格约 770 万元(一开始约定的回购价为 1 700 万元)的结果充分体现了产权价格发现机制市场化的重要作用。

③转让对象:由于大族激光的良好发展前景,当公布产权公开挂牌交易的信息后,实际参与股权竞投的买家有 4 个(除原创管理人外,还包括外省的实力投资集团)。产权交易价格由 1 800 万元起一路攀升至 2 400 万元,最后由原创管理人成功回购,一方面表明原创管理人对企业发展更加充满信心,同时也符合转让方的初衷,是一个双赢的结果。

④股权保留:上述股权转让完成后,投资方尚留 5%股权。保留股权的意义在于两方面,一是对企业发展长期看好,该等股权可获得更大收益(目前增值了 10 倍以上);二是保持与

企业的产权联系,可继续为企业提供有效的资金融通等增值服务。

对于案例8-3,重庆莱美药业最终成功在创业板上市,使得重庆科技风投获得24倍的回报率。重庆科技风投从2006年向重庆莱美药业投入2 000万元之后,仅仅过了3年时间就通过莱美药业的上市就获得了巨大的收益。也是莱美药业的成功上市,使得风险资本得以顺利地退出,实现资金的回收增值。

公开上市这种方式不仅对风险投资家有利,而且对创业家也有利。重庆莱美药业在创业板的成功上市,不仅极大促进企业自身的快速成长,带动重庆医药行业综合实力的提高,同时也将有力增强重庆市科技风险投资能力。莱美药业上市,将激发更多资本关注重庆的科技型中小企业,这为重庆市中小创新企业的发展、重庆产业结构的调整,以及打造长江上游金融中心等多方面带来良好的示范效应。而创业家可以借助股票上市,卖出一部分自己所持有的股权,通过股票市场获取高额回报,也可将自己的投资收益投资到其他领域。通过分散投资,创业家无须担忧企业今后出现意想不到的失败,生活也有了保障,这会大大降低创业家的风险。当然,公司在上市初期,创业家出售股权会受到交易所一些规定的限制,因此,在上市初期,只有少数缺钱的创业家才会出售小部分股票,大多数创业家会继续持股,以分享股票上涨所带来的收益。

四、实践参考

(一)风险投资退出的概述

1.风险投资退出的概念

风险投资也可以理解为一个动态循环的过程。风险投资者以自身的相关产业或行业的专业知识与实践经验,结合高效的企业管理技能与金融专长,积极主动地参与对风险企业或风险项目的管理经营,直至风险企业或风险项目公开交易或通过并购方式实现资本增值与资金的流动性。一轮风险资本投资退出以后,该资本将投向被选中的下一个风险企业或风险项目;这样循环往复,不断获取风险资本增值。

所谓风险投资退出,是指风险企业发展到一定阶段以后,风险投资者认为风险资本从风险企业退出的时机成熟时,选择一定的方式(如公开上市、出售或回购、清算等),通过资本市场将风险资本撤出,以实现资本增值或者降低损失,为介入下一个项目做准备的经济行为。高收益是通过风险投资成功的退出而实现的,可行的退出机制是风险投资成功的关键。

2.风险资本退出的主要原因

风险投资退出是整个风险投资动作中的重要组成部分,它是上一投资项目的终点,下一投资项目的起点。如果没有退出机制,风险资金生生息息、不断流动的动态循环过程将会终结,风险投资也就失去了应有价值。因此,退出机制对风险投资来说至关重要,主要有以下几方面原因。

①收回收益,控制损失。风险投资的期限较长,一般 3~5 年,经过风险投资机构、风险投资家与创业企业多年的辛苦工作,将创业企业做大做强后,需要兑现收益,一是回报风险投资者,二是支持新的创业企业的成长。因此,在原先所投资的创业企业趋于成熟后,可以寻找银行贷款等其他融资渠道融到资金,风险资本的成功退出,实现功成身退,为风险投资家融到新资金支持新的创业项目或企业提供机会。投资成功后收益的实现,对风险资本生生息息的不断流动至关重要。

另一方面,风险投资具有高风险性,历史统计显示,风险投资机构所投的项目如果能达到 20%~30% 的成功率,已经是做得非常成功的风险投资机构。因此,风险投资的高风险会导致许多项目失败,通过风险投资的退出机制,控制投资损失,是投资人利益保护的重要制度安排。

②分阶段投资特征。风险投资机构与创业企业之间的委托代理关系,存在由信息不对称所导致的道德风险与逆向选择,因此会通过分阶段投资等措施来控制风险。同时,风险投资机构的资金是有限的,为了分散风险也会进行组合投资,因此每个项目上的资金也是有限的。但随着企业的快速发展,分阶段投资的累积投资额可能已非常高,如果风险投资不能退出,则可能会没有新资金进行新项目的投资。

③创业企业发展需要。由于创业企业的初创期规模小、固定资产少、风险高,一些稳定资金如银行资金等都不会供给,因此创业企业融资困难。而风险投资不仅解决了初创企业的资金问题,还为初创企业的技术开发、市场开拓、产品营销、资本运营等提供增值服务。但由于初创企业的高风险性,风险投资家对创业企业设置了很多控制措施,诸如参与企业的经营管理、制订公司管理规章等,但在创业企业发展到一定阶段后,它可能想摆脱风险投资家所提供的这些增值服务与监督控制,而在资金供给方面,有更便宜的银行资金等,因此,创业企业希望风险投资机构退出。同时,在风险投资机构的退出时,会使企业的价值大幅上升,这也是对创业者及公司成员辛苦创业的回报。

总之,任何一项投资活动都是在风险性、收益性、流动性的辩证中进行,从高新技术企业的性质来看,创业企业的高风险决定了它要想吸引风险资本,不但要保证有较高的回报率,还必须保证资本的高度流动性,要有顺畅的资本退出渠道。风险资本的顺利流动是保持其活力的基本前提,而顺利流动的决定因素是退出渠道的畅通无阻。可以说,没有退出机制或退出机制不完善,风险投资就很难生存和持续发展。风险资本的一次运行过程结束于风险资本的退出,要实现资本的高额增值,退出可谓风险资本运行过程中"关键的一跳",风险资本能否安全撤出,能实现多大程度的回报,最终都落实在风险投资退出的顺利及安全与否上。因而,成功的风险投资家总是在酝酿投资计划之初,就精心设计退出路线,并一直关注项目进展和创业企业外部情况的变化,以求在最佳时间以最佳方式退出。

(二)风险投资退出方式

风险投资的退出路径主要有 4 种:二级市场公开上市(IPO)、创业企业家股份回购、兼并与收购、创业企业清算。创业企业在二级市场公开发行股票上市是风险投资获利最为丰厚的一种退出方式。创业企业或创业家股份回购和创业企业被兼并收购是风险投资的主要退出方式,虽然这两种退出方式的投资回报没有首次公开发行股票上市退出的投资回报高,但它们与首次公开发行股票这一上市方式相比,退出要求没那么严格,同时退出成本也会低一些。清算则主要是在企业经营状况恶化且难以扭转时,风险投资机构为减少损失所采用的最后办法。

根据《中国创业风险投资发展报告(2017)》统计显示,我国风险投资的主要退出方式也是上市、股权转让与并购、回购、清算4种。根据清科研究中心的调研报告,IPO是中国创业投资机构退出的主要渠道。2017年中国创业投资全年共披露1 042笔退出项目。按退出渠道来分,共有495个项目通过IPO退出,占比47.5%,较2016年增长72.5%,而并购和股权转让分别占比16.41%和27.74%。而美国在2016年风险投资退出项目726个,交易金额达468亿美元,其中采用IPO退出的39家,采用兼并与收购退出的项目达687个,在交易金额中的占比达到82%①。与美国相比,我国当前并购、股权转让比例相对较低。随着创业投资的发展,退出通道会更加通畅,中国创业投资机构在未来会逐渐增加并购、股权转让方式的退出占比。但我国风险投资的退出渠道仍需要完善,许多机构目前退出成本较高。《中国创业风险投资发展报告(2017)》调查显示,超过25%的创业投资机构认为退出渠道不畅是我国风险投资效果不理想的最主要原因。下面将具体介绍各种退出方式。

1.竞价式转让:首次公开发行(IPO)

首次公开发行(Initial Public Offering,IPO),即创业企业第一次向社会公众发行股票。IPO退出方式是指风险投资机构在创业企业发展到一定阶段后,通过首次公开发行股票,借助发行渠道或上市交易通道,出售所持有的股份,实现退出和收回投资回报的退出方式。采用这种退出方式,一是通过风险资本的成功退出,实现高额回报;二是创业企业获得了在证券市场上再筹资的渠道。通过上市退出创业企业,是国际风险投资家以往最经常采用的一种方法。

创业企业的股份上市离不开"第二证券市场"的作用,这类证券市场以发行高科技风险企业的股票为主,发行的标准一般低于证券"主板"市场。只要风险企业的规模和资金达到了一定的标准,就可以在这类市场上上市公开发行股票。在欧美发达国家中,著名的"第二证券市场"包括:美国专为没有资格主板市场上市、规范较小的公司的股票交易而建立的OTC(柜台交易)市场和NASDAQ,英国于1995年建立的AIM,日本政府于1983年在大阪、东京和名古屋建立的"第二证券市场"。我国也建立有中小板、创业板、新三板供高科技公司等中小企业上市交易。2018年11月5日,国家主席习近平在首届中国国际进口博览会开幕式上宣布,将在上海证券交易所设立科创板,并将试点注册制,这对风险投资退出无疑是一件好事。

历史上,IPO退出收益非常可观。例如,1995年8月,成立仅16个月且从未盈利的网景

---

① 资料来源:National Venture Capital Association(2017 NVCA Yearbook),2017-03.

（Netscape）公司股票公开发行上市，上市前资产只有 1 700 万美元的小企业，一夜之间公司的资产就暴升至 20 亿美元，增值 100 多倍。又如苹果公司，首次公开发行股票上市给老股东带来 235 倍的投资回报，莲花公司是 63 倍，康柏公司是 38 倍。

IPO 退出通常是获利最高的退出方式，但也依赖于场内市场的发展。美国发达的资本市场和 IPO 的丰厚回报，使得在风险投资发展较为火爆的时候，IPO 曾是美国风险投资退出的最主要渠道。据学者 D.J.Cumming 统计，美国在 1992—1995 年风险投资共退出 112 起，其中 IPO 达 30 起，占 26.8%。但 IPO 成本高，退出年限长，风险也更高，创业投资机构逐渐开始选择退出年限较短、更加灵活的其他途径，如并购、股权转让等，因此 IPO 退出的比例逐渐减少。从 2006 年开始，美国创业投资并购退出方式占比不断上升，成为美国创业投资最主要的退出渠道。2017 年美国创业投资以并购方式退出的项目达 565 起，占比 73.5%，而 IPO占比仅为 7.5%，仍是第二大退出方式。图 8-1 反映了近十多年美国风险投资 IPO 退出方式情况。

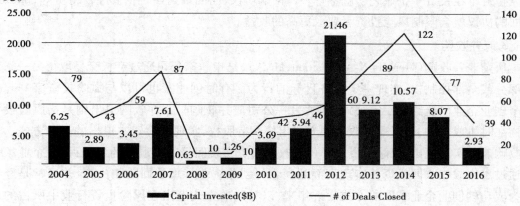

图 8-1　美国风险投资 IPO 退出方式情况（2004—2016 年）

资料来源：摘自 National Venture Capital Association（2017 NVCA Yearbook），2017-03.

2.股份回购

股份回购是指创业企业或者创业企业家本人采取现金或者票据等支付形式，或者通过建立员工持股基金的方式，来买断风险投资者所持有股份。由于公开发行股票上市的要求较高，尽管创业经过前期的发展已基本达到上市条件，一是市场上市的一些限制条款可能会使创业企业家对公司的控制权削弱或丧失，不符合创业管理层的利益诉求；二是公开上市费用高昂，所需时间长，如 2016 年美国通过 IPO 退出成功的风险投资所花时间中位数为 8.3年，最高的长达 13 年[①]，因此，创业企业长期对风险资本的占用，减缓了风险资本的流动。因此，不少创业企业的管理层或企业家愿意回购本公司的股权，如前文大族激光就是一个创业企业家回购股权的典型案例。股份回购一般是交易合约中事先有约定，同时企业家有足够实力，风险投资才会以这种方式退出，也可看作是创业者利益保护措施。

股份回购主要有两种类型：创业企业的股份回购和创业企业家的股份回购。创业企

---

① 资料来源：National Venture Capital Association（2017 NVCA Yearbook），2017-03.

股份回购是指由创业企业采用现金或票据等形式,从风险投资家手中购买所持有股份,并将回购股票加以注销的一种退出方法。创业企业家股份回购则是指由创业企业家采用现金或者票据等形式,从风险投资家手中购买所持有股份,股份回购后,股份不注销,由创业企业家拥有,风险投资则完全退出创业企业。

采用股份回购方式退出创业企业,具有以下特点:①交易只涉及创业企业或创业企业家与风险投资机构两方面当事人,产权关系明晰,操作简便易行;②股份回购几乎不受管制,风险资本可以迅速退出,并从退出过程中取得合法且可观的收益;③股份回购可以将外部股权全部内部化,使创业企业保持充分的独立性,并拥有足够完整的资本进行保值增值,预留了巨大的升值想象空间。

正由于股权回购是创业企业和风险投资公司的"双赢"策略,因此近年来在风险投资领域得到了广泛的应用。但是,许多风险投资者在考虑回购时仍有着不少顾虑,因为它往往要求风险资本在投资于企业之初就签订一份回购协议,而如果到期时企业经营得更好,那么这份回购协议就会限制风险投资者获取更高的收益。

3.兼并收购

所谓兼并收购(Mergers & Acquisition,M&A),是指一家公司通过产权交易取得另一家公司部分或全部控制权,实现一定经济目标的行为。有时创业家也可以与风险投资家一起把整个创业企业出让给另一家公司,即被另一公司兼并收购。兼并收购退出则是指风险投资机构在时机成熟时,通过兼并收购的方式出售所持股权,实现风险资本退出的一种方式。通过收购兼并实现退出,风险投资同样可以收回投资实现回报达到退出的目的;创业企业家也可通过出售股权收回投资并实现高额利润。与创业企业管理层回购相比,兼并通常是经营较为成功的创业企业采取的方式。近年来,以并购的方式退出在风险投资行业中所占的比例越来越大,在国际上风险投资发达的国家已经超过 IPO,成为第一大退出方式。比如,美国,根据统计显示,在 2016 年,在 726 个退出项目中,有 687 个项目通过兼并收购方式退出。图 8-2 反映了近十多年美国风险投资以兼并收购方式退出的变动情况。

风险投资通过兼并收购退出创业企业的方式,又可细分为两种方式,即一般并购和第二期收购。

①一般并购。一般并购是指公司间的收购与兼并,如创业企业被其他企业收购或兼并,通常是指同行业或相关产业的企业收购或兼并创业企业,使之成为产业集团的一部分。一般并购是出售创业企业的最主要的一种方式,其并购的方式与其他企业之间的并购并无多大区别,因此,一般并购也可分为横向兼并、纵向兼并和混合兼并 3 种类型。

a.横向兼并,是指在同种商业活动中经营和竞争的两家企业之间的兼并,其主要目的在于消除竞争、扩大市场份额、增加并购企业的垄断实力或形成规模效应。

b.纵向兼并,是指在处于生产经营链条中不同环节的企业之间的兼并,即优势企业将与本企业生产紧密相关的处于上下游中不同生产、营销环节的企业收购过来,以形成纵向生产一体化。

c.混合兼并,指既非竞争对手又非现实或潜在的客户或供应商的企业间的兼并,其主要

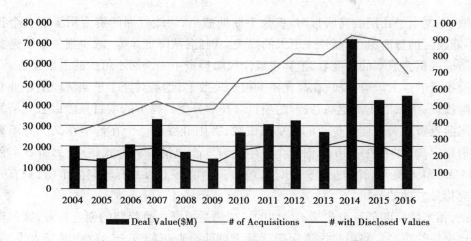

图 8-2　美国风险投资兼并收购退出方式情况(2004—2016 年)

资料来源:摘自 National Venture Capital Association(2017 NVCA Yearbook),2017-03.

目的在于分散集中一个行业所带来的系统性风险,目的在于通过多元化的经营模式来提高企业对经营环境的应变能力。

②第二期并购。第二期并购是指风险投资家将持有的创业企业股份再卖给另一家风险投资公司,尤其是卖给致力于创业企业扩张期和后期的风险投资公司,由新加入的风险投资公司对创业企业进行下一期投资。风险投资公司可能出于种种原因急于从创业企业撤资,而创业企业在其发展到一定规模以前,圈外人士往往难以判断该企业的经营前景,因而难以对创业企业进行合理的估价。此时,作为内行的其他风险投资公司会对该创业企业的发展进行较为准确的判断,一旦认定其具有投资价值,便会从原有的风险投资公司手中认购该企业股份。这种"圈内交易"比较容易对创业企业的价值评估达成一致。对创业企业进行风险投资的第一个风险投资公司很可能是"所有者权益导向"型的,专门投资于处于早期创业阶段的创业企业;而接手投资的第二个风险投资公司则偏好于在创业企业发展稍后阶段购买所有者权益。采用第二期收购时,创业家并没有退出创业企业。

据不完全统计,在风险投资的退出方式中,一般收购占 23%,第二期收购占 9%,股票回购占 6%。

对风险投资机构而言,由于被兼并收购的退出方式可以立即收回现金、票据或可流通权益,使得风险资本可立即从创业企业中完全退出,因此具有较大的吸引力,但同 IPO 的退出方式相比,其投资收益率大约只有 IPO 方式的 1/5,而且创业企业的公司管理层通常并不欢迎这种退出方式,因为创业企业一旦被一家大公司收购,其独立性就会大大削弱,公司原有管理层的权利也会受到影响。

4.强迫式转让:破产清算

清算是指创业企业经营每况愈下且难以扭转时,为避免更大的损失,对其进行破产清算以收回部分投资。由于高科技创新所具有的巨大的不确定性和高风险性,大部分的创业企业不是很成功,相当一部分创业企业最终会以失败而告终。特别是对于处于萌芽阶段的创业企业,失败的比率非常高,对风险投资家来说,一旦确认创业企业失去了发展的可能或者成长太慢,不能给予预期的高回报时,就要果断地撤出,将能收回的资金用于下一个投资循环;若不能及时抽身而退,只能带来更大的损失。因此,从降低风险、减少损失以及避免资金沉淀而造成的机会成本的角度看,清算也属于风险投资中一个必不可少的退出渠道。

风险投资的巨大风险,反映在高比例的投资失败上,越是对处于早期阶段的创业企业进行的风险投资,失败的比例越高,失败的项目以及部分受到挫折的项目只能以公司清算的方式退出风险投资。关于创业企业的成功与失败,美国硅谷有一个在科学意义上并不算太精确的大拇指定律,即一般每10个创业企业中会有3个以清算的形式结束,另有3个停留在2 000万~3 000万美元规模的小公司水平,还有3个能够上市并有较高的市值,只有一个会成为大拇指最成功的公司。

可见,相当数量的创业企业是不成功的。如果是投资在萌芽期的创业企业,则风险投资失败的比率往往更高。当风险投资家确认某个创业企业不能安全运行或成长太慢,甚至已出现赔本迹象,无法保证预期的巨额投资回报时,他就会果断地选择以清算的方式从创业企业退出,并将尽量回收的资本用于下一次的风险投资。据统计,以清算方式退出的风险投资占全部风险投资项目的32%,而且这种清算一般只能收回原来投资的64%。

以公司清算的方式退出,对风险投资家来说是十分痛苦的,但这是在企业经营状况恶化的情况下必须采取的措施。因为创业企业的投资风险非常大,同时风险投资必要的投资收益又必须有所保证,如果不能及时退出前景不好的创业企业,只能给风险投资带来更大的损失。即使是仍能继续经营的企业,如果成长缓慢,年收益较低,一旦被认定没有发展前途,风险投资家也会果断决定立即退出。因为经验证明,沉淀在这一类企业中的资金的机会成本非常大,风险投资家一般不愿把资金投入这类没有发展前途的企业中。

公司清算的意义在于,避免风险投资对没有前途的项目投入过大,以免将更多的资本变成死账、呆账;同时,也只有通过大量痛苦的清算退出,风险投资家才能在众多的高风险项目中积累宝贵的经验教训,寻求真正的市场机会。从这种意义上讲,公司清算退出反映了市场淘汰劣质项目的过程,大量的公司清算为寻觅高回报的市场机会开辟了道路,具有积极的现实意义。

许多风险投资家就是通过这种退出方式与创业企业分道扬镳的。如果创业企业的经营业绩不佳,把企业清算并分散变卖其所有有价值的资产,比把企业整体变卖来得容易,有时还可以卖出一个更好的价钱。例如,在过去的许多年份,药品批发商的经营利润非常高,并由此积累了巨大的账面价值,但随着药品批发行业的巨大竞争,这一行业的利润一落千丈。一些公司在收购这些药品批发商时,一般只愿支付它们账面价值的一半左右,因为他们卖出时的公司收益太低,账面价值不能代表它们的实际价值。但有一些聪明的药品批发商采取把公司分散卖出的方式,他们把存货和客户名单卖给感兴趣的同行业的厂商,然后再变卖剩下的土地、厂房、机器设备和其他形式的有形资产,这样分散卖出的收入比公司整体卖出的价格来得更高。

创业企业的清算一般采用普通清算的形式,很少以破产清算的形式进行。普通清算的基本条件是:①企业资产能够抵偿债务,如果清算过程中发现企业财产不足以清偿债务,则要转为破产清算;②企业的董事会或管理机构能够自行组织清算,如果由于某种原因不能自行组织清算,则可转为特别清算。

由于创业企业在清算时,一般都是企业所有者主动停止公司经营,收回投资者投资,并非创业企业被申请破产清算,且此时企业资产一般都足够抵偿债务,并有较多的剩余资产可供公司所有者分配,因此,创业企业一般是以普通清算的方式进行清算。

创业企业的清算由企业的董事会按照法律规定的程序,自行组织对本企业债权债务及财产进行清理结算的活动。普通清算的基本要求:组织清算委员会或清算组,并依照法律规定的程序和要求进行清算。

(三)风险投资退出方式比较

风险投资机构在退出方式选择时,需要从交易协议条款、退出成本、退出收益、退出难易程度、退出方式特征、退出企业实际情况、所掌握的社会与资本市场资源等多种因素,综合考虑来具体选择退出方式。不同的退出方式,具有不同的特质,成本与收益存在很大差异,难易程度也不同,因此,风险投资双方具体如何选择则视情况而定。表8-3综合反映了各种退出方式的优缺点以便比较与选择。

表 8-3　风险投资退出方式的比较

退出方式	优点	缺点
公开上市 (IPO)	①投资获益最高,往往是投资额的几倍甚至几十倍,有的甚至更高;②企业获得大量现金流入,增强了流动性;③提高了风险企业的知名度和公司形象,便于获得融资便利;④对参加回购计划的职员,股票上市乃是很大的激励,可以留住核心层人员并吸引高素质人才进入;⑤风险投资家以及风险企业的创始人所持有的股权可以在股票市场上套现	①公司受强制信息披露制度的制约;②对出售股权的限制会影响创始人投资收入的变现;③上市成本很高,上市的费用十分昂贵;④不利于创业企业原有大股东把持公司控制权;⑤IPO受二级市场影响较大
出售或回购	①这种契约式转让最大的优点在于符合风险资本"投入—退出—再投入"的循环,投资者可以在任意时期将自己拥有的投资项目股权限时变现,使风险投资公司的收益最大化;②操作相对IPO简单,费用低,可以实现一次性全部撤出且适合各种规模类型的公司;③股份的出售或回购还可以作为风险投资企业回避风险的一种工具	①由于收购方太少,导致企业价值被低估,收益率与公开上市相比明显偏低,只有它的1/5到1/4;②就出售而言,风险企业被收购后就不易保持独立性,企业管理层有可能失去对风险企业的控制权;③对回购来说,如果企业创始人用其他资产(如其他公司股票、土地、房产等)和一定利息的长期应付票据支持回购,涉及变现及风险问题;④我国许多高科技企业是从原国有企业或研究机构中诞生,产权界定不清,再加上国产权交易市场还不发达,产权成本过高,阻碍这种退出渠道的运用

续表

退出方式	优点	缺点
兼并收购	①灵活性,兼并收购的退出方式,给予了投资人最大的灵活性来撤出资本,以保证资金的盈利与循环;②风险投资机构在风险资本退出时,可以拿到现金(或可流通证券),而不仅仅是一种期权,同时,交易的复杂性较低,花费的时间也较少,风险资本可以迅速从创业企业中撤出	这种方法很有可能使创业企业家彻底丧失对该企业的控制权,不利于激励他们在风险投资退出前很好地为该企业创造价值
清算	风险投资不成功时减少损失的最佳的退出方式	①承担很大程度上的损失,这是投资失败的必然结果;②我国《公司法》要求在出现资不抵债的客观事实时才能清算,从而很可能错过投资撤出的最佳时机,也就无形中扩大了风险企业损失

第九章 创业企业如何获得风险投资

一、案例综述

案例 9-1 亚信公司：不同发展阶段获得不同的风险资本

亚信公司自创建之初便与风险投资结缘，经历了从天使投资人、机构投资者到基金投资、战略投资几番融资，最终于 2000 年 3 月在美国 NASDAQ 成功上市，成为国内当时最完整、最具可证性的 VC 案例，其不同阶段的商业模式和融资需求、各类投资方在融资过程中的技术操作以及对企业内部产生的影响都极具代表性。

1. 天使投资，挖掘第一桶金

1993 年，"信息高速公路"的概念开始出现，留美多年的田溯宁和他的创业伙伴敏感地发现一个商机，即利用 Internet 技术创建一个信息交流平台，为中国和美国提供双向的信息服务，将中国企业及中国经济发展的信息介绍给美国，同时将美国经济及美国企业的信息传递给中国。

在此后的一段时间内，田溯宁忙碌地奔波于华尔街众多投资银行之间，然而，他对中国高新技术前景的预测并没有得到华尔街的认同。几经周折，经中国驻美大使馆人员介绍，田溯宁结识了著名华侨、地产开发商刘耀伦先生，怀着发展祖国高新技术产业的初衷，刘先生同意投资亚信。1994 年，以 50 万美元天使投资为基础，田溯宁、丁健等几名中国留学生在美国达拉斯创建了 Internet 公司——亚信（AsiaInfo），希望公司未来的业务能够拓展到整个亚洲地区。刘耀伦先生出任董事长，总裁田溯宁、技术总监丁健为公司董事。

1995 年，美国 Internet 主干网基本铺设完毕，而国内的 Internet 还是一片空白，硬件技术的不平衡无形中卡断了亚信的双向信息服务，业务难以为继。在内部原因和外部互联网氛围的影响下，亚信决定放弃信息服务业务，先将 Internet 网络技术引入中国。

2. 机构投资，遭遇困境

1995 年 3 月，亚信总部移师北京，定名亚信科技（中国）有限公司。当时，美国 Sprint 公司正负责建设 ChinaNET，亚信顺利地承接了北京、上海两个节点的工程。国内拥有类似工程经验的公司并不多，很快，大批项目找上门来，亚信开始步入发展轨道。

虽然不到一年就签下了 200 多万美元的合同，但系统集成商通行的预先垫付货款的行规,使得公司流动资金出现严重不足。由于缺乏担保资产,亚信无法获得银行贷款,只能将希望寄托于向朋友借款。

经刘亚东介绍,时任万通实业集团总裁兼万通国际集团董事长的王功权认识了田溯宁和丁健,这位触觉敏锐的"民营企业家"非常看好亚信的发展前景,愿意以25万美元换取其8%的股份。在他的鼓励下,刘亚东也加入了亚信的创业团队,负责公司运营。

但是,这场类似风险投资的交易却没有得到董事会的理解,作为一家上市公司,万通要求的是看得见的回报,而短时期内,亚信并不能给予这样的保证。8个月后,迫于董事会集体压力,王功权不得不提出撤资。直至一年后,亚信才勉强以50万美元回购了万通国际在亚信的股份。

这次不规范的融资严重地打击了亚信,一度使得创业者们甚至怀疑公司是否真的存在某些问题:一方面,资金压力与日俱增;另一方面,公司内部暴露出许多管理上的弊病……危难之际,亚信创始人将新的融资计划正式纳入日程,而此时,风险投资成为他们首选的融资对象。

3.助力基金VC,成功跃迁

1997年1月7日,亚信的主要创业者在美国召开了一次会议,大家对公司未来3年的发展规划达成共识,一致希望引入创业投资、引入外部投资人的经验和帮助、引入职业经理人(尤其是财务总监),从而帮助公司摆脱发展资金、内部管理以及治理结构的困境。

(1)双向选择

同年6月,亚信邀请美国投资银行Robertson Stephens & Company作为融资中介,一边完善商业计划书、研究公司的市场、竞争、产品、核心竞争力等;同时,确定了近10家风险投资机构作为目标,虽然各家机构对亚信的评价褒贬不一,但愿意投资的仍占大多数。最后,亚信落定Warburg Pincus(华平)、ChinaVest(中创)、Fidelity(富达)3家作为联合投资者,促成了当时亚洲最大的一次技术融资。

从亚信方面来看,华平在美国高科技投资领域声誉良好,可以给予亚信技术、管理支持;1985年便进入中国的中创熟悉国内情况,更易于沟通;富达在华尔街无人不晓,对企业未来的融资会有帮助。3家公司不仅优势互补,且能相互平衡和制约。从投资方的角度来看,亚信富于创业激情和实际经验的创业者、领先的市场地位以及扎实的业务模式着实令他们眼前一亮,比起众多单纯从事技术研发的IT企业,亚信直接切入产品和市场中间,强调技术应用,似乎更切合国内IT产业的实际状况。此时阻止这家公司发展的主要问题在于资金和内部管理,而这正是投资方可以提供的资源……

最初,华平和中创都有意单独投资,富达则表示无论谁投,它都愿意跟投。协调的结果是:3家机构联合投资,华平领投。为防止未来华平和中创在企业发展的重大问题上出现分歧,富达充当了中间人的角色。值得一提的是,Robertson个人也投资了这个项目。

(2)股权协议

此轮投资的具体投资额为1 800万美元,主要是根据亚信近期业务发展的实际需要确定的,其中,华平占1 000万美元,中创占600万美元,富达占200万美元。投资方式为一次性注入。

但在企业价值评估这个敏感问题上,投、融资双方还是出现了很大分歧。创业者认为亚信投资前的企业价值(Pre-money Valuation)为 9 000 万美元,而投资方认定的合理价格远低于此,华平做出的估价在 4 000 万~5 000 万美元的水平。此时,投资方和创业者都不愿轻易放弃这个机会,各自权衡得失,愿意采取一些变通的策略来实现合作。

首先,亚信做出了退让,同意在相同的融资额度下出让更多的股权给华平公司。双方在1997 年年底达成协议,先以创业者对亚信的估价和已经确定的 1 800 万美元投资额为基础,计算投资后双方在企业中相应的股权比例(华平、中创和富达分别占 10%、6%、2%);同时,为投资方设立一个期权,如果 1998 年、1999 年两年亚信实现的 EBITDA(利息、税收、折旧及摊销前利润)没有达到当时商业计划书中的预计指标,相应按比例增加投资方的股份;否则,双方股份保持不变。

投资后的发展表明,由于最初缺乏良好的财务管理建议,创业者确实高估了公司预期收益。于是,在约定期限之前,亚信主动提出变更股权。最后的调整在 2000 年度财务审计完成后开始进行,华平 1 000 万美元的投资所占股份由原来的 10%调整为 20%,中创和富达分别上升到 12%、4%。可见,这种类似期权,即根据企业一定时期内的实际发展绩效为指标,相应调整投、融资双方股权比例的方法收到了良好的效果,在激励与约束并重的前提下,投资方能够对创业团队的能力和业绩进行事后评估,解决了投资初期企业估值的问题。

(3)投资人权益

投资合同中还特别对风险投资方权益做了规定。华平(孙强)、中创(先为冯波,后由Patrick Keen 接替)派代表进入亚信董事会,每月召开一次例会。此时,亚信最初投资人刘耀伦先生仍然担任董事长,担任董事的 3 位创业者是田溯宁、丁健、刘亚东。此外,按照美国风险投资的一般标准,在重大决策中投资方拥有一票否决权(Veto Rights),亚信每年的预算、再融资计划、兼并收购运作以及公司重大经营方向的变更都必须得到 VC 同意;未经许可,创业者不能提前出售股权。

4.联手战略 VC,冲刺 NASDAQ

1998 年年底刘亚东离开亚信,半年后,田溯宁受任赴网通就职,丁健接替田溯宁成为亚信第二任 CEO。频繁的人事变动没有影响亚信正常的发展,1999 年 4 月,公司高层开始考虑挂牌上市的问题。对于当时的 IT 企业,IPO 是比较通行的方式,为保险起见,亚信决定以新一次融资作为上市的铺垫,并如愿找到了一个战略型创投公司 Intel Capital。

Intel Capital 是一家典型的战略型的创业投资机构,除了遵循一般的 VC 原则,Intel Capital 还强调被投资公司业务发展是否符合 Intel Capital 本身的发展战略,无疑亚信是非常合适的投资对象,而 Intel Capital 的加盟也将极大地帮助亚信实现产品升级、开阔市场思路。

亚信明晰的财务状况和管理制度加速了尽职调查的进行,谈判后,双方很快达成协议,Intel Capital 投资 2 000 万美元,获得对方 8%的股份。这次的融资,亚信仅仅花费了 20 万美元。假设最初投资计划不变,亚信单依靠这笔资金可以支撑到 2000 年年底,也就是公司预期盈利的时间。

按照 Intel Capital 的惯例，它没有向亚信派出董事，仅以观察员身份列席董事会，并要求亚信定期提供财务报表。另外，作为对 Intel Capital 投资利益的保护权益，双方约定：如果亚信公司被其他公司兼并收购，则 Intel Capital 将选择退出，并有权要求亚信公司以预先商定的年回报率回购 Intel Capital 在亚信的股份。

这次合作使得 Intel Capital 将亚信的产品放入其支持的平台中，而亚信产品也增加了对 Intel Capital 产品的支持。更为重要的是，亚信从这次融资过程中进行了一场上市模拟，从而为下一步 IPO 做好了充分准备。

2000 年 3 月 3 日，亚信在美国 NASDAQ 成功上市。时机把握得相当好，亚信估价 12 亿美元，当日超额认购 50 倍，共计融资 1.38 亿美元。由此，风险投资机构的股权成为流通资本，随时可以变现退出。

[注：案例材料根据《亚信的选择——亚信公司成功利用风险投资基金发展的启示》（田溯宁，1998）、百度文库《亚信公司的创业融资与发展》等材料编写。]

案例 9-2　悲壮的烧烤机

1967 年出生的林峰大学毕业后进入国家机关工作，1994 年年初，他辞职开始了第二份职业，进入一家食品机械公司做销售代表，凭借着自己的勤奋和努力，几年后被公司提升到销售部经理的位置，林峰也在业内渐渐有了些名气。

1.欲作老板开创大业

渐渐地，林峰期望能够开始自己的事业，创立一个企业，做出一番大事。做何大事？与几位志同道合的朋友经过几轮磋商，他决定做烧烤机。这样决定首先是考虑到资金总量问题，几个朋友的资金加起来也就 300 万元左右，若做林峰最熟悉的食品机械产品，没有三五千万元的资金，摊子都铺不起来；其二，随着人们生活水平的提高和中韩经贸往来的增加，烧烤店的生意红火，烧烤机的需求量较大。经过林峰精细测算，投资生产烧烤机 300 万元是能够转动的。一切都策划设计好后，林峰于 2003 年 9 月辞职。

辞职后的林峰马不停蹄地筹备烧烤机的生产，租赁了厂房，成立了公司，资金也基本募集到位，他希望产品赶到元旦前上市。林峰出资额较多，而且是全职投入企业，自然出任法人代表。林峰成了真正的大老板，准备雄心勃勃地大干一场。

事前大家也开了无数的诸葛亮会，商业计划书写得非常详尽和周密，几乎一切主客观要素都考虑了进去，只要按计划推进就成。然而，事情并不像林峰想象的那么简单，首先是在后来的产品设计生产过程中遇到了诸多难题，如由于对餐饮行业机械的不了解，对许多餐饮机械行业的产品管理规则不太熟悉，因此走了许多弯路，耽误了许多时间。另外，他们环保专利产品的申报工作也非常麻烦，虽然到春节前把样机生产出来了，但环保专利、产品批号等都批不下来，原计划年底回笼资金的愿望成了泡影。事情如麻，问题如山。

春节过后等到员工基本到位，大家开始投入工作时，已经是 2 月底 3 月初了，林峰等人加紧公关措施，等到产品专利、申请产品批号这些批下来已经是 2004 年 7 月了。

第一批 300 台产品生产出来时，是 2004 年 9 月。林峰召开了隆重的新产品发布会，希望对内鼓舞士气,对外制造声势,以利于市场推广,然而效果非常有限,几乎没有媒体跟踪支持,许多朋友和媒体当天只是来捧了个人场。接下来的市场销售更是不顺畅,由于是新产品,许多客户根本不认可。原来对餐饮熟悉的那位投资人尽管从外围很卖力地给予推荐,但许多人还是很委婉地拒绝了。最多只是答应可以留下来免费试用。由于销售不畅,销售人员情绪低落,队伍很不稳定。于是林峰加大了第一批产品的提成力度,连续两三次提高产品的销售提成,公司留下的收入还不够产品的制造成本,整个是赔本赚吆喝,但为了打开市场,只能是做赔本买卖了。产品终于在10月下旬卖出去了一批,共12台,这是销售经理发现的客户,林峰亲自出面谈下来,是一家新投资创业的烧烤店,由于价格便宜所以对方接受了,但对方由于刚创业,资金紧张,先支付了60%的款项,余下的商量好在开张后支付。

11月8日这家烧烤店开业当天,还请了销售部经理和林峰去捧场品尝,然而第二天销售部经理就接到烧烤店老板的投诉,列举了烧烤机的4大问题,食客投诉比较多,影响了他们的生意,林峰赶紧派人去现场察看,有些机械故障可以维修,但有些根本是设计的问题无法维修,确实不方便食客就餐使用,甚至影响到客人的安全。虽然几经协调道歉,烧烤店仍不依不饶,最终是余款不要了事。这家烧烤店的事情是平息了,可库房里的那200多台是继续销售还是不销,林峰犹豫不定,此时新产品的设计改进还在继续进行。

2.首次遭遇现金流紧张

新的产品设计很快出来了,样机也出来了,然而新的问题又出现了。原来筹集的300万元此时基本用尽,预留的30万元的预备金也都用完了,第一批赊欠的原材料钢板的钱还没有还。钢材经销公司的销售老总是林峰的一个朋友,林峰本想向他求救能否再赊欠一批,但临近年底,公司加大了追款力度,这位销售老总却找上门来要款了。

资金紧张的问题接二连三地引发了一系列问题,首先是员工的工资发不出了,林峰开始拖欠员工工资,不仅如此,原来答应的销售人员跑外的通信补助、交通补助也都不能兑现,销售代表不仅领不到工资,自己还得贴交通费和通信费用,甚至包括请客户吃饭的费用。

问题还远不只这些,按照协议,2005年上半年的房租该付了,这是一笔不小的数目,大约16万元,还有水电费和管理部门的费用。临近年底,有些关系需要打点,也需要费用。越是这时,企业内部的管理问题越多,几乎所有的规章制度都失效了,林峰急得如热锅上的蚂蚁。

于是,林峰把其他3个股东叫到一块开会商量对策,最后决定按比例再投入一笔资金,共计50万元,这次林峰几乎把家底儿全掏出来了。50万元真是杯水车薪,除了必须交的房租,日常水电及其他办公开支外,也就剩下30余万元。临近春节年关,再把拖欠员工的工资发了60%,余下只有十五六万元。那位钢材公司的销售老总听说林峰有了钱,立即上门来要账,软磨硬泡就是不走,最后林峰实在是没办法,给他开了一张2万多元的支票,其实这只是欠款20多万元的零头。

林峰非常清楚,剩下的10多万元过春节后不要说生产,就连维持日常的公司运营都支持不了一个月,所以春节期间又召集几位股东商量对策,其中有两位股东明确表示不能再继续投资了,也投不起了,林峰清楚自己也投不起了,只有融资这条路了。于是大家商量了一个大致的融资办法——分头找投资商。

春节过后，正常报到上班的员工不到一半，林峰也想动员员工出点资金，股份也行，算借债还息也行，私下与几位核心骨干沟通，明确表示不行的就有好几位，说考虑考虑或回家商量商量的也有几位。至此，林峰明白这条道行不通。到3月初，员工陆续都走了，只剩财务两位人员，办公室的一位和两位看门的库管员，其他两三位核心人员也都是三天打鱼两天晒网。

林峰尽量压缩开支，余下的先发基本生活费。他则整天四处跑着或打电话融资。另外的3个股东，有两个除接电话外，基本也不到公司来了。一名股东还张罗着介绍朋友投资，但谈了很多，除了吃饭花了不少钱外，几乎没有任何成效。林峰眼看着手中的现金一天天在减少，干着急没有任何办法。期间也尝试着能否代销点自己熟悉的产品，渡过难关，但余下的现金不足以支撑他做经销代理。他也曾想试着做销售代表卖些产品，但多年的老总经历，真到销售具体的产品又担心拉不开面子，再一想自己做销售代表挣的提成根本支撑不了公司的日常开支。

在融资没什么希望的情况下，他和几位股东通了电话，商量着干脆把公司卖掉，但在价钱问题上大家争执不下，有的表示至少得卖500万元，有的希望把投进去的钱收回就行，也有的主张收回一部分即可，林峰的意见是收回一部分，比如200万元，好做点其他的。然而，等到真卖的时候就不那么容易了。

最初有人有意向以150万元全盘接收，不负担债务，但几位股东商量几个来回都没有取得一致意见。过一星期后，买主不干了。过了两个星期，几位股东都知道不是那么好卖的，而且新的债务不断生成，干脆最后委托给林峰全权处理，卖多少都行。然而真正下决心处理的时候反而找不到买家了。在朋友圈中卖，在网上卖，也有人打听的，但价码非常低，比如出20万元，出10万元的，真正一谈，又都变卦了。最后林峰给几位股东通了电话，开了一个散伙会。大家决定申请破产，不再参加年检了，让林峰随便处理，大家也不分钱了。

林峰最后把财务人员、办公室人员和两个库管人员召集在一起开会，决定解散公司，让财务人员处理账务，让其他人联系收破烂的处理办公用品和库房里的200多台烧烤机。最后处理下来大概收回了近两万元钱，清理完水电费和日常的办公费用，给最后几位员工发了点工钱，大家吃了散伙饭，林峰的创业梦想就此烟消云散了。

[注：案例材料根据《悲壮的烧烤机》(关彤，2006)等材料编写。]

案例9-3 视美乐创业历程与风险资本

"视美乐"被媒体誉为中国第一家大学生高科技公司，核心技术产品叫作"多媒体投影机"，是由清华大学材料系学生邱虹云发明的，产品顺利投放市场。

1998年5月，中国首屈一指的理工院校清华大学开风气之先举办了首届大学生创业计划竞赛，激起校园创业热情。"视美乐"主发起人王科和徐中分别是这次比赛的组织者和参与者。1999年，创业计划竞赛发展为全国性的反响巨大的高校学生活动。而这一年也正是中国风险投资启蒙年。

1999年4月，材料系4年级学生邱虹云的发明——大屏幕投影电视在校园名牌比赛"挑战杯"学生课外科技作品大赛上夺得一等奖。如果这一年清华园里没有创业的风潮,没有风险投资的启蒙,这项成本仅为千元的学生作品基本上就会以校园获奖为结束了。然而,在1999年,这才是一个将在中国的经济发展史上注定要留下一笔的学生创业和风险投资故事的序幕。

创业的故事是从清华自动化专业5年级学生王科开始的。宁波理科状元出身的王科有遗传自母亲的天生的商业头脑,敢想敢干的他最强烈的欲望是创业。邱虹云的发明给了他创业契机。王科在公司兼过职,他了解投影机的市场需求和进口产品的昂贵价格,清华底子的技术敏感更使他意识到这项发明的"价值",他提出要以十几万元的价格买下邱虹云的技术。不过,聪明的王科很快意识到这项专业技术含量很高的产品如果没有技术上的支持和不断突破,很难发挥它应有的价值。于是,王科说服邱虹云以技术入股,共同开发使之成为市场产品。

如果说是商业敏感使王科及时抓住了商业机会的苗头,那么商业才华的再次显示就是他组织起一个创业的核心团队——在把技术核心邱虹云拉"下海"后,王科又开始寻找管理人才。这样的认识和人力资源积累也源于创业计划竞赛。两周后,上届创业竞赛的活跃分子清华经济管理学院MBA班班长徐中也加了进来。

1.技术力量

1999年4月,邱虹云、王科和徐中3人共同创办了中国第一家由清华大学在校学生创办的高科技公司——北京视美乐科技发展有限公司,公司的注册资本为50万元。其核心科研技术是由邱虹云自主发明的多媒体超大屏幕投影电视,享有"具有革命意义的产品"之誉,它原本是清华大学举办的创业计划大赛中的一个获奖项目。公司成立后面临着怎样融资以尽早将这一高新科技产品成功推向市场的困难。

视美乐的核心技术"多媒体超大屏幕投影电视"在国内应该算是领先产品,结合了计算机、电子、光学、材料学等多方面领域,这些都是清华大学作为国内一流理工大学的强项。视美乐的创业团队也基本上来自上述学科,学以致用,正当其时。值得提示一点的是,在1999年世界和中国都充满了豪言壮语,各种新新人类都沉迷于"注意力经济",忙于抢注意力,不能或不屑于讨论技术和盈利时,视美乐的团队保持了适度的低调,一直专注于技术的研发,对资本也抱着开放和合作的态度。他们不把"新经济"动辄挂在嘴边,很清楚地知道自己前途的艰难,与当时不可一世".com"族形成了鲜明的对比。

2.资本的力量

视美乐很清楚地认识到,技术和创新只有与商业和资本结合,完成研发和商品化,产生盈利,才能获得成功,自己也才能获得经济利益的回报。他们也知道自己欠缺经营能力,更欠缺资本运作能力,因此很积极地寻找资本合作方。他们遇上了刚成立的、以清华大学经济管理学院为依托的清华兴业投资管理公司。清华兴业急需树立自己国内风险投资先驱的形象和业绩,视美乐和兴业的合作模式是共担风险、共享收益——兴业以提供全方位的顾问业务拥有视美乐5%的股份。

从此,视美乐发展中的融资、管理、人力资源等大事都离不开兴业这个高参。在融资上,兴业更是起了决定性作用,以至于上海一百的老总称潘福祥为视美乐的"教父"。同时,视美乐的成功也给兴业带来经济回报更重要的是业界值得骄傲的声誉。"样板戏"确实叫响了。与投资方的理性合作——优化资源并为资本负责。

1999年7月29日,清华兴业投资管理有限公司在对其进行综合评析之后,采取风险投资的思路设计了一份合理的融资方案,促成视美乐公司于7月获得上海第一百货商店股份有限公司的风险投资,用于投影电视的中试与生产。双方达成两期共5 250万元的风险投资协议,第一期上海一百投入250万元用于产品中试,占20%股份,创业团队以50万元注册资本和技术、创意等无形资产占公司80%股份。中试成功后一百再投入5 000万元用于产业化生产。这是我国首例本土化风险投资案例,在资本市场引起巨大轰动。

1999年年底,经过努力攻关,视美乐成功地完成了中试,并在次年3月获得生产许可证,视美乐的核心产品开始进入规模化的生产阶段。上海一百却发现产业化不像此前想象的那样简单,该产品的技术很复杂,国内尚无能接手加工的工厂,要组织全新的生产能力并且管理生产,商业龙头上海一百并不在行。以把事业做大为目标,视美乐和上海一百协商决定引入有生产管理经验的家电厂家加盟。消息传出,国内外10多家投资公司和家电厂商前来洽谈,希望能够参与二期投资。

视美乐最终选择了澳柯玛集团作为二期投资方。2000年4月,澳柯玛决定投资3 000万元,与视美乐签订合资协议,成立北京澳柯玛视美乐公司(下简称澳视公司),双方各占新公司的50%股份,开发、生产销售多媒体投影机和相关视听产品。视美乐公司依然存在,以后将开发新项目并进行产业化。上海一百撤销原二期投资计划,其原有股份就进入澳视公司,后期并将以其商业龙头优势参与市场销售。至此,经过资源优化,支持产品走向市场的投资终于顺利完成了。

投资管理顾问潘福祥说:在风险投资模式里,第一重要的是人,第二是人,第三还是人。视美乐的团队是一个"黄金组合"。在视美乐引进风险投资创业的故事里,两家投资方首先强调的也都是看中了这个团队,视美乐找到了优秀的投资方,更不忽视对投资方负责。全力投入工作,随时汇报进展自不必说,在花钱上,除工作必需之外,他们则能省则省。当时,王科、徐中、邱虹云都没有汽车,常常骑车来来往往,在MBA同学中徐中的薪水最低。视美乐成功摘下学生公司帽子——团队建设、管理、产品走向成熟。

[注:案例材料根据《关于大学生创业引入风险投资的思考——以视美乐事件为例》(汤泽,2012)、《从"上海一百"投资"视美乐"看我国风险投资》(杨勇,2000)、《视美乐神奇故事》(孙晶仪、洪慧,2001)等材料编写。]

二、案例讨论

1.结合上述案例,分析讨论创业企业融资的影响因素有哪些?

2.将案例 9-2 与其余两个案例对比分析,讨论创业者要获得风险投资人的青睐,需要具有哪些重要特质?

3.结合案例,讨论创业者如何选择适合自己的风险投资。

4.创业企业如何才能获得风险投资?

三、案例点评

1.亚信的案例分析

亚信的成功,成就了中国风险投资史上一个经典中的经典。亚信发展过程中遇到的资金等各方面问题是任何高科技创业企业都难以避免的,也因此,其随之产生并证明是相对可行的融资途径也具有更为普遍的意义。应该说,亚信为众多企业指出了一条道路,那些先行一步的现代高科技企业通过它完全有可能借助外力实现飞跃。

亚信的多轮融资历程让我们清楚地看到风险投资机构能给创业企业带来丰富的资源,不仅仅是资金,还有观念的洗礼、经验的输导。然而,企业必须首先清楚自身需要,了解不同风险投资机构的优势所在,才可能在最大限度上利用这笔资源。

从微观层面分析,该案例中的第三轮融资还出现了值得借鉴的技术创新。基于强烈的合作意愿以及对国际商业规则的认可,投、融资双方设立股权期权协议,激励与约束并重之下,很好地协调了企业价值评估中的矛盾。另外,亚信在筹备上市前穿插的一次快速融资也具有特别意义,不仅完成上市预演,这笔前期到账资金也极大地缓解了上市失败可能带来的后果,且成本较低。

2.烧烤机的案例分析

在本案例中,为何创业者林峰会最终创业失败? 创业的失败是各种各样的因素共同作用的结果,这里只是分析了其中一部分原因。首先就公司自身来看,产品设计有缺陷,销售产品就遇到了很大的困难,导致资金回流失败,后期公司运营就面临很多困难。其次,企业内部的管理问题突出,资金的缺乏导致这个新成立的创业公司内部很多规章制度都失效,员工没有工作激情。最后,企业在准备改进产品时没有融到资金,没有资金的支持,是导致后期公司难以为继进而创业失败的最直接、最重要的原因。贸然闯入一个新的领域,创业者已经犯下了一个错误,草率而又缺乏资金运作更是致命一击,创业者忽视财务问题,结果只能像本案例的主人公林峰的烧烤机一样的悲壮。

3.视美乐的案例分析

视美乐为何能够吸引投资者? 这里从 3 个方面来分析:第一,视美乐拥有独特的技术,多媒体超大屏幕投影电视在当时称得上是国内的高端产品,它结合了计算机、光学、材料学、电子等多个领域,这也是清华大学作为国内首屈一指的理工类大学的优势。第二,拥有一个足够大的市场,多媒体超大屏幕投影电视具有一些吸引消费者的特点,比如清晰度高、价格适中等,在正式投产后可以代替市场现有的投影仪等设备。第三,团队技能互补,3 名创业者组成的创业团队,每个人担任的角色和擅长的部分都不同,但是 3 个人可以说得上是"黄金搭档"。这也是风险投资者看中企业的核心因素之一。

(1)风险投资使视美乐得以生存与发展

视美乐作为一个新技术企业,在其发展初期,由于自身的资产规模小、无形资产大、高度的不确定性以及信息不对称等缺点很难获得传统金融体系的青睐,而采取自我积累的方式来渐进创业又无法适应当前经济高速发展的步伐。上海一百与青岛澳柯玛的两笔风险投资使得它在外源资本的支持下,相继完成其核心技术投影电视的中试与生产,快速完成创业历程,争取市场竞争优势。

(2)风险投资促进了视美乐的技术创新

澳视投影机是全世界首款可以接收与播放电视的数码投影机,由于投影机的集成度高,以及各种电子元器件干扰强,在技术上的难度很大,而澳视从技术上彻底地解决了这个问题,由于澳视拥有核心技术的自主知识产权,主要零部件基本都由本企业研制与组织生产,大大降低了生产成本,产品进入大众家庭成为可能。这一切都是在拥有充足的风险投资资金保证的前提下实现的,也实现了澳视国际一流的技术水准。

(3)风险投资对企业来说是把双刃剑

视美乐公司将其核心技术的所有知识产权卖给了澳柯玛,最终丧失了自主权。风险投资的资金有时能够解决企业的困难,取得短期内的状况改善,但有时也可能使其丧失自主权。如果还没有完整地构思出企业的将来,就为了短暂的利益而进行融资,会很容易就导致企业经营主动权的丢失。鉴于此,大学生创业者们就应当考虑:是否有必要接纳眼前短暂的利益,而把企业的命运托付到其他人的手中。

总之,风险资本是创业企业起飞的"燃料",资本能支持产品走向市场,许多科研成果躺在实验室中主要是缺乏资金与科研成果转换能力。在有些公司中没有雄厚的资本,会失去竞争力导致业务无法开展。市场无情,创业光有激情是不够的。大多数创业初期,面临的最大问题就是资金问题,无论是技术的提升和产品的研发、场地的租用,处处都考验着创业者的承受能力。如果企业获得风险投资,能加速企业的成熟。但是,并不是所有的人都能拿到风险投资,而如何获得风险投资,这是创业者需要面临的问题。创业路上艰难险,团队建设、管理、企业制度、商业模式都在投资商的考虑之中。被投资商选择后,如何选择投资商又是一个创业者需要经历的考验。亚信选择风险投资商的标准是:必须能给亚信带来管理上、国际声誉上以及技术上的价值,因为"仅仅带来钱,没意思"。视美乐选择的清华兴业投资管理公司和澳柯玛集团,这与视美乐奇迹般的发展不无关系。而如何使用资金,如何管理公司,创业公司面临的挑战,正一个一个赶来。在视美乐获得二轮澳柯玛集团 3000 万元的投资时,林峰的烧烤机却因无法获得二轮融资而被迫中止,如何保持企业的吸引力,如何提升自己的核心价值,这都是创业者们需要考虑的问题。

四、实践参考

（一）创业企业成功的影响因素

创业企业能够发展成功的比例很低，比如在美国，创业成功率一般在 20% 左右。赛富亚洲投资基金首席合伙人阎焱在"亚布力中国企业家论坛 2017 年夏季高峰会"演讲时谈到，从创业者成功的角度来看，中国的创业成功率不会高于 1%。创业企业能创业成功的关键影响因素主要包括以下几方面：

1.技术

钱德勒在他的著作《看得见的手——美国企业的管理革命》中提出"技术是企业成长的根本"。卡尔的技术创新理论再一次肯定了技术的重要性。有研究通过分析中国的国情认为，中国企业的竞争力不强与各种科研技术能力弱的特征有着密切的相关性。近几十年来中国经济飞速发展，但推动经济发展的企业中，有许多是贴牌企业，由于没能掌握核心技术，其进一步成长受到极大限制，为此不得不寻求产业升级的途径，否则只能关闭。对创业企业来说，技术的重要性尤为突出，技术专利、技术转化能力、技术创新能力是科技型创业企业能够持续成长的关键，也是创业企业能否成功的关键影响因素之一，而在技术维度中，技术创新能力是最重要的影响。

2.财务

公司运转离不开财务，或者说离不开资金运用与管理，通过已有的各类研究发现，无论是交易费用理论还是规模经济理论，都关注了创业企业的财务状况。对刚刚起步的创业企业来说，资金的匮乏是其发展的瓶颈，依靠风险资金的创业企业更关注资金运用以及财务治理等问题。在财务维度，公司的融资能力、财务管理能力是创业企业成长的两个关键影响因素。对创业企业来说，可用风险投资参与度来反映企业融资能力，用盈利能力、总资产报酬率、现金流量度量企业财务管理能力。如果融资能力和财务管理能力指标比较好，则创业企业成功的可能性会得到很大提升。

3.资源

在企业成长理论的研究中，学者们最早关注的就是企业的资源，资源是一个企业得以发展的基础。彭罗斯研究企业成长理论时就指出了资源的重要性，随后的资源基础学说更是使得这一领域的研究硕果累累。核心资源、稀缺资源等都是资源基础学说中的重要概念，值得进一步研究。对创业企业而言，企业最重要的资源是什么？企业在创立时拥有的资源包括人力资源，企业的无形资产、技术、资金等。技术和资金在上两个维度中已经重点强调了，对于其他的初始资源，企业的人力资源和无形资产显得尤为重要。

一个企业要想成长，人员的素质很重要，因为往往员工的能力就决定了企业的成长。对初创期的创业企业来说,企业管理主要依赖于高级管理层的管理能力。在 Gill(1985)《影响小企业生存与发展的因素》中提出,影响创业成功的人力资源因素包括以下几方面:业主5年以上的企业管理经验、业主从手艺人到职业管理者的转变、机遇识别与把握能力、管理者的成功经验、项目投资选择能力、其他与创业者和管理者素质相关的因素等。Storey(1994)认为,创业团队的创业动机、行业背景与管理经验等是影响企业成长的重要因素。

企业的无形资产也很重要。创业企业刚刚成立,正是顾客对其形成初步印象的时候,这个时候企业要十分小心地经营自己的业务,在顾客心目中建立良好的信誉,这样才能保证企业持续成长。

4.规模

规模经济理论表明,公司规模的扩大会带来合理分工,进而带来高利润,从某种意义上来说,公司的规模越大,公司的存活率越高。但也有人认为做大做强,并不是企业的必经之路,相反在金融危机的背景下,更多企业选择了做小做精的战略,这样可以在细分市场上处于领先的地位,获取利润。因此,在规模这个维度下,是存在着争议的,究竟企业的规模是越大越好,还是有一个最优规模,这都值得探讨。在交易费用理论中,也间接地分析了企业的边界问题,由此可以看出,企业的规模问题确实是值得研究的领域。

创业企业作为新成立的企业,在制定战略时,就要充分考虑企业的规模问题,要重点研究进入什么市场,研究市场占有的份额等战略问题。因此,公司的规模选择也是影响创业企业成长的一个重要因素。在规模维度下,另一个重要的影响因素是企业经营的业务种类的多少,之所以认为业务组合也是重要影响因素,是因为企业业务选择本身就是企业自身发展的一个重要环节,选择走多元化战略还是走一体化战略等,这都会影响企业未来的发展。

5.管理

管理与企业的发展息息相关,如果把其他的资源比作硬件的话,管理无疑是企业的运行软件。对于创业企业,资源少和行业的不确定性高是制约企业发展的两个主要因素,企业如何运用已有的资源,合理的管理就成了企业应当关注的重点。

企业的管理包括很多方面,例如对于具有核心技术人才的激励方案,还有资金管理、生产管理、市场营销管理等。公司治理反映了公司的股权等状况,也是创业企业管理的重要组成部分。因此,管理能力和公司治理是影响创业企业成功的管理因素两个重要方面。

6.市场

企业是生存在特定环境中的,离开市场,企业的机器设备、原材料等无处采购,无处雇佣企业所需人力资源,生产的产品也可能因不符合市场需求而积压仓库,因此,企业的生存与发展都离不开市场。在市场维度中,行业发展前景或市场容量是最为重要的影响因素。波特曾经提出了著名的"五力模型"(即供应商的讨价还价能力、购买者的讨价还价能力、潜在竞争者进入的能力、替代品的替代能力、行业内竞争者现在的竞争能力),以此来描述行业内部的竞争,这5种力量的共同作用决定了行业的吸引力。

创业企业的成长往往取决于所选取行业的发展情况,因为创业企业经营时间短,在一个行业中刚刚站稳脚,比起成熟企业来,对于行业的依赖性更大。关注创业企业的成长性,必须要注重其行业成长性。为了拓展市场,创业企业需要加大市场营销投入力度,才能在激烈的市场竞争占有一席之地,创业企业也才有可能发展壮大。

(二)制作创业企业融资计划书

创业企业制作融资计划书是获取风险投资的前提条件,是创业企业实施融资计划的重要环节。获取风险投资的融资计划书的制作主要包括以下几个方面的内容。

1.确定创业企业融资的初步意向

在制作获取风险投资的融资计划书之前,创业企业需要对此次融资的规模、期限、方式、来源意向、公司愿意为此付出的代价等要确定初步意向,形成初步融资方案。在确定这初步方案时,创业企业需考虑以下4个方面的问题:

①融资规模合理。创业企业依据自身资金需求、企业自身现状、融资难易度及融资成本等,确定合理的融资规模。

②融资方式选择与控制权分配。由于风险投资所采用的投融资工具一般以股权交易为主,如果风险较高,会选择可转换优先股或可转换债券等金融工具。创业企业可先行对企业有个估值,为所融资金愿意付出多少股权有个准备。如果企业经营状况好,融资能力强,则股权交易比例较小,相反如果融资额度大,企业融资能力弱,则会付出比较大比例的股权,这最终取决于创业企业家与风险投资机构的谈判结果。

另外,在风险投资过程中,股权的收益权与投资权可以分开,如前文蒙牛的案例,可以看出风险投资投资持有的股权的收益权与投票权是有很大差异的。因此,融资方式的选择就会影响到创业企业家对公司的控制权的分配问题。如果在融资非常困难时,可考虑适当放弃部分收益权,但要保留企业经营控制权即投票表决权。

③融资时机选择。由于风险投资一般采用权益性金融工具,为降低所支付股权,创业企业尽可能选择有利的融资时间,这需要创业企业把握宏观经济形势、货币及财政政策以及国内外政治环境等各种因素,合理分析和预测可能影响企业融资的各种有利和不利条件,以便寻求最佳融资时机。比如在互联网行业发展火热时,风险投资机构在争夺优质资源,因而此时互联网相关企业融资就可能比较容易,且融资额也可能较大,而付出的股权较少。比如前文案例"博客网",在盈利模式不清晰的情况下就获得了1 000万美元的风险资金。

④如果创业企业内部治理结构不规范、经营风险较大,或经营状况与财务信息不透明,信息不对称严重;或创业企业的信用缺失、信用水平低等情况,就比较难以获得风险投资。

2.制作创业融资计划书

(1)制作计划书的原则

创业企业为获取风险投资,在融资计划书的制作中需要遵循以下原则:①展现企业的竞争优势与盈利能力。计划书要突出创业的竞争优势,包括技术、产品或经营模式、管理团队等方面的独特特质,展现企业的核心竞争力、持续经营能力以及未来良好发展前景。②清晰准确地分析市场。计划书要对公司产品相关的技术市场、核心生产设备与材料市场、产品销售市场等进行清晰、准确的供需分析,对市场未来发展做出合理预测。③计划书撰写明确清晰。计划书对分析中所使用的假设、方法明确清晰地表达出来,对所使用各种材料也要不能含含糊糊。计划书要条理清晰,结构完整,逻辑性强,撰写精炼,避免烦琐冗长。

(2)**计划书的具体内容**

计划书的内容很多,具体包括以下方面:

①创业项目或企业概述。用较短的篇幅对项目或企业做简洁明了又富有吸引力的阐述,能使风险投资家迅速掌握项目或企业的核心内容。创业项目或企业概述是整个计划书的最关键、最精华内容的浓缩,要写得精彩,因为风险投资家是否会有后续关注,很多时候取决于概述是否有吸引力。

②业务及前景。主要包括公司业务实质、发展前景、独特之处等,是为了展现创业项目或企业的独特之处,进一步引起风险投资家的关注。第一,业务实质。描述经营项目,可使用"具体用了……技术,生产了……产品,可以广泛应用于……领域"来描述业务实质内容。另外,说明公司的历史及公司里程碑事件。第二,项目前景。描述项目前景,切忌画大饼,前景预测可信、可行。第三,独特之处。展现创业项目或企业在技术、产品或服务、生产过程或管理层的独特性,因为只有具有独特特质的项目,才可能在未来创造高额利润。

③产品或服务。介绍每种产品或服务价格、定价方法、利润,显示产品或服务的独特性。

④经营管理。介绍项目管理团队,比如高管人员、董事会的设计及对公司运营有重要影响的人员安排等。一般核心管理团队成员为3~6人,计划书要体现出创业者团队合作理念。第一,董事会和管理层。一般要列出所有高管人员和董事的名字、职位、年龄、从业经历,以及各自在公司中负责的部分。第二,关键雇员。包括公司关键雇员的构成、学历背景、工作经历,以及其起关键性作用的依据。第三,高管层的忠诚度。重点介绍高管人员是否有犯罪前科,以前是否有破产经历及其他个人信用是否出现过问题。

⑤薪酬。列出公司需要支付薪水的员工及董事会名单,明确企业的人力成本。

⑥股票购买权。列出公司股票购买情况,包括拥有购买权的人员姓名、享有的股票购买数量、股票的平均预售价格,以及公司即将进行的股票购买权计划和计划实施目的。

⑦顾问、会计师、律师、银行家及其他。说明公司顾问,如会计师、律师、银行家以及其他与公司有业务往来的人员的姓名、联系方式和公司为他们劳动所支付的费用等。

⑧筹资说明。主要有:

a.拟用筹资方式。说明创业企业家希望采取的融资工具,如普通股、优先股、可转化证券等,以及每一种融资方式的细节。

b.资本结构。介绍企业资本构成,以及创业企业目前融资情况。

c.筹资抵押。说明前期债务的抵押物。

d.担保。说明给创业企业作担保的个人或公司,如果是个人担保,担保人的个人财务报表一定要明确地列出。

e.筹资条件。实质上是风险投资家与创业企业家之间的讨价还价,比如说企业是否会在董事会内给风险投资机构代表席位,是否需要设定财务比率。

f.报表。向风险投资机构提供各种报表,如月度盈亏表、资产负债表及现金流量表等。

g.资金使用安排。详细说明计划将所融资金的使用安排,不能含糊其辞。

h.所有权。说明将要支付给各个股东的股票数额和融资后创业企业家将拥有的股票数额,还要给出股东资产的现值。

i.资本稀释。说明就账面价值而言新投资是否会被稀释。

j.支付的费用。说明需要支付的咨询费用,以及风险投资机构终止投资需要负担的相关费用。

k.投资者加入。说明可以给予投资商代表在董事会的席位数量。

l.风险因素。反映出创业企业所面临的风险,对自身可能存在的资源的有限性、行业管理经验不足、生产的不稳定、对核心成员的依赖程度、清算价值、外部环境变化等方面内容不要回避,并给出积极的整改意见。

⑨投资的回报与退出。展示创业项目为投资商创造流动性的方法,对公开上市、兼并收购、股权回购几种退出方法进行比较分析,提出最适合风险投资机构的退出方法,并说明风险投资机构如果采用相应方式所能实现的期望回报。

3.准备融资相关材料

创业企业除了制作计划书外,还需要准备企业相关资料、项目相关资料、融资项目对象、项目基本要求等材料,具体见表9-1。

表 9-1　融资材料准备事项

企业相关资料	企业资质文件	企业概况	主要产品简介	产品质量检验文件	主要固定资产清单	金融资信	专利技术所有权
项目相关资料	项目简介	项目可行性报告	项目相关立项审批文件	项目进行情况说明	投资环境	政府相关政策文件	
融资项目对象	国家鼓励发展的高新技术产业	经济效益好、有发展潜力的中小型科技企业	技术创新的项目	具有自主知识产权的项目	高新技术改造传统产业的项目		
项目基本要求	产品市场前景好,能形成产业规模	产权清晰	有可持续发展竞争优势	开放的管理理念	高素质的管理团队		

(三)获取风险投资

第一,创业企业要想获得风险投资,需要了解风险投资市场的情况,可以通过网上寻找风险投资公司,也可通过当地政府创业指导机构查找。另外,可通过认识的风险投资机构的朋友、校友关系、商业协会,或参加风险投资相关论坛或路演活动等方式获得风险投资机构与风险投资市场的相关情况。

第二,对风险投资机构进行筛选。不同的风险投资机构有其独特的关注领域、投资偏好与资源优势,因此,创业企业可根据风险投资以往提供的投资情况、风险投资机构的地理位置、风险投资公司的投资范围和投资偏好,以及本企业处于行业、发展阶段,需要投资者的特质,所需资金规模等情况,挑选出 6~8 家合适的风险投资公司,并对其进行优选先后进行排序。

第三,与风险投资公司接触。根据筛选出的风险投资机构名单,按照优选顺序逐一与他们进行接触。在与一家谈完之后,对方没有意向或者不投资的情况下,再找下一家接触。并且在被风险投资机构拒绝后,根据反馈情况,找到投资方案不足的方面,及时修改与完善计划书后,再与下一家风险投资机构接触,直到找到有投资意愿的风险投资机构。

第四,创业企业在寻找到有投资意愿的风险投资机构后,还需要经历评审、谈判、合作 3个阶段才能最终获得风险投资机构的注资。此阶段的内容其实属于风险投资机构投资决策的内容,请参看第四章,具体内容不再赘述。

第五,获取风险投资的注意事项。一是不能不计成本引入风险投资,不能为了获得投资让出过多的企业利益,或是寻找过多的风险投资机构,将企业的重要信息泄露出去,不利公司在市场中的竞争。二是忽略风险投资机构的专业领域,选择的风险投资机构不能为创业企业提供所需要的后期增值服务等,如创业企业可能还需要大量的后期融资服务,或技术产品国际开拓方面服务等,会大大影响企业后期发展,如前文中华网公司投资盛大游戏案例,中华网为盛大能提供的后期服务就比较有限。三是不要过度依赖外部投资顾问或律师的意见,以免出来在权益方式融资、融资条件合约安排等方面出现限制创业企业后期经营管理的状况。

另外,创业企业除了获取风险投资以来,还可以获取其他股权资本,比如天使投资人或天使投资基金等的投资,虽其融资额度、融资成本、后期增值服务等方面会有所差异,但其投资阶段比较偏早期,如种子期或导入期等,因此,寻找天使投资也不失为一种理想的融资方式。

参考文献

[1] 安同良,周绍东,皮建才.R&D补贴对中国企业自主创新的激励效应[J].经济研究,2009(10):87-98.

[2] 安实,王健,何琳.创业企业控制权分配的博弈过程分析[J].系统工程理论与实践,2002,22(12):81-87.

[3] 安实,王健,何琳.风险企业控制权分配模型研究[J].系统工程学报,2004(1):38-44.

[4] 白云涛,郭菊娥,席酉民.高层管理团队风险偏好异质性对战略投资决策影响效应的实验研究[J].南开管理评论,2007(2):25-30,44.

[5] 宝贡敏,鞠芳辉.信任,控制与合伙企业成长危机——基于企业家人力资本与心理所有权的解释[J].科研管理,2007,28(2):43-52.

[6] 毕霞,葛涛安.影响中小企业信息化建设的关键因素分析[J].科技管理研究,2008(3):238-240.

[7] 彼得·伯恩斯坦.与天为敌——风险探索传奇[M].穆瑞年,吴伟,熊学梅,译.北京:机械工业出版社,2010.

[8] 蔡文佳.风险投资对企业技术创新的影响效应研究[D].杭州:浙江大学,2012.

[9] 蔡宁.风险投资"逐名"动机与上市公司盈余管理[J].会计研究,2015(5):20-27.

[10] 曹廷求,杨秀丽,孙宇光.股权结构与公司绩效:度量方法和内生性[J].经济研究,2009(10):126-137.

[11] 曹建海,邓菁.补贴预期、模式选择与创新激励效果——来自战略性新兴产业的经验证据[J].经济管理,2014(8):21-30.

[12] 陈德棉,蔡莉.风险投资:国际比较与经验借鉴[M].北京:经济科学出版社,2003.

[13] 陈德棉,等.风险投资项目初选方法和评估指标[J].科学学与科学技术管理,2001(10):44-46.

[14] 陈工孟.风险投资与创新经济发展[J].安徽科技,2008(12):10-11.

[15] 陈工孟.建立我国风险投资机构报告体系初探[J].上海立信会计学院学报,2009,23(5):15-19.

[16] 陈工孟,俞欣,寇祥河.风险投资参与对中资企业首次公开发行折价的影响——不同证券市场的比较[J].经济研究,2011,46(5):74-85.

[17] 陈晋,唐松莲,张明廷,等.新创企业专利信号与风险投资估值:突破性、渐进性创新专利与风险情境因素[J].管理学季刊,2016,1(4):72-93.

[18] 陈军,龚克,宋扬.若干国家风险资本来源结构的比较[J].统计与决策,2006(17):

123-124.

[19] 陈见丽.风险投资能促进高新技术企业的技术创新吗?——基于中国创业板上市公司的经验证据[J].经济管理,2011(2):71-77.

[20] 陈见丽.风险投资对我国创业板公司业绩增长的影响[J].财经科学,2012(3):50-58.

[21] 陈见丽.风投介入、风投声誉与创业板公司的成长性[J].财贸经济,2012(6):57-64.

[22] 陈敏灵,党兴华,韩瑾,等.科技型创业企业的控制权配置机理及仿真——基于相机控制模式下的分析[J].软科学,2015(7):83-88.

[23] 陈思,何文龙,张然.风险投资与企业创新:影响和潜在机制[J].管理世界,2017(1):158-169.

[24] 陈森发,刘瑞翔.控制权在创业企业中的分配机制研究[J].东南大学学报:哲学社会科学版,2006,8(5):12-16.

[25] 陈仕亮.风险管理[M].成都:西南财经大学出版社,1994.

[26] 陈庭强,丁韶华,何建敏,等.风险企业融资中控制权转移与激励机制研究[J].系统工程理论与实践,2014(5):1145-1152.

[27] 陈伟.风险投资的资本来源影响企业技术创新的机理分析和实证研究——基于非资本增值视角[J].商业经济与管理,2013(9):87-96.

[28] 陈伟德.论风险投资中的信息不对称和委托代理问题[J].海南大学学报:人文社会科学版,2011,29(5):95-100.

[29] 陈希敏,王小腾.政府补贴、融资约束与企业技术创新[J].科技管理研究,2016,36(6):11-18.

[30] 陈孝勇,惠晓峰.创业投资与被投资企业的成长性——来自于中国创业板的经验证据[J].西安交通大学学报:社会科学版,2014,34(3):25-32.

[31] 陈艳.我国风险投资对企业技术创新影响的机理研究[D].苏州:苏州大学,2014.

[32] 陈治.中国区域风险投资对技术创新的作用研究[D].太原:山西财经大学,2010.

[33] 陈治,张所地.我国风险投资对技术创新的效率研究[J].科技进步与对策,2010,27(7):14-17.

[34] 陈治,张所地.中国风险投资分布现状及发展研究[J].未来与发展,2010(3):11-15.

[35] 成思危.中国风险投资运营机制探讨:2000年中国风险投资运营机制高级研讨会专辑[M].北京:民主与建设出版社,2000.

[36] 成思危.风险投资在中国[M].北京:中国人民大学出版社,2008.

[37] 寸晓宏.风险投资项目评估研究[J].开发研究,2000(3):60-62.

[38] 程惠芳,幸勇.中国科技企业的资本结构、企业规模与企业成长性[J].世界经济,2003(12):72-75.

[39] 程昆,刘仁和.风险投资退出机制研究:来自广东的经验[J].中央财经大学学报,2006(11):59-63.

[40] 程昆,刘仁和,刘英.风险投资对我国技术创新的作用研究[J].经济问题探索,2006

（10）：17-22.

［41］戴克敏，刘风朝.浅析我国高新技术投资风险形成机制［J］.中国软科学，2000（3）：
97-101.

［42］党春芳.继续发展我国风险投资的意义及对策［J］.湖南医科大学学报：社会科学版，
2004（1）：52-54.

［43］党兴华，张晨，王育晓.风险投资机构专业化与投资绩效——来自中国风险投资业的经
验证据［J］.科技进步与对策，2014（12）：7-11.

［44］党兴华.风险投资机构网络位置影响因素探索及实证研究［J］.科技进步与对策，2016，
33（6）：1-7.

［45］党耀国，刘思峰，刘斌，等.风险投资项目评价指标体系与数学模型的研究［J］.商业研
究，2005（16）：84-86.

［46］邓超，刘亦涵.风投机构行业专业化投资强度对企业创新能力的影响［J］.科技进步与对
策，2017（5）：80-85.

［47］邓小明.风险投资与农业高新技术产业化融合研究［J］.法制与经济：中旬，2010，2（9）：
27-28.

［48］丁凯，朱顺林.政府 R&D 补贴对技术创新绩效的影响研究——基于我国高技术产业视
角［J］.科技与经济，2016（1）：37-41.

［49］丁文丽.基于最优规划模型的风险投资与技术创新关系的时间序列分析［J］.云南民族
大学学报，2004（1）：52-54.

［50］董成.风险投资对技术创新的作用研究［D］.南京：南京大学，2012.

［51］窦江涛.高新技术产业开发区可持续发展评价指标体系的研究［J］.科技与管理，2001
（1）：9-11.

［52］杜传文，叶乃杰，范志敏.基于创业投资的视角的中小企业板 IPO 效应研究［J］.浙江社
会科学，2010（11）：40-46.

［53］段强.风险投资项目评价程序与评价模型［J］.辽宁工学院学报，2000（4）：55-57.

［54］樊琦，韩民春.政府 R&D 补贴对国家及区域自主创新产出影响绩效研究——基于中国
28 个省域面板数据的实证分析［J］.管理工程学报，2011，25（3）：183-188.

［55］范柏乃，沈荣芳，陈德棉.中国风险企业成长性评价指标体系研究［J］.科研管理，2001
（1）.

［56］范宏博.中国风险投资业绩影响因素研究［J］.科研管理，2012（3）：128-135.

［57］方晓军，杨壬飞.创业投资博弈的经济解释［J］.现代经济探讨，2002（5）：38-41.

［58］方云峰.政府资助激励企业技术创新投入的交互作用分析——基于上市公司制造业数
据［J］.企业导报，2015（1）：72-73.

［59］方红艳，付军.我国风险投资及私募股权基金退出方式选择及其动因［J］.投资研究，
2014（1）：105-118.

［60］房汉廷.中国创业风险投资发展中的七大问题［J］.中国科技论坛，2007（4）：3-10.

[61] 房汉廷,王伟光.创业投资产业发展的国际比较及其启示——经济管理丛书[M].北京:经济管理出版社,2004.

[62] 冯桂珍.风险投资的风险管理手段[J].中国林业企业,2001(6):40-41.

[63] 冯宗宪.风险投资理论与制度设计研究[M].北京:科学出版社,2010.

[64] 冯宗宪,王青,侯晓辉.政府投入、市场化程度与中国工业企业的技术创新效率[J].数量经济技术经济研究,2011(4):3-17.

[65] 付雷鸣,万迪昉,张雅慧.创业企业控制权配置与创业投资退出问题探讨[J].外国经济与管理,2009,31(2):8-14.

[66] 傅利平,李小静.政府补贴在企业创新过程的信号传递效应分析——基于战略性新兴产业上市公司面板数据[J].系统工程,2014(11):50-58.

[67] 苟燕楠,董静.风险投资进入时机对企业技术创新的影响研究[J].中国软科学,2013(3):132-140.

[68] 苟燕楠,董静.风险投资背景对企业技术创新的影响研究[J].科研管理,2014(2):35-42.

[69] 顾骅珊.政府设立风险投资引导基金的运作管理模式探析[J].经济研究导刊,2009(3):68.

[70] 郭仲伟.风险分析与决策[M].北京:机械工业出版社,1987.

[71] 关心如,李远勤.风险投资偏好研究[J].财会通讯,2016(20):3-7,129.

[72] 郭丹.高新技术企业 R&D 人员自主创新激励探究[J].科技管理研究,2010(2):148-150.

[73] 郭丹,杨若邻.高新技术企业人力资本股权化模式选择及实现[J].系统工程,2015(10):93-97.

[74] 郭建鸾.创业企业资本融资:相机治理的研究视角[J].中央财经大学学报,2006(7):49.

[75] 郭炬,叶阿忠,陈泓.是财政补贴还是税收优惠?——政府政策对技术创新的影响[J].科技管理研究,2015(17):25-31.

[76] 郭菊娥,熊洁.股权众筹支持创业企业融资问题研究[J].华东经济管理,2016(1):179-184.

[77] 国家发改委研究所课题组.促进创业资本投资早期创业企业的相关建议[J].经济研究参考,2013(63):3-12.

[78] 韩洪云,赵连阁.灌区资产剩余控制权安排——理论模型及政策含义[J].经济研究2004(4):117-124.

[79] 韩谨,党兴华,石琳.创业企业控制权配置及其对创业投资机构退出方式影响研究——来自中国创业投资业的经验证据[J].科技进步与对策,2016(7):90-97.

[80] 韩静轩,马力.高新技术项目投资风险的分析与测度[J].哈尔滨工业大学学报,2001(6):300-303.

[81] 韩俊华,王宏昌,韩贺洋.资本结构控制权理论演进探讨[J].华东经济管理,2017(2):

164-169.

［82］郝宇,韩文秀.创业企业控制权配置研究[J].天津大学学报,2005,7(2):102-105.

［83］何井锋,杨招军.可转换优先股与风险转移激励[J].系统工程,2016,34(9):15-21.

［84］何树平,等.高新技术产业与风险投资[M].成都:西南财经大学出版社,2000.

［85］贺树云.科技风险投资项目评估的指标体系研究[J].中国科技产业,2000(5):16-18.

［86］贺晓宇.政府 R&D 补贴对中国企业创新的激励作用研究[D].合肥:安徽大学,2014.

［87］侯合银,王浣尘.创业资本家创业规避条件下的高新技术——创业资本整合系统演化战略[J].上海交通大学学报,2005(3):496-499.

［88］侯雪莹.我国风险投资对企业技术创新的影响研究[D].天津:天津财经大学,2015.

［89］侯望.创业板市场信息披露法律制度研究[D].杭州:浙江大学,2011.

［90］胡海峰.风险投资学[M].北京:首都经济贸易大学出版社,2006.

［91］胡凯,吴清,胡毓敏.知识产权保护的技术创新效应——基于技术交易市场视角和省级面板数据的实证分析[J].财经研究,2012,38(8):15-25.

［92］胡继立.企业控制权理论研究[D].长春:吉林大学,2011.

［93］胡继立,年志远.基于契约理论的企业控制权研究述评[J].求索,2011(4):9-11.

［94］胡效源.风险投资项目评价理论及应用研究[D].武汉:华中师范大学,2007.

［95］胡宣达,沈厚才.风险管理学基础——数据方法[M].南京:东南大学出版社,2001.

［96］胡延平,蒋涌.风险投资公司的内部治理分析[J].广东经济,2001(12):30-32.

［97］胡振华,熊昱,申婷.企业行为与管理层股权激励对研发投入影响的实证研究——以制造业上市公司为例[J].系统工程,2015(7):1-11.

［98］胡志坚,张晓原,张志宏,中国创业风险投资发展报告(2017)[M].北京:中国经济出版社,2017.

［99］胡志颖,丁园园,郭彦君,等.风险投资网络、创新投入与创业板 IPO 公司成长性——基于创新投入中介效应的分析[J].科技进步与对策,2014,31(10):90-94.

［100］黄福广,彭涛,田利辉.风险资本对创业企业投资行为的影响[J].金融研究,2013(8):180-192.

［101］黄福广,彭涛,邵艳.地理距离如何影响风险资本对新企业的投资[J].南开管理评论,2014,17(6):83-95.

［102］黄汉权.风险投资与创业[M].北京:中国人民大学出版社,2001.

［103］黄江南.香港创业板上市指南[M].北京:机械工业出版社,2000.

［104］黄群慧.控制权作为企业家的激励约束因素:理论分析及现实解释意义[J].经济研究,2000(1):41-47.

［105］黄晓,胡汉辉.风险投资的地理聚集性:国外研究动态与启示[J].技术经济,2014,33(7):55-61.

［106］黄艺翔,姚铮.风险投资对上市公司研发投入的影响——基于政府专项研发补助的视角[J].科学学研究,2015(5):674-682,733.

[107] 黄永聪,陈放.风险投资退出方式选择影响因素研究述评[J].科技管理研究,2012,32(2):27-29.

[108] 黄载曦.剩余索取权配置:高新技术企业专有性人力资本的有效约束[J].财经科学,2007(9):90-96.

[109] 黄自新.刍议科技型中小企业财务风险预警[J].财经界:学术版,2013(11):151-152.

[110] 黄紫微,刘伟.公共孵化器 VS 商业孵化器——孵化器市场结构演进过程[J].科学学研究,2015(12):1813-1820.

[111] 惠祥,李秉祥,李明敏,等.技术创业型企业经理层股权分配模式探讨与融资结构优化[J].南开管理评论,2016(6):177-188.

[112] 季侃.风险投资对创业板企业技术创新效率影响的研究[D].苏州:苏州大学,2016.

[113] 贾明,张喆,万迪昉.控制权私人收益相关研究综述[J].会计研究,2007(6):86-92.

[114] 姜海花.创业企业的资本结构分析——基于创业者融资决策视角[J].江西社会科学,2010(5):80-84.

[115] 姜宁,黄万.政府补贴对企业 R&D 投入的影响——基于我国高技术产业的实证研究[J].科学学与科学技术管理,2010,31(7):28-33.

[116] 姜树梅.风险投资运作[M].大连:东北财经大学出版社,2001.

[117] 江涛,覃琼霞.高新技术企业控制权配置:来自杭州的证据[J].南方经济,2006(4):72-79.

[118] 蒋冲.风险投资的技术创新机理研究[J].辽宁科技大学学报,2014(1):72-77.

[119] 蒋伟,顾汶杰.风险投资对创业企业作用的实证研究[J].商业经济与管理,2015(11):54-67.

[120] 蒋小敏.美国双层股权结构:发展与争论[J].证券市场导报,2015(9):70-78.

[121] 蒋雨宏.我国风险投资发展中存在的问题及对策[J].中国管理信息化,2016(4):140-141.

[122] 蒋哲昕.企业控制权结构探讨[J].学术界,2010(4):168-172.

[123] 角雪岭.基于配置视角的公司控制权内涵研究[J].商业时代,2006(16):49-51.

[124] 金花.创业投资风险分担理论分析[J].现代商贸工业,2007(9):39-40.

[125] 金润圭.企业风险与管理[M].南昌:江西人民出版社,1990.

[126] 金锡万.企业风险控制[M].大连:东北财经大学出版社,2001.

[127] 金永红,奚玉芹.风险投资退出机制的国际比较与我国的现实选择[J].科技管理研究,2007,27(11):117-120.

[128] 金永红.我国风险投资退出机制的实证考察[J].科技进步与对策,2012,29(24):16-20.

[129] 金永红.不对称信息、社会有效投资水平与风险投资契约期限选择[J].系统管理学报,2015(2):260-266.

[130] 靳景玉,毛跃一,陈晓丽,等.风险投资发展机制研究[M].成都:西南财经大学出版

社,2014.

[131] 靳明,王娟.风险投资介入中小企业公司治理的机理与效果研究[J].财经论丛,2010（6）:84-90.

[132] 炯鹏飞.公司治理结构演进的进化博弈分析[J].管理工程学报,2004(2):114-116.

[133] 康洁,吴海燕.风险投资退出机制比较[J].合作经济与科技,2010(8):70-71.

[134] 劳剑东,李湛.控制权的相机分配与创业企业融资[J].财经研究,2004,30(12):28-33.

[135] 雷新途,熊德平.企业融资交易的契约安排:一个交易费用经济学的分析框架[J].审计与经济研究,2012(2):89-96.

[136] 黎文靖,郑曼妮,实质性创新还是策略性创新?——宏观产业政策对微观企业创新的影响[J].经济研究,2016(4):60-73.

[137] 李安兰.我国风险投资的退出方式探讨[J].中国市场,2013(1):55-57.

[138] 李朝晖.基于委托代理的创业投资引导基金管理模式研究[J].科技进步与对策,2011(23):42-45.

[139] 李厚德,陈德棉,张玉臣.信息不对称理论在风险投资领域的应用综述[J].外国经济与管理,2002(1):31-34.

[140] 李吉栋.政府补贴对风险投资的影响机制研究[J].数学的实践与认识,2008(19):7-14.

[141] 李建军.关于风险资本"惜进"的博弈分析[J].理论月刊,2001(6):36-38.

[142] 李建军,费方域,郑忠良.基于创业资本控制权实施的融资工具选择研究[J].管理科学学报,2010,13(2):41-49.

[143] 李京文.21世纪高技术发展趋势及我国对策[J].中国科技月报,2000(1):52-55.

[144] 李金华.高新技术开发区发展评价系统研究[J].统计与预测,2000(6):14-16.

[145] 李金龙,费方域,胡海鸥.创业投资中控制权分配及其影响因素的研究[J].财经研究,2005,31(12):107-115.

[146] 李金龙,费方域,谈毅.创业资本的分阶段融资激励与控制权分配——基于信息不对称的视角[J].山西财经大学学报,2006,28(1):90-96.

[147] 李金龙,李勇昭,李电生,创业投资中名义与实际控制权的转移[J].哈尔滨工业大学学报,2009,8(41):175-178.

[148] 李静筠.私募股权与中小企业融资创新探讨——来自"蒙牛"的案例研究[D].广州:暨南大学,2008.

[149] 李昆,唐英凯.风险投资能增加上市企业的价值吗?——基于中小板上市公司的研究[J].经济体制改革,2011(1):55-59.

[150] 李玲,王婷,张巍,等.高校上市公司创新能力与成长性的关系研究——基于典型相关性的分析[J].科技管理研究,2018,38(1):112-117.

[151] 李敏才,刘峰.社会资本、产权性质与上市资格[J].管理世界,2012(11):110-123.

[152] 李明龙.我国风险投资对高新技术产业技术创新作用的理论与实证研究[D].长沙:中

南大学,2012.

[153] 李蒙,李秉祥.风投参与下控制权结构对创业板上市公司成长性的影响[J].财会月刊,2017(27):29-36.

[154] 李梦媛.政府补贴、出口与企业创新能力[D].南京:南京大学,2015.

[155] 李瑞茜,白俊红.政府R&D资助对企业技术创新的影响——基于门槛回归的实证研究[J].中国经济问题,2013(3):11-23.

[156] 李善民,李文捷,万自强,等.风险投资合约中融资工具和控制权配置研究综述[J].经济学家,2013(3):85-93.

[157] 李爽.风险资本是否提升了中国企业的技术创新积极性?——基于资本价格扭曲背景下的"双重替代效应"[J].西安交通大学学报:社会科学版,2017,37(2):17-23.

[158] 李甜芷.试论我国企业风险投资的管理问题[J].当代经济,2012(7):56-57.

[159] 李伟.企业家风险偏好对企业投资决策行为的影响研究[D].北京:首都经济贸易大学,2013.

[160] 李武.创业型企业与创业投资合作机制的博弈分析[J].科技进步与对策,2012,29(7):98-101.

[161] 李小敏.我国风险投资特点研究[J].现代管理科学,2013(7):67-69.

[162] 李心合.利益相关者财务论[J].会计研究,2003(10):10-15.

[163] 李新春,叶文平,唐嘉宏,等.创始爱心资金获取:情感信任还是能力信任[J].管理科学,2015(2):40-48.

[164] 李雪灵.风险投资支撑环境作用机理研究[D].长春:吉林大学,2005.

[165] 李曜,王秀军.我国创业板市场上风险投资的认证效应与市场力量[J].财经研究,2015,41(2):4-14.

[166] 李姚矿,陈德棉,张玉臣.信息不对称情况下风险投资家的项目评价和管理研究[J].预测,2002(1):44-47.

[167] 李智晖.如何成为风险投资家[M].北京:清华大学出版社,2009.

[168] 李志萍,罗国锋,郁培丽,等.风险投资近距离投资偏好与投资绩效的实证研究[J].东北大学学报:自然科学版,2015(7):1060-1064.

[169] 李志萍,罗国锋,龙丹,等.风险投资的地理亲近:对中国风险投资的实证研究[J].科技创业月刊,2017(3):124-132.

[170] 梁帆.融资约束、风险投资与中小企业成长——基于中国A股上市公司的实证[J].河北经贸大学学报,2015,36(2):72-79.

[171] 梁建敏,吴江.创业板公司IPO前后业绩变化及风险投资的影响[J].证券市场导报,2012(4):64-69.

[172] 梁晓艳,糜仲春,王宏宇,等.公司创业投资者与创业企业家之间的信息困境及进化博弈分析[J].科学学与科学技术管理,2006(9):155-159.

[173] 梁晓艳.公司创业投资的价值创造机制与信息困境问题研究[D].合肥:中国科学技术

大学,2007.

[174] 梁益琳,张玉明.创新型中小企业与商业银行的演化博弈及信贷稳定策略研究[J].经济评论,2012(1):16-24.

[175] 刘二丽.创业投资增值服务对创业企业成长绩效的影响研究[J].工业技术经济,2008(8):141-145.

[176] 刘飞,郑晓亚.融资约束条件下我国中小板上市企业投资效率测度[J].商业经济与管理,2014(6):76-85.

[177] 刘华芳,杨建君.异质股东持股、经理人激励与企业自主创新投入的实证研究[J].管理学报,2014,11(1):79-85.

[178] 刘亮,刘碧波.政府参与和民间资本进入风险投资行业的关系研究[J].运筹与管理,2008(5):101-107.

[179] 刘磊,万迪昉.企业中的核心控制权与一般控制权[J].中国工业经济,2004,191(2):68-76.

[180] 刘菊芹,刘梦辉.我国创业板上市公司成长性影响因素分析[J].商业时代,2014(15):79-80.

[181] 刘金林.创业风险投资项目评价指标体系的构建研究[J].会计之友,2011(22):52-54.

[182] 刘曼红,Pascal Levensohn,刘小兵.风险投资学[M].北京:对外经济贸易大学出版社,2018.

[183] 刘少波.风险投资:风靡全球新兴投资方式[M].广州:广东经济出版社,1999.

[184] 刘少波.控制权收益悖论与超控制权收益[J].经济研究,2007,42(2):85-96.

[185] 刘伟.创业板上市企业成长性影响因素研究[J].统计与决策,2013(15):181-183.

[186] 刘希宋,曹破,李大震.风险投资及风险投资评价[J].中国软科学,2000(3):42-46.

[187] 刘兴强,段西军.国有上市公司的上市模式、控制权结构与企业绩效[J].金融研究,2006(5):42-50.

[188] 刘星,肖应钊,牛芳.中国风险投资偏好的演化过程研究[J].未来与发展,2013(5):60-65.

[189] 刘晓明,胡文伟,李湛.风险投资声誉、IPO折价和长期业绩:一个研究综述[J].管理评论,2010,22(11):9-20.

[190] 刘艳婷.我国创业投资引导基金运行存在的问题及措施[J].经济论坛,2013(10):60-62.

[191] 刘一展.政府干预风险投资的动因、途径与绩效研究[J].学术交流,2014(2):114-117.

[192] 刘振彪,陈晓红.企业家创新投资决策的进化博弈分析[J].管理工程学报,2005,19(1):56-59.

[193] 刘志雄.我国风险投资退出机制分析与比较[J].科学经济社会,2010,28(2):55-60,64.

[194] 龙勇,杨晓燕.风险投资对技术创新能力的作用研究[J].科技进步与对策,2009,26

（23）：16-20.

[195] 龙勇,常青华.高技术创业企业创新类型、融资方式与市场策略关系研究[J].科学学与科学技术管理,2008（1）：70-74

[196] 鲁银梭,郝云宏.创业企业控制权初始配置影响企业成长的机理研究[J].华东经济管理,2013,27（1）：113-117.

[197] 陆国庆,王舟,张春宇.中国战略性新兴产业政府创新补贴的绩效研究[J].经济研究,2014（7）：44-55.

[198] 陆粟.互联网行业的风险投资项目评价分析研究[D].北京:中央民族大学,2011.

[199] 陆瑶,张叶青,贾睿,等."辛迪加"风险投资与企业创新[J].金融研究,2017（6）：159-175.

[200] 鹿山,刘西林.相机控制与风险资本最佳退出决策[J].科学管理研究,2008,26（5）：94-97.

[201] 罗慧英.创业投资的控制权分配与双边道德创业激励[J].华东经济管理,2009,23（12）：93-95.

[202] 罗永胜,李远勤.我国风险投资网络核心——边缘结构的动态演进[J].财会月刊,2017（2）：107-112.

[203] 骆正山,陈红玲,郑楠.多因素模糊综合评判模型的风险投资项目评估应用研究[J].西安科技大学学报,2010,30（3）：358-362.

[204] 吕小庆.现代公司制企业中剩余控制权和剩余索取权的配置[J].经济论坛,2008（14）：98-99.

[205] 吕晓军.政府补贴与企业技术创新投入——来自2009—2013年战略性新兴产业上市公司的证据[J].软科学,2016（12）：1-5.

[206] 毛其淋,许家云.政府补贴对企业新产品创新的影响——给予补贴强度"适度空间"的视角[J].中国工业经济,2015,327（6）：94-107.

[207] 孟丽萍.我国高新技术风险投资发展的障碍与对策[J].商业经济与管理,2000（11）：53-56.

[208] 孟卫东,江成山.刘珂,风险资本投资后管理对企业技术创新能力影响研究[J].科技管理研究,2009（3）：10-11.

[209] 马力,陈学中,原雪梅.高技术产业投资风险的多因素层次模糊综合评判[J].数量经济技术经济研究,2001（7）：58-61.

[210] 马骥,蒋伏心.我国风险投资空间区位与产业分布的异质性特征及成因[J].现代经济探讨,2009（6）：41-45.

[211] 马正利,罗丽萍.风险投资退出时机决策模型研究[J].现代经济信息,2009（8）：78-78.

[212] 买忆媛,李云鹤.创业企业的控制权与企业家才能匹配关系研究[J].科技管理研究,2007（1）：127-129.

[213] 倪文新,李毅光,冯雪.我国西部地区创业风险投资引导基金存在的问题与对策[J].软

科学,2013(7):93-97.

[214] 聂铁力,张虹,王晖.国企改革的历程与理论误区简要分析[J].吉林省经济管理干部学院学报,2001(4):14-15.

[215] 欧阳凌,欧阳令南,周红霞.创业投资企业的控制权配置与非效率投资行为[J].系统工程理论方法应用,2005,14(2):104-107.

[216] 潘静云.政府风险投资引导基金的制度设计[D].重庆:重庆大学,2011.

[217] 庞素琳.风险基金投资中基金经理收益优化决策模型与激励分析[J].系统工程理论与实践,2011,31(4):656-662.

[218] 彭丁带.美国风险投资法律制度研究[M].北京:北京大学出版社,2005.

[219] 彭卫民.我国高科技企业如何实现风险管理[J].科学管理研究,2001(6):37-39,82.

[220] 彭卫民.投资者创业投资行为选择[J].西南交通大学学报,2005(6):806-810.

[221] 彭兆东.实物期权在评估互联网企业价值中的应用研究[D].内蒙古:内蒙古农业大学,2016.

[222] 彭真明,曹晓路.控制权博弈中的双层股权结构探析——以破解股权融资与稀释的困境为视角[J].证券市场导报,2016(7):69-78.

[223] 蒲惠荙,苏启林.区域创新资源、金融发达程度与创业投资的集聚效应[J].改革,2013(9):125-130.

[224] 钱苹,张帏.我国创业投资的回报率及其影响因素[J].经济研究,2007(5):78-90.

[225] 钱水土,侯波.风险投资家与风险企业家合作机制的博弈分析[J].数量经济技术经济研究,2001(9):61-63.

[226] 戚湧,丁刚,魏继鑫.创业投资促进产业技术创新的实证研究[J].中国科技论坛.2014(1):16-21.

[227] 覃家琦.企业管理科层中的控制权配置[J].当代财经,2008(11):84-90.

[228] 清科研究中心.2002—2012年中国创业投资年度统计报告[R].北京:清科研究中心,2003-2013.

[229] 屈耕云.对风险投资的一点认识[J].现代经济(现代物业下半月刊),2007,6(8):101,103.

[230] 仇荣国,孔玉生.考虑控制权转移的科技型小微企业融资机制研究[J].科技进步与对策,2016(17):93-99.

[231] 任学锋,孙绍瑞,程江.风险投资与高科技企业成长过程研究[J].科学学与科学技术管理,2001(8):61-64.

[232] 任宇航,夏恩君.风险投资的经济学意义分析[J].生产力研究,2006(11):24-25,84.

[233] 佘金凤,汤兵勇.风险投资发展区域分布不平衡的形成机理研究[J].科学学与科学技术管理,2007(3):112-115.

[234] 佘金凤,刘建香,金永红.政府财政政策对风险投资发展的效应分析[J].中国科技论坛,2008(3):3-6,11.

[235] 沈达勇.基于技术创新能力的中小企业内生性成长性研究[J].当代经济科学,2017,39(3):116-123,128.

[236] 石岜然,肖条军.双寡头纵向产品差异化市场的演化博弈分析[J].东南大学学报:自然科学版,2004,34(4):523-528.

[237] 史建梁.天使投资人的投资行为研究:一个理论综述[J].经济与管理研究,2011(8):50-55.

[238] 宋嘉宝.风险投资对技术创新的作用研究[J].中国市场,2017(3):25-26.

[239] 宋鹏,黄倩.我国创业板上市公司成长性测量[J].财经科学,2012(1):66-72.

[240] 苏东斌.激励创造供给——关于高技术产业化的研究报告[M].北京:中国经济出版社,2001.

[241] 孙蓓蓓,陈屿章.创新投资——中国资本市场创新浪潮[M].成都:西南财经大学出版社,2001.

[242] 孙天立.利用风险投资进一步解决中小企业融资难问题[J].金融视线,2012(1):127-129.

[243] 孙伟,高世刚.风险投资项目的风险管理研究[J].决策借鉴,2001(6):39-41.

[244] 谈毅,邵丰.风险投资过程中的风险识别与生存力评估[J].科技导报,2001(3):53-55,6.

[245] 汤有娣.风险企业融资结构与控制权的确定[J].天津大学学报:社会科学版,2008(4):303-306.

[246] 唐更华.试论高技术企业治理结构创新[J].中国科技论坛,2001(3):24-27.

[247] 田芸菁.我国风险投资区域聚集效应及其环境支持因素研究[D].上海:复旦大学,2012.

[248] 田增瑞,田增恩.风险创业投资中的合作博弈[J].西安交通大学学报:社会科学版,2000(3):38-40.

[249] 田增瑞.创业资本在不对称信息下博弈的委托代理分析[J].中国软科学,2001(6):22-26.

[250] 童守胜,黄松深.风险投资项目评估的信号传递博弈模型[J].系统工程,2000(4):15-20.

[251] 涂红,刘月.中国风险资本市场发展的决定因素:基于分地区面板数据的经验分析[J].南开经济研究,2014(2):76.

[252] 汪明峰,魏也华,邱娟.中国风险投资活动的空间集聚与城市网络[J].财经研究 2014,40(4):117-131.

[253] 汪燕,李姚矿.天使投资市场中的逆向选择问题研究[J].科技进步与对策,2012(20):23-26.

[254] 王斌,刘有贵,曾楚宏.信任对企业控制权配置的影响[J].经济学家,2011(1):49-56.

[255] 王冰洁.企业控制权安排及控制权效率改进机制研究[D].重庆:重庆大学,2005.

［256］王春峰.金融市场风险管理［M］.天津:天津大学出版社,2001.

［257］王扶雨.完善我国风险投资退出机制的路径分析［J］.中国经贸,2014(16):137.

［258］王广凯,张涛,洪敏.私募股权投资对企业成长性的促进作用研究［J］.现代管理科学,2017(7):18-20.

［259］王国刚.创业板:创业投资与高新技术产业化［J］.中国工业经济,2001(6):59-64.

［260］王红梅.创业企业剩余索取权与控制权非对称分配研究［D］.北京:北京交通大学,2009.

［261］王洪生.金融环境、融资能力与中小型科技企业成长［J］.当代经济研究,2014(3):86-91.

［262］王立军,陆丹婷.我国风险投资退出方式及其影响因素分析［J］.经济师,2015(7):47-49.

［263］王静.美国风险投资发展模式研究及对我国的启示［D］.广州:暨南大学,2006.

［264］王俊峰.风险投资实务与案例［M］.北京:清华大学出版社,2000.

［265］王兰.控制权在创业投资业中的配置优化问题分析［J］.重庆工商大学学报:社会科学版,2007,24(5):38-44.

［266］王雷,党兴华,贺利平.基于不完全契约的高新技术创业企业控制权结构选择及其影响因素研究［J］.中国管理科学,2009,17(5):166-174.

［267］王雷,党兴华,王修来.基于不完全契约的创业企业控制权配置影响因素研究［J］.科研管理,2010,31(4):59-66.

［268］王培宏,刘卓军.多阶段创业投资过程中控制权转移范围研究［J］.中国管理科学,2008,16(6):29-32.

［269］王谦,王迎春.风险投资的区域集聚与投资的地理亲近性研究——基于英、德两国风险投资的分析［J］.对外经济贸易大学学报,2005(4):67-71.

［270］王茜.我国风险投资退出机制的思考［J］.现代商业,2016(7):99-100.

［271］王声凑,曾勇.创业企业中的控制权与可转换证券研究［J］.系统工程学报,2010,25(2):209-215.

［272］王声凑,曾勇.阶段融资、再谈判与创业投资企业控制权的配置［J］.系统工程学报,2011,26(3):291-297.

［273］王声凑,曾勇.阶段融资框架下的创业投资企业控制权配置研究［J］.管理评论,2012,24(1):139-145.

［274］王曦,党兴华.风险投资机构本地偏好影响因素研究——基于中国风险投资业证据［J］.科技进步与对策,2013,30(22):6-10.

［275］王文通.我国风险投资退出时机研究［D］.成都:西南财经大学,2016.

［276］王晓琨.公司风险投资(CVC)对公司的价值提升途径及风险控制研究［D］.重庆:重庆大学,2012.

［277］王小腾.政府补贴、融资约束对企业技术创新的影响研究［D］.西安:西北大学,2016.

[278] 王欣荣.金融中介机构声誉对 IPO 融资超募有抑制作用吗？[J].经济问题,2014(3):54-60.

[279] 王亚民,史占中.欧洲风险投资业产业组织研究及对我国的启示[J].外国经济与管理,2004,24(10):24-29.

[280] 王燕妮.高管激励对研发投入的影响研究——基于我国制造业上市公司的实证检验[J].科学学研究,2011(7):1071-1078.

[281] 王阳,李延喜,郑春艳,等.基于模糊层次分析法的风险投资后续管理风险评估研究[J].管理学报,2008(1):54-58,77.

[282] 王宗萍,邹湘江.基于财务控制权视角的风险投资退出方式研究[J].软科学,2009,23(10):23-26.

[283] 闻岳春,程同朦.政府引导基金和海外风险资本在支持技术创新方面的应用研究[J].浙江金融,2008(11):8-9.

[284] 闻岳春,叶美林.中国创业板上市公司治理与绩效的实证研究[J].上海金融学院学报,2011(3):84-95.

[285] 吴斌,刘灿辉.风投企业高管人力资本特征与控制权配置关系研究——来自深圳中小板的证据[J].软科学,2010,24(10):113-117.

[286] 吴超鹏,吴世农,程静雅,等.风险投资对上市公司投融资行为影响的实证研究[J].经济研究,2012(1):105-119.

[287] 吴翠凤,吴世农,刘威.风险投资介入创业企业偏好及其方式研究——基于中国创业板上市企业的经验数据[J].南开管理评论,2014(5):151-160.

[288] 吴翠凤,吴世农,刘威.我国创业板上市公司中风险投资的介入与退出动机研究[J].经济管理,2012(10):139-149.

[289] 吴丹.高科技企业成长性评价研究综述与展望[J].工业技术经济,2016,35(3):95-101.

[290] 吴德胜.风险资本融资、证券工具与控制权配置[J].管理科学,2005(3):81-86.

[291] 吴德勋,张雪梅.FDI 对中国工业部门技术溢出的实证研究——基于劳动密集型和资本技术密集型产业[J].资源与产业,2016,18(3):121-127.

[292] 吴进红.美国政府支持创业与风险投资模式及其借鉴[J].世界经济与政治论坛,2007(1):18-19.

[293] 吴进红,杨蓉.美国政府支持创业与风险投资模式及其借鉴[J].世界经济与政治论坛,2017(1):64-69.

[294] 吴炯,彭飞.公司治理结构演进的进化博弈分析[J].管理工程学报,2004,18(2):114-116.

[295] 吴世农,李常青,余玮.我国企业成长性的判定分析和实证研究[J].南开管理评论,1999(4):49-57.

[296] 吴松强,宗峻麒.风险投资对区域技术创新的影响研究——基于 2005—2014 年面板数

据的实证分析[J].南京工业大学学报:社会科学版,2015,14(4):80-84.

[297] 吴涛,赵增耀.风险投资对创业板上市公司技术创新影响的实证研究[J].科技管理研究,2016(14):12-17,23.

[298] 吴文清,赵黎明.创业与投资的演化博弈分析与政策建议[J].统计与决策,2008(13):56-58.

[299] 巫强,刘蓓.政府研发补贴方式对战略性新兴产业创新的影响机制研究[J].产业经济研究,2014(6):41-49.

[300] 伍利群.跨国风险投资在华发展战略及其对我国风险投资的影响[D].杭州:杭州电子科技大学,2013.

[301] 奚烨.政府补贴扶持、技术创新与新能源产业绩效的研究[D].南京:南京财经大学,2014.

[302] 向冠春,李胜坤.控制权收益与公司融资方式的选择[J].经济与管理研究,2012(2):82-87.

[303] 肖艳颖,邱宛华.风险投资博弈分析与项目评价[J].预测,2001(5):27-28,42.

[304] 肖永平,彭丁带.从美国经验看我国风险投资法律制度的完善[J].法学评论,2005(2):29-30.

[305] 萧端,熊婧.政府创业引导基金运作模式借鉴——以以色列YOZMA基金为例[J].南方经济,2014(7):106-115.

[306] 谢非,胡林春,王栎.基于进化博弈的创业投资退出方式选择研究[J].科技进步与对策,2007,24(11):34-36.

[307] 谢识予.经济博弈论[M].上海:复旦大学出版社,2002.

[308] 谢识予.有限理性条件下的进化博弈理论[J].上海财经大学学报,2001,3(5):3-9.

[309] 谢雅萍,宋超俐.风险投资与技术创新关系研究现状探析与未来展望[J].外国经济与管理,2017(2):47-59.

[310] 谢章澎,朱斌.高技术产业竞争力评价指标体系的构建[J].科研管理,2001(3):1-6.

[311] 邢军峰,范从来.创业投资合约控制权和融资结构的研究[J].河南大学学报:社会科学版,2014(6):40-47.

[312] 许天宇.政府补贴、研发投入对企业绩效的影响[D].南京:南京大学,2016.

[313] 许秀梅,金贞姬.西方技术资本理论发展评述[J].科技管理研究,2015(15):185-189.

[314] 徐代听.风险投资、政府科技投入与技术创新[D].重庆:重庆大学,2016.

[315] 徐丽娟.创业企业成长关键影响因素及对策研究[D].南京:南京财经大学,2010.

[316] 徐宁.高科技公司高管股权激励对R&D投入的促进效应——一个非线性视角的实证研究[J].科学学与科学技术管理,2013,34(2):12-19.

[317] 徐梦周.谈判视角下风险投资股权配置及其成因——基于浙江数据的实证研究[J].科研管理,2011,12:82-88.

[318] 徐菁,黄珺.大股东控制权收益的分享与控制机制研究[J].会计研究,2009(8):49-53.

[319] 徐细雄.刘星基于控制权私有收益视角的可转债融资的治理效应研究[J].管理学报，2012(3):459-465.

[320] 徐宪平.风险投资的风险评价与控制[J].中国管理科学,2001(4):75-80.

[321] 徐宪平.中国资本市场中风险投资的运行机理与市场建设[D].长沙:湖南大学,2001.

[322] 徐绪松,但朝阳.高技术项目投资风险模糊综合评价模型[J].数量经济技术经济研究,2000(1):34-36.

[323] 徐咏梅.我国中小企业发展的瓶颈及对策[J].宁夏社会科学,2015(6):99-100.

[324] 叶茜茜.民间资本的投资偏好及风险治理——基于温州的案例[J].中国流通经济,2016,(3):108-115.

[325] 严复海,车心迪,薛凡.上市公司股东控制权力度量与控制权结构分析[J].财会月刊,2008(11):62-63.

[326] 晏发发,陈驹嵘,陶玲.风险投资、R&D投入与技术创新——基于协整与VECM模型的实证研究[J].现代商贸工业,2016(19):3-6.

[327] 晏文隽,郭菊娥.创业投资中基于不同退出方式的可转换证券应用研究[J].运筹与管理,2009,18(4):112-116.

[328] 杨大楷,李丹丹.政府支持对中国风险投资业影响的实证研究[J].山西财经大学学报,2012(5):52-60.

[329] 杨军,吴燕.国际资本补充经验及对我国夹层融资工具创新的启示[J].金融纵横,2013(9):32-35.

[330] 杨敏利,李昕芳,仵永恒.政府创业投资引导基金的引导效应研究[J].科研管理,2014(11):8-16.

[331] 杨其静.创业者的最优融资契约安排研究[J].经济科学,2004(4):33-45.

[332] 杨青,张丽丽.创业风险投资集群共生模式及其实证研究[J].科技创业月刊,2010,23(11):44-45.

[333] 杨青,邵祖峰.论我国风险投资发展中的法律障碍[J].科技进步与对策,2002,19(7):136-138.

[334] 杨瑞龙,杨其静.专用性、专有性与企业制度[J].经济研究,2001(3):3-12.

[335] 杨小明,施其洲.风险投资企业与民营高新技术企业的博弈分析[J].上海交通大学学报,2000(S1):93-96.

[336] 杨薪燕,许婕.中小企业债务融资风险分析[J].财会通讯,2017(14):20-22.

[337] 杨文燮,胡汉辉.基于DEA的国家级科技企业孵化器运行效率分析[J].统计与决策,2015(22):175-178.

[338] 杨艳萍,王静.我国风险投资的行业聚类研究[J].科技管理研究,2012,32(12):164-167.

[339] 杨晔,谈毅,邵同尧.风险投资与创新:激励、抑制还是中性?——来自中国省级面板的经验证据[J].经济问题,2012(3):9-13.

[340] 杨晔,邵同尧.于面板数据的风险投资与区域创新因果关系研究[J].管理评论,2012,24(6):27-33.

[341] 姚丰桥,陈通.技术创新企业与创业投资的演化博弈分析[J].中国科技论坛,2010,11(11):35-40.

[342] 姚铮,胡梦婕,叶敏.社会网络增进小微企业贷款可得性作用机理研究[J].管理世界,2013,(4):135-149.

[343] 叶陈刚,郑君彦.企业风险评估与控制[M].北京:机械工业出版社,2009.

[344] 叶飞,张红.风险投资体系构成的系统性研究[J].系统辩证学学报,2000(4):62-65.

[345] 叶小杰.风险投资声誉,成功退出与投资收益——我国风险投资行业的经验证据[J].经济管理,2014,36(8):98-108.

[346] 易可君,周新德.构建有中国特色的风险资本退出机制[J].科学管理研究,2000(3):12-14.

[347] 谢科范,马仁钊,杨青.新产品开发风险管理[M].成都:电子科技大学出版社,1993.

[348] 应瑞瑶,赵永清.风险投资中激励机制与代理成本分析[J].财经研究,2004(6):22-29.

[349] 尤勇,时萍萍.风险投资对高新技术企业的技术创新效应影响[J].经济与管理研究,2012(7):38-44.

[350] 俞以平,李琦.风险投资中委托代理问题的研究[J].石油化工技术经济,2002(1):40-43.

[351] 俞仁智,何洁芳,刘志迎.基于组织层面的公司企业家精神与新产品创新绩效——环境不确定性的调节效应[J].管理评论,2015,27(9):85-94.

[352] 于晓宇.创业失败研究评价与未来展望[J].外国经济与管理,2011,33(9):19-27.

[353] 于旭,周向前,贺璐.基于托宾Q的企业成长性评价方法改进研究[J].现代管理科学,2012(4):92-94.

[354] 余琰,罗炜,李怡宗,等.国有风险投资的投资行为和投资成效[J].经济研究,2014,49(2):32-46.

[355] 虞思明.德国风险投资退出机制研究[J].当代财经,2015(5):57-65.

[356] 袁军.我国国防科技工业引入风险投资研究[D].长沙:国防科学技术大学,2012.

[357] 查博,郭菊娥,晏文隽.风险投资三方委托代理关系——基于创业企业家过度自信与风投公司监督努力[J].系统管理学报,2015,24(2):190-199,208.

[358] 詹骞,石源.三种创业投资模式对我国发展创业投资的启示——以美国、德国、以色列对比分析为例[J].西南科技大学学报:哲学社会科学版,2008(3):31-37,65.

[359] 詹志华,王豪儒,吴美川.2016年美国硅谷风险投资增长总趋势及启示[J].中国科学信息,2017(24):103-104,106.

[360] 张恩兰.中国政府在风险投资中的作用研究[D].广州:暨南大学,2010.

[361] 张根明,李琳.孵化器、风险投资与创业绩效关系的实证研究[J].科技进步与对策,2010,27(17):94-98.

[362] 张海燕,袁新敏,沈玉芳.风险投资空间行为研究动态与展望[J].科技进步与对策, 2012,29(11):151-155.

[363] 张韩,姜彦福,陈耀刚.风险投资中的代理问题、风险分担与制度安排[J].科研管理, 2002(1):122-127.

[364] 张洪石,付玉秀.我国创业投资公司对创业管理的认知调查[J].研究与发展管理,2006 (5):50-57.

[365] 张家慧,龚柳元,李志铭.新创企业风险投资最优契约模型设计[J].统计与决策,2012 (16):174-177.

[366] 张杰,陈志远,杨连星,等.中国创新补贴政策的绩效评估:理论与证据[J].经济研究, 2015(10):4-17.

[367] 张景华.公司治理结构中的控制权配置:基于不完全契约理论的视角[J].经济论坛, 2009(13):4-6.

[368] 张陆洋.中国风险投资创新与探索研究[M].上海:复旦大学出版社,2012.

[369] 张陆洋,肖建.政府支持风险投资业发展的效应分析[J].经济问题,2008(11):35-37.

[370] 张敏,黄继承.政治关联、多元化与企业风险——来自我国证券市场的经验证据[J].管 理世界,2009(7):156-164.

[371] 张青,汪波.国际风险投资之比较及其借鉴探讨[J].现代财经,2009(1):31-34.

[372] 张栓兴,方小军,李京.创业板上市公司研发投入对成长性的影响研究——基于股权 结构调节作用[J].科技管理研究,2017,37(8):143-149.

[373] 张新铭.控制权配置的影响因素分析[J].许昌学院学报,2008,27(4):115-116.

[374] 张学勇,吴雨玲,郑轶.我国风险投资机构(风险投资)的本地偏好研究[J].投资研究, 2016(6):86-104.

[375] 张学勇,廖理.风险投资背景与公司 IPO、市场表现与内在机理[J].经济研究,2011 (6):118-132.

[376] 张一帆.风险投资对企业技术创新影响的实证研究[D].长沙:湖南大学,2016.

[377] 张译文.我国创业投资引导基金存在的问题及对策[J].经济纵横,2014(7):87.

[378] 张玉华,李超.中国创业投资地域集聚现象及其影响因素研究[J].中国软科学,2014 (12):93-103.

[379] 赵富强,洪磊.风险投资融资结构的优化选择[J].南开经济研究,2001(1):31-34,40.

[380] 赵黎明,张涵.基于 Lotka-Volterra 模型的科技企业孵化器与创投种群关系研究[J].软 科学,2015(2):136-139,144.

[381] 赵静梅,傅立立,申宇.风险投资与企业生产效率:助力还是阻力? [J].金融研究,2015 (11):159-174.

[382] 赵晓琴,万迪昉.不同金融契约对多任务代理人激励效应差异的实验研究[J].系统工 程,2017,35(2):8-15.

[383] 郑君君,韩笑,邹祖绪,等.IPO 市场中创业投资家策略的演化博弈分析[J].管理科学

学报,2012,15(2):72-82.

[384] 钟覃琳,廖冠民,陆正飞.R&D 投资能够提升企业生产效率吗?——基于区域人才政策工具变量的分析[J].会计与经济研究,2016,30(5):3-16.

[385] 钟田丽,刘起贵,孟晞.基于控制权的创业企业最优融资契约模型[J].东北大学学报:自然科学版,2010,31(7):1050-1053.

[386] 周方召,仲深,王雷.财税补贴、风险投资与高新技术企业的生产效率——来自中国物联网板块上市公司的经验证据[J].软科学,2013(3):100-105.

[387] 周瑜胜.公司控制权形成、特征、作用及转移:结构与嬗变——国内研究透视与展望[J].经济研究导刊,2012(6):90-92.

[388] 朱孝忠.风险投资对技术创新的作用研究[D].北京:中国社会科学院,2008.

[389] 朱月胜,宋清.创业板上市公司资产结构对成长性影响的实证分析[J].会计之友,2014(25):9-12.

[390] 朱永明,孙旖旎.内部控制对中小企业成长性影响——基于技术创新的视角[J].企业经济,2017,36(10):82-88.

[391] 左光梅.风险投资影响企业技术创新的机理研究——基于创业板上市公司的经验数据[D].广州:暨南大学,2016.

[392] 左志刚.政府干预风险投资的有效性:经验证据及启示[J].财经研究,2011,37(5):123-133.

[393] Da Rin M,Hellmann T F,Puri M.A survey of venture capital research[J].National Bureau of Economic Research,2011(44):473-521.

[394] Hellmann Thomas,Laura Lindsey,Manju Puri.Building relationships early:banks in venture capital[J].Review of Financial Studies,2008,21(2):513-541.